HTML 4

HTML 4

Alonso Álvarez García
José Ángel Morales Grela

MULTIMEDIA

GUÍAS PRÁCTICAS

Responsable editorial:
Víctor Manuel Ruiz Calderón

Diseño de cubierta:
Narcís Fernández

Autoedición:
Slocum, S.L.

Primera edición, junio 2000
Primera reimpresión, agosto 2000
Segunda reimpresión, octubre 2000
Tercera reimpresión, noviembre 2000
Cuarta reimpresión, enero 2001
Quinta reimpresión, junio 2001
Sexta reimpresión, agosto 2001
Séptima reimpresión, julio 2002
Octava reimpresión, septiembre 2002

Juan Ignacio Luca de Tena, 15. 28027 Madrid
Depósito legal: M. 37.533-2002
ISBN: 84-415-1030-X
Printed in Spain
Impreso en Anzos, S. L. - Fuenlabrada (Madrid)

Índice

Introducción

El *World Wide Web* es un sistema de intercambio de información multimedia desarrollado originalmente en el CERN, Centro Europeo de Investigación Nuclear, de Ginebra a principios de los años 90. La experiencia inicial, basada en el intercambio de documentación interna de proyectos, fue tan positiva que al poco tiempo de su creación se comenzó a difundir a otras entidades con el apoyo de Internet. A esto contribuyó la naturaleza del WWW, que permite cambiar significativamente las relaciones y contexto de sus objetos con sólo ligeras modificaciones en ellos.

Un paso clave en esta primera difusión fue la creación del **W3 Consortium** (o W3C), una organización que agrupa a instituciones interesadas en el desarrollo de este medio. El consorcio propone nuevas funcionalidades y estándares, evalúa propuestas e implementaciones de nuevos servicios y da visado oficial a las versiones del lenguaje HTML.

WWW son las iniciales de *World Wide Web*, lo que se puede traducir por "Red –telaraña– mundial", y este es el propósito expresado por **W3C**: hacer del WWW un sistema multimedia de obtención de información a nivel global. El sistema se apoya en el uso de un protocolo propio, **HTTP**, y un sistema de descripción de ficheros encarnado en el lenguaje **HTML**.

La combinación de la capacidad multimedia junto con el uso de la red ha resultado ser una fórmula de éxito y ha hecho que el WWW haya pasado de ser uno más de entre los distintos sistemas que operan sobre Internet, a convertirse en el motor del crecimiento del tráfico y la difusión de la red hasta integrarse en todos los ámbitos de nuestra vida.

Principios y componentes del WWW

WWW basa su diseño y funcionamiento en varios puntos:

- La idea de un mundo sin límites para la información, en el que todos los elementos están identificados por una clave que permite recuperarlos.
- Un sistema de direcciones (URI / URL) que hace posible ese mundo, al margen del protocolo empleado.
- Un protocolo de red (HTTP) empleado por los servidores WWW que da funcionalidades y prestaciones que no proporciona ningún otro.
- Un lenguaje (HTML) que reconoce cada cliente WWW y que se usa para transmitir información a través de la red.
- El cuerpo de datos disponible en Internet usando todos o alguno de los elementos precedentes.

Los **URI** (*Universal Resource Identifiers*), más conocidos como **URL** (*Universal Resource Locators*), son cadenas que identifican objetos en Web. Son "universales", lo que quiere decir que se pueden emplear para etiquetar objetos exportados con cualquier otro protocolo. De ahí que aunque se asocie su uso al WWW no deba restringirse a éste y sean capaces de direccionar igualmente otros componentes en cualquier otro sistema (ftp, gopher...).

Más que un protocolo para la transferencia de documentos hipertexto, **HTTP** fija las condiciones que permitirán hacer uso de esta forma de presentación de la información, trabajando por igual con texto, gráficos o sonidos.

HTTP es un pariente cercano de los protocolos **FTP** de transferencia de ficheros y **NNTP** usado por las News. Opera sobre conexiones **TCP/IP** como los anteriores y se basa en transferencias de texto (componentes fundamentales de los ficheros HTML) aunque hechas en modo binario. La conexión, al contrario de lo habitual en otros protocolos, sólo se mantiene durante el tiempo necesario para hacer una operación.

La petición desde un cliente comienza indicando un código de operación o **método** y una dirección URL. Los principales métodos son GET, PUT y POST.

Cuando se transfiere el documento WWW a través de la red también se envía metainformación sobre él. Muchas veces consiste en identificadores **MIME** (*Multipurpose Internet Mail Extensions*) que definen el tipo del componente. Esta forma de actuar permite emplear también HTTP para transferir correo o mensajes de News.

HTML (*Hypertext Markup Language*) es un sistema para el formato de información que permite integrar en un mismo documento objetos de distintas naturalezas. Es lo suficientemente simple como para ser escrito por personas sin conocimientos muy profundos de protocolos y redes o por programas, con lo que se automatiza la generación de documentos. Deriva del estándar **SGML** y es en este último lenguaje en el que se escriben los documentos (*DTD*) que definen los distintos niveles de HTML.

Este lenguaje se está usando para otros propósitos como el correo multimedia. También es un lenguaje en el que se pueden describir secciones multimedia e hipertexto dentro de ficheros escritos bajo otros formatos.

La unidad de trabajo de WWW es el **documento**, normalmente construido en HTML. Cada uno de estos documentos contiene texto formateado con indicaciones sobre el aspecto (tipo de *font*, tamaño...) y la disposición del texto (párrafos, listas, secciones normalizadas...). Una mínima estructura organiza el documento en secciones más o menos fijas.

También contiene imágenes, soportadas en varios formatos, que se pueden visualizar directamente sobre el documento o externamente por medio de un programa adecuado. Este mismo sistema se emplea para objetos de todo tipo (filmaciones, sonidos, ficheros en formatos propios de aplicaciones comerciales...). Por último, un documento WWW contiene referencias a otros documentos por medio de URL.

Es esta la característica que ha hecho tan atractivo este sistema de intercambio de información. El usuario ve un documento con la apariencia de una página compuesta con la ayuda de un paquete de autoedición: tipos de letra proporcional, texto formateado, imágenes, gráficos y enlaces hipertexto. Con una pulsación de ratón se abre un nuevo documento que puede estar almacenado en el otro extremo del mundo. Esto es lo que se ha dado en llamar

Web browsing o **navegación**: desplazarse rápidamente a través de documentos en la red.

Para el usuario es muy fácil acceder a un documento (conociendo su localización) y, desde allí, encontrar información relacionada con el tema. De un punto a otro de la red se puede pasar con rapidez a temas interrelacionados pero que pueden acabar teniendo muy poco en común con el punto de partida. Es el efecto típico de las aplicaciones hipertexto, pero ahora multiplicado en una red de ámbito y fines universales.

Servidores y clientes

La comunicación WWW sigue el modo de operación propio de esquemas cliente–servidor. En un extremo de la línea hay un ordenador sobre el que corre la aplicación servidora HTTP, en el otro hay un ordenador con un programa cliente, llamado visualizador o *browser*.

Cuando se quiere obtener un documento (por ejemplo un fichero HTML) el cliente envía al servidor (cuya dirección conoce a través del URL del documento) una petición. El servidor recupera el documento y se lo envía al cliente. Si éste no existiera, o el cliente no estuviera autorizado a leerlo, o se produjera cualquier otra incidencia, el servidor abortaría la operación y devolvería un código y mensaje de error.

El documento que envía puede contener a su vez referencias a imágenes y otros objetos. El programa cliente deberá irlas resolviendo a medida que lo decodifica invocando a los servidores oportunos (que pueden ser o no HTTP, dependiendo del protocolo indicado en el URL de cada objeto).

Los servidores son programas que operan de acuerdo con el protocolo HTTP y que se encargan de responder a las peticiones de información de sus clientes. Un servidor opera en una máquina (normalmente sistemas UNIX o NT, aunque hay versiones VMS, Mac, Windows...) con una conexión directa a la red correspondiente (habitualmente Internet). El ordenador que alberga al servidor contiene un conjunto de documentos y servicios que se quieren difundir.

Los servidores pueden exportar documentos y sus componentes (figuras, sonidos...) pero también pueden recibir información del usuario por medio de formularios. El servidor puede procesar las respuestas y devolver nuevos documentos, referencias a éstos o cualquier otro objeto soportado por el Web (por ejemplo gráficos).

Los servidores permiten establecer condiciones para restringir el acceso de la información, así como mecanismos básicos para la identificación y autenticación de usuarios. Otra funcionalidad habitual en estos programas es el seguimiento de las operaciones de los clientes y la obtención de estadísticas.

Cómo usar este libro

Esta Guía quiere ser ante todo un texto práctico que enseñe con ejemplos, ejercicios y propuestas la forma de construir los materiales que se pueden exportar a la red a través de un servidor WWW. Para ello se ha reducido la carga teórica, poniendo especial énfasis en la presentación de ejemplos reales y de ejercicios realizados expresamente para el libro.

Para sacar el máximo partido a la Guía hay que venir con espíritu abierto y ganas de aprender. El resultado de estudiar y aplicar estas técnicas es inmediato, por lo que se puede anticipar que el trabajo va a resultar muy gratificante.

Las herramientas necesarias para trabajar con páginas Web son en su mayoría de dominio público, es decir, sólo hay que obtener una copia del software, instalarla y usarla. Por supuesto también existen programas a la venta para desarrollar estos trabajos, pero los gratuitos tienen la calidad suficiente como para considerarlos la mejor opción, es por ello que este libro presentará preferentemente este tipo de herramientas y la forma de obtenerlas.

El software mínimo necesario para la construcción de páginas WWW se compone de un *browser* o visualizador (**Navigator** de **Netscape**, **Internet Explorer** de **Microsoft**, **Opera**, **Mosaic**...), y un programa de edición básico (basta el **vi** de Unix o el **Bloc de Notas** de Windows). También resulta recomendable disponer de algún programa de visualización, manipulación y conversión de gráficos (**xv** en Unix, **Paintbrush**, **Graphic Workshop** o **PaintShop** en Windows), un editor visual WWW (**HotMetal**, **HTMLed**, **Claris**, **FrontPage**, **1st Page**, **HotDog**, o el que acompaña al propio **Navigator** de **Netscape**), y un programa para generar ficheros–guía de imágenes interactivas (como **Mapedit**).

Todo este software está disponible en la red y es muy fácil conseguirlo en ella, bien directamente en el Web del fabricante, bien en alguno de los servicios de distribución de software gratuito o de *shareware*. Esto sirve además para recordar que es muy recomendable contar con una conexión a Internet. Una conexión que permita acceder a los recursos de la red será de gran utilidad para obtener software y visualizar ejemplos reales de desarrollo de materiales WWW.

Esquema general de la Guía

Este libro está formado por una serie de capítulos y dos apéndices adicionales como material de consulta y referencia.

- El capítulo 1, "**Herramientas para la construcción de páginas HTML**", presenta los distintos tipos de herramientas disponibles, proponiendo ejemplos de cada una de ellas.
- El capítulo 2, "**El lenguaje HTML**", presenta al lenguaje, su historia y evolución. Introduce los elementos básicos con los que se construyen las páginas, y se dan una serie de consejos prácticos sobre el desarrollo de estos materiales.
- El capítulo 3, "**Estructura básica de un documento HTML**", muestra las bases del desarrollo de páginas Web. Presenta la estructura obligatoria del lenguaje y desgrana las opciones y directivas propias de las dos secciones fundamentales <HEAD> y <BODY>.
- El capítulo 4, "**Organización del texto**", muestra la forma de disponer y alinear el texto, de emplear varios estilos, de crear cabeceras, separadores, y listas.
- El capítulo 5, "**Hipertexto**", presenta una de las funcionalidades más interesantes de HTML: la posiblidad de hacer referencias y facilitar la navegación hacia otros documentos, incluso a los externos al lugar desde el que se exporta la información.

- En el capítulo 6, "**Multimedia**", se presentan las funcionalidades multimedia asociadas a HTML.
- En el capítulo 7, "**Tablas**", se presentan estos elementos que tienen un papel muy importante en HTML siendo tanto un medio presentación de la información como un sistema de formateo de páginas.
- El capítulo 8, "**Frames**", presenta estos elementos avanzados para la construcción de espacios Web.
- El capítulo 9, "**Hojas de estilo**", está dedicado a estas entidades que permiten controlar el aspecto final de las páginas Web.
- En el capítulo 10, "**La entrada de usuario. Formularios**", se describen las modalidades de entrada de datos disponibles del HTML.
- El capítulo 11, "**Objetos**", está dedicado a componentes dinámicos especiales como los *applets* de Java, los controles ActiveX, o los ficheros ejecutables apoyados en *plug-ins*.
- En el capítulo 12, "**JavaScript**", se habla de este lenguaje empleado para construir componentes dinámicos dentro de páginas HTML.
- El apéndice A, "**Guía de Referencia HTML**", presenta todas las directivas soportadas por la versión 4 del lenguaje y por las particulares implementaciones de las versiones 4 de Navigator de Netscape y 5 de Internet Explorer de Microsoft.
- En el apéndice B, "**El juego de caracteres ISO-8859, Latin-1**", se muestran los caracteres empleados en la construcción de páginas, junto a los códigos que los representan.

Notación empleada

De cuando en cuando se insertan apartados especiales de dos tipos:

> ***Nota:*** *Se trata de una anotación que amplía la información sobre algún concepto tratado en el texto.*

Truco: será normalmente la descripción de algún mecanismo particular que permita sacar partido de una forma singular o especialmente atractiva a algún aspecto del lenguaje.

El código HTML, o en cualquier otro lenguaje de programación, se visualizará con un tipo de letra especial, como se muestra a continuación:

```
<!- Código HTML ->
```

Las direcciones Internet se incluirán normalmente como notas al pie de página y siempre siguiendo la notación estandarizada URL. Nada se puede asegurar sobre su validez ya que cambia continuamente el contenido y ubicación de los servidores, aunque lo normal es que la mayoría de estas direcciones sigan estando vigentes durante mucho tiempo o, al menos, en el caso de que cambien, dejen un enlace que apunte a su nueva ubicación.

1

Herramientas para la construcción de páginas HTML

1.1. Introducción

Las herramientas son un componente imprescindible como soporte al desarrollo de materiales para el WWW. El propio visualizador o *browser* es una de las aplicaciones software que deben estar presentes obligatoriamente. En la construcción de páginas HTML o de programas CGI siempre existe el recurso del trabajo "manual", pero no debe desdeñarse el uso de herramientas software que simplifiquen el trabajo e incrementen la productividad general. Aunque en principio no sea necesario un editor más complejo que el **vi** de Unix o el **Bloc de notas** de Windows, nunca está de más una ayuda.

Una característica frecuente, y muy notable, del software para Internet es que se trata de aplicaciones de libre distribución o gratuitas. Buena parte de los programas de calidad relacionados con el WWW mantienen este carácter. De todas formas, y coincidiendo con la aparición del "fenómeno Internet" han empezado a surgir paquetes comerciales, aunque siguen conviviendo con aplicaciones gratuitas. Aquí prestaremos atención prioritaria al software de libre distribución, pues creemos que es el que garantiza la continuidad de la tradición que ha medrado a la sombra de Internet, y porque es la opción más inmediata, rápida y económica para cualquier usuario.

El catálogo de herramientas no deja de crecer. Se puede decir que si no cada día, sí cada semana aparece una nueva. Aquí no se pretende realizar un índice exhaustivo, ni siquiera una colección medianamente extensa de herramientas. Lo que se quiere es identificar los distintos tipos, enumerar sus características y presentar algunos ejemplos relevantes dentro de cada categoría.

1.2. *Browsers*

Desde el punto de vista del cliente es obvia la necesidad de un programa de visualización o *browser*, pero no lo es menos desde el otro extremo de la comunicación. Aunque se esté desarrollando el contenido de un servidor, es imprescindible disponer de un visualizador para comprobar nuestros progresos. De hecho, el aspecto final de la información estará muy determinado por el *browser* que se use, a menos que se haga un esfuerzo especial para garantizar la independencia de la visualización.

Genéricamente, un *browser* es un programa que canaliza las peticiones de documentación del cliente hacia el servidor y que interpreta adecuadamente su respuesta. Aunque un programa de visualización puede tener aspecto y funcionalidades muy variados, las preferencias de la mayoría se han decantado por el modelo trazado inicialmente por Mosaic, perfeccionado luego por Netscape y establecido definitivamente por Microsoft con Internet Explorer: impecable aspecto de la documentación con los componentes multimedia integrados dentro del texto.

A mediados de 1995 podían contarse con los dedos de la mano el número de visualizadores, lo mismo que las plataformas –hardware y software– capacitadas para usarlos, pero el número de estos programas ha crecido sin pausa desde entonces y ya están disponibles para un gran número de sistemas. Los más sencillos –y cada vez más raros– se pueden emplear desde terminales sin prestaciones gráficas, aunque los documentos mantienen su carácter hipertexto.

Buena parte de este software es público, aunque hay un número creciente de aplicaciones comerciales procedentes de los grandes fabricantes de software. Desde su aparición (1994) hasta hace relativamente poco tiempo Netscape ha sido el punto de referencia en esta área tan dinámica y competitiva. Para empezar, su política de distribuir gratuitamente su *browser* primero y luego de dar libre acceso (aunque limitando en el tiempo el funcionamiento) a las sucesivas "betas" de sus productos rompió el mercado de tal forma que sólo unos pocos fabricantes se atrevieron a vender abiertamente sus visualizadores como ocurre con el resto de sus productos. Al dejar disponible para quien lo quisiera una aplicación de gran calidad, la compañía consiguió adquirir una cuota mayoritaria de usuarios que forzaron el uso de las extensiones de HTML propuestas por Netscape, lo que hizo que estos "netscapismos" acabaran, en su mayoría, tomando parte del estándar. Posteriormente, con la incorporación de Microsoft al campo de juego de Internet, Netscape Navigator encontró un duro oponente en Internet Explorer. Este producto, si bien tuvo unos inicios titubeantes (en parte debidos al retraso de Microsoft en apostar por Internet), consiguió con su versión 4 una significativa cuota de mercado, igualando a su principal competidor y ofreciendo además interesantes mejoras en la navegación y el soporte a HTML. Finalmente, los usuarios de la versión 5 de Internet Explorer han superado ligeramente en número a sus homólogos de Netscape que, si bien continúa añadiendo mejoras, ha sufrido un cierto retraso tecnológico. Actualmente, las esperanzas de los usuarios de Netscape (y también de los seguidores del software libre) están puestas en la implementación libre de Netscape, conocida con el nombre de Mozilla, que mantiene expectante a la comunidad internauta.

1.2.1. Evolución de los visualizadores

A pesar del poco tiempo transcurrido desde la introducción del primero de estos programas, se han sucedido rápidamente una serie de "generaciones" con características propias y una incidencia muy notable en la evolución posterior del WWW. La importancia de los visualizadores es tan grande que su desarrollo ha determinado en gran medida el del propio Web, por lo que resulta difícil comprender el estado actual del WWW sin conocer el camino seguido por sus visualizadores.

La primera generación es la dominada por los visualizadores en modo texto. El pionero fue **Linemode**, del CERN, que fue donde se desarrolló inicialmente el

WWW. A éste siguieron varios de similares características que culminaron en **Lynx**[1], desarrollado en la Universidad de Kansas.

Este tipo de *browsers* se caracteriza por carecer de la posibilidad de variar el tipo de letra (como mucho pueden utilizar la negrita y el subrayado) y de reproducir imágenes. La navegación es menos cómoda (los enlaces están numerados y hay que teclear el número o moverse entre ellos con las flechas del cursor) y sólo puede visualizarse texto. Con todo, se trata de un medio totalmente original: documentos hipertexto con enlaces a otros documentos en cualquier punto de la red. Además, este tipo de aplicaciones suele ser programable, es decir, es posible arrancarlas con un conjunto de opciones o utilizar algún lenguaje de *script* para indicar a dónde deben ir, qué traer y como seguir la navegación. De esta forma se han convertido en el germen de muchos de los robots que recorren la red recopilando información.

El primer gran punto de inflexión en la tecnología WWW se produce con la introducción de **Mosaic**, un programa desarrollado en el **NCSA**[2] norteamericano. Mosaic incorpora por primera vez multimedia de la mano de imágenes, fundamentalmente en formato GIF, el hasta entonces sistema público desarrollado por Unisys para Compuserve.

Mosaic es una aplicación de libre distribución de calidad y con un soporte poco habitual en esta clase de software. El hecho de ser el primero, su innegable calidad y la gratuidad y facilidad para obtenerlo fueron características clave para dar el pistoletazo de salida para la carrera del WWW.

El dominio de Mosaic en los comienzos del Web multimedia era tal que con frecuencia se identificaba a éste con aquél y se hablaba indistintamente de WWW y Mosaic. El diseño de la interfaz de usuario es un clásico: ha servido de ejemplo para la mayor parte de los visualizadores posteriores empezando por el icono en movimiento durante la carga de páginas y finalizando por los grandes botones de navegación, la entrada con la dirección de la página visualizada y el concepto de "atrás" y "adelante".

---

1 En **http://www.nyu.edu/pages/wsn/subir/lynx.html**

2 Cuyo Web reside en: **http://www.ncsa.uiuc.edu**

Un grupo de desarrolladores que habían participado en Mosaic ponen en marcha un nuevo proyecto en 1994. Han constituido una compañía, **Netscape**, y están construyendo un *browser* al que van a llamar **Navigator**[3]. Cuando a finales de ese año está disponible la primera versión se plantean la siguiente pregunta: ¿cuál es el precio de este tipo de software? Jim Clark, antes en Silicon Graphics y ahora al frente de la nueva empresa, decide que éste sea cero, al igual que Mosaic. Netscape piensa hacer dinero con el mercado que se mueve alrededor del Web (servidores, herramientas, consultoría, desarrollo) pero el buque insignia de la compañía, el visualizador, será gratuito.

El mundo de la informática está lleno de historias de éxitos repentinos y ascensiones fulgurantes. Pocos hay tan evidentes como el de Netscape. Su visualizador, más rápido y avanzado que Mosaic, alcanzó en muy poco tiempo un grado de difusión y dominio del mercado casi total, que ha mantenido hasta hace muy poco tiempo. Además, en vez de ajustarse al estándar HTML como Mosaic, incluyó una serie de elementos nuevos orientados a mejorar la visualización y a rellenar algunas lagunas del lenguaje referidas, sobre todo, a la disposición y aspecto del texto.

La enorme aceptación del producto hizo que cada vez más servidores incluyeran páginas con la extensión HTML de Netscape, lo que a su vez forzó a muchos usuarios a utilizar este *browser* para poder visualizarlas correctamente. Este proceso llevó a la aceptación universal de estas extensiones y la inclusión de muchos de sus componentes en el estándar HTML, un claro reflejo de la influencia alcanzada por Netscape y su visualizador.

Con Netscape en una situación hegemónica, dominando el panorama de los visualizadores con un producto cada vez más refinado y mejorado, se produjeron dos acontecimientos muy importantes. En primer lugar **Microsoft** orienta su política hacia Internet –estrictamente hacia el WWW–, al principio con muy poca fortuna, pero va mejorando conforme rectifica errores y modifica sus planes iniciales. El otro gran acontecimiento, y el tercer gran giro en esta historia, es la aparición de **Java**.

---

[3] Aunque según ellos se pronuncie "Mozilla".

Sun, una compañía dedicada fundamentalmente a la construcción de estaciones de trabajo y servidores Unix, había estado desarrollando un lenguaje de programación apropiado para electrodomésticos, lo que implica robustez, fiabilidad y portabilidad para hacer frente a los frecuentes cambios de diseño y funcionalidades. Estas mismas características se adaptaban perfectamente a las necesidades de Internet: construcción de aplicaciones compactas, seguras y fiables e independientes de plataforma o sistema operativo. Sun desarrolló un visualizador capaz de soportar la inclusión y ejecución de los programas escritos en Java (denominados *applets*): nacía así **HotJava**.

El panorama actual ha ido derivando hacia la hegemonía tecnológica de dos compañías en el terreno de los navegadores, Netscape y Microsoft, aunque parece que con una ligera ventaja por parte de esta última. Netscape fue pionera en la inclusión de Java, y complementó su visualizador con un lenguaje interpretado muy potente –JavaScript– que eliminó algunas limitaciones de Java y mejoró el tiempo de carga y ejecución. Las extensiones de HTML propuestas para el Navigator se aceptaron casi universalmente y han acabado formando parte del estándar. Por último, incluyó una tecnología conocida como *plug-in*, que permite "incrustar" en el propio *browser* visualizadores auxiliares de otros fabricantes para interpretar información en cualquier formato, eliminando así la necesidad de utilizar aplicaciones separadas especiales.

Microsoft trató de contrarrestar a Netscape con **Explorer**, un producto que ha ido sufriendo grandes cambios desde su primer diseño basado en los conceptos habituales de las aplicaciones para Windows. Explorer ha ido abandonando sistemas propios de Microsoft para irse acercando cada vez a los distintos estándares presentes en WWW. La versión 2 se aproximó bastante al modelo establecido por Netscape; en la 3 incorporó *frames*, Java y su propio sistema de ejecución de aplicaciones en cliente, llamado **ActiveX**; en la 4, dio un gran salto tecnológico con un soporte relativamente completo a HTML Dinámico y a la nueva especificación HTML (a la que está dedicada este libro); finalmente, la versión 5 ha sido la confirmación definitiva de este navegador, debida en parte a las facilidades de navegación introducidas y también a la innegable ayuda del aplastante dominio de los sistemas Windows en la informática personal.

La guerra abierta entre Netscape y Microsoft por el control del mercado de visualizadores ha revolucionando estos programas. Ambos visualizadores buscan obtener el producto con mejores prestaciones, con más posibilidades de ampliación, y que integre más elementos auxiliares. Sin embargo, la evolución tecnológica de los programas (y de Internet en general) provocó la apertura de un nuevo frente: los contenidos.

Las dos empresas ofrecieron a sus usuarios acceso gratuito a varios servicios de pago, generalmente de noticias. Puede resultar extraño este interés –y gasto desmedido– en captar usuarios para aplicaciones gratuitas, pero es que, en realidad, se dirime algo más que las cifras de aceptación entre el público de los respectivos productos. Hay un importante mercado relacionado con herramientas auxiliares, licencias de uso y explotación y derechos sobre tecnología.

Las actuales versiones de ambas plataformas han evolucionado hacia la adopción de un conjunto de herramientas auxiliares que faciliten el acceso a otros medios de comunicación en Internet (correo, *news*, IRC, videoconferencia, radio en directo) y a la integración del visualizador en el entorno operativo (conocido como *desktop* o escritorio) del usuario, al menos en las versiones para Windows 95/98. Se trata de difuminar los límites del visualizador y el sistema, de forma que la navegación sea una operación natural, "nativa", y no dependa de la utilización diferenciada de una herramienta[4].

En lo que respecta a HTML, parece que la voluntad de hacer las cosas por medio de los mecanismos de estandarización impera, lo que no impide que ambos visualizadores mantengan un conjunto más o menos amplio de directivas y atributos exclusivos. Buscando el equilibrio, cada fabricante de *browser* ha tratado de incluir las diferencias más notables del contrario: así, Netscape ha

---

4 Esta "difuminación" de los límites entre el sistema operativo y el browser ha sido un auténtico quebradero de cabeza para Microsoft, enfrentada actualmente a varias demandas antimonopolio a causa de la fuerte dependencia entre sus sistemas operativos e Internet Explorer.

incluido, al menos en parte, soporte a hojas de estilo (presentes inicialmente en Internet Explorer), y Microsoft, a su vez, ha añadido el lenguaje JavaScript ofrecido por el primero. Seguramente, la propuesta más innovadora es el llamado "HTML dinámico" de Microsoft (verdadero artífice de su aumento de usuarios), y su contrapartida de Netscape.

1.2.2. *Browsers* para WWW

A continuación se presentan algunos de los programas de visualización más importantes disponibles en la actualidad[5], aunque la lista no es, ni mucho menos, exhaustiva[6]: **Internet Explorer, Netscape Navigator, Opera, HotJava, Interworks, Macweb, WebExplorer** (propio de OS/2), **Cello, Arena, WinWeb, Chimera, MidasWWW, GWHIS, Mosaic, ViolaWWW, Surfit!** o **TkWWW,** el editor **xemacs** o a través del propio correo electrónico.

En la tabla 1.1 se muestra el resumen de algunas estadísticas obtenidas en varios servidores y los resultados de algunos estudios. Realmente se dedica un considerable esfuerzo a averiguar qué *browsers* usan los usuarios. Estos valores se obtienen de dos formas: por medio de "encuestas" en las que los visitantes de un Web contestan preguntas sobre sí mismos y su entorno; y por medio de la extracción automática de información sobre sus visitantes por parte de los servidores (aunque sólo se puede averiguar datos básicos como el dominio de origen, el tipo y versión de visualizador, o la plataforma hardware y sistema operativo).

Como se puede ver, la gran mayoría de usuarios se decanta por Internet Explorer o Netscape Navigator, seguidos a gran distancia por el resto de los productos (utilizados generalmente en entornos específicos como universidades o centros de investigación).

---

[5] Ni que decir tiene que esta "actualidad" es tan cambiante que en breve puede haber cambiado significativamente (aunque quizá sólo en lo referido a versiones) el panorama.

[6] Una lista bastante completa de browser disponibles actualmente puede consultarse en **http://www.uoguelph.ca/~gnasby/projects/web_browser_info/browser_list.html**

Tabla 1.1. Uso de *browsers* en la red

Software	*Browser Statistics*[7]	*BrowserWatch*[8]
Navigator (Netscape)	63,3%	54,6%
Explorer (Microsoft)	32,0%	31,9%
Otros	4,7%	13,5%

Lynx

Lynx es un *browser* que no hace uso de ratón, menús, ni ninguna otra entidad propia de los entornos gráficos. Es muy simple, y lógicamente muy limitado para la visualización multimedia, aunque muy útil cuando no se dispone de una estación de trabajo gráfica. Sabiendo que éste era el tipo de visualizadores habituales hasta la llegada de Mosaic no puede extrañar la revolución que los programas gráficos tuvieron en el posterior desarrollo del WWW.

Lynx es un software desarrollado originalmente para ser utilizado desde terminales de sistemas Unix. Existe también una versión para DOS. Desde el punto de vista de su adaptación a SGML (el lenguaje en el que se define HTML) es sin duda el mejor: no hay dependencia del dispositivo de visualización y toda la importancia recae en el texto, no en su aspecto. Precisamente, con SGML se pretendía ganar independencia para la visualización de documentación evitando la utilización de configuraciones hardware determinadas.

También se le puede considerar un "*browser* para pobres". No requiere un equipo costoso para utilizarlo: sólo un monitor modo texto de los que se suelen arrinconar en las estanterías por falta de uso y un sistema con un módem de baja capacidad. Nada de placas de sonido, de prestaciones gráficas impresionantes, de líneas de alta velocidad o de procesadores potentes para hacer correr aplicaciones Java o reproducir filmaciones.

Posiblemente Lynx haya sido un producto injustamente olvidado. Bien es cierto que parece una idea descabellada perder la posibilidad de ver gráficos y filmaciones, ni

---

7 **http://wdvl.com/Vlib/Users/Browsers.html**
8 **http://browserwatch.internet.com/stats/stats.html**

siquiera contar con una tipografía agradable para la lectura. Pero hay que reconocer que la información, el texto, permanece, y aún en un estado más puro, lo que impide las distracciones producidas por uno de los vicios más habituales en el Web: el exceso de iconos e imágenes y tipografías demasiado elaboradas.

Además, Lynx es programable, lo que permite realizar cargas programadas de elementos en la red, y peticiones masivas de información. Son los elementos básicos para construir un robot que "se mueva" por la red para localizar información o referencias. En determinadas tareas, Lynx, a falta de algún asistente o robot programable, sustituye con éxito al resto de los *browsers* que carecen de las funcionalidades necesarias.

Mosaic

El visualizador público del NCSA, líder en los inicios del WWW, mantiene una presencia testimonial en la actualidad. Hoy en día se mueve entre la nostalgia y la "tercera vía", que esquiva caer en las dos opciones mayoritarias.

El programa continúa siendo adecuado para una navegación básica. No reconoce muchos componentes avanzados –y normalmente fuera del estándar– de HTML ni dispone de grandes funcionalidades multimedia ni de la posibilidad de ampliarlas por medio de *plug-ins* o cualquier otro mecanismo similar.

Opera

A pesar de la dificultad de hacerse hueco en el mercado actual de navegadores, Opera ha logrado un meritorio tercer puesto que, aunque no suponga un peligro a los "grandes", da idea de su calidad. Opera es un navegador diseñado para funcionar en equipos con pocos recursos, lo que se nota en su carencia de herramientas complementarias y en una interfaz de usuario sencilla pero efectiva, donde prima la facilidad de uso.

Aunque ha ido incorporando progresivamente elementos dinámicos y avanzados como JavaScript, no lo hace a la velocidad de los "grandes". Sí hay que destacar su sistema de visualización, muy interesante e innovador: al margen de considerar al navegador como una aplicación Windows más, de forma que sus instancias aparecen como ventanas dentro de un contenedor principal –al contrario de Netscape y Explorer que usan ventanas completamente independientes para cada instancia–, permite aplicar opciones de zoom sobre la visualización de páginas, lo que puede ser de mucha utilidad. Opera presenta una gran desventaja con respecto a sus competidores, y es que sus herramientas auxiliares (correo...) no están a la altura de otros programas.

Navigator 4.7

La última, por el momento, versión del software de visualización de Netscape es uno de los mejores productos desarrollados para trabajar con el WWW. Posee un buen número de funcionalidades muy potentes, incluye muchos visualizadores auxiliares y servicios adicionales en la propia aplicación y da soporte a otros externos.

Navigator cuenta, además del propio sistema de navegación en WWW, con otros componentes auxiliares: un lector de News, un editor básico de HTML (Composer), una herramienta para correo electrónico (Messenger), un catálogo de direcciones de correo (realmente un cliente LDAP[9]), y un gestor para las direcciones de la red (*bookmarks*) recogidos por el usuario, que pueden organizarse jerárquicamente[10].

El correo en Netscape es de tipo MIME, lo que permite incluir componentes multimedia en él, por ejemplo directivas HTML. Además reconoce las direcciones URL en el texto y las convierte automáticamente en enlaces, lo que permite navegar desde un mensaje de correo electrónico.

En lo que respecta a la componente fundamental, el *browser* WWW, Netscape ha sido pionero en la inclusión de muchos elementos habituales en el Web como los *frames* (que han pasado a formar parte de la recomendación HTML 4). Reconoce un buen número de formatos y para

---

[9] Siglas de *Light Directory Access Protocol* (Protocolo ligero de acceso a directorios), especialmente diseñado para acceder a grandes bases de datos de personas y direcciones.

[10] El conjunto de los *bookmarks* se graba en un fichero HTML que puede ser visualizado, editado o manipulado automáticamente con ayuda de algún filtro.

aquellos que no sepan tratar adecuadamente dispone de un sistema de inclusión dinámica de visualizadores especializados llamados *plug-ins*.

El concepto de *plug-in* es sencillo. Si un fabricante diseña un formato especial para algún tipo de componente muy concreto, por ejemplo una filmación interactiva con sonido, puede tratar de crear su propio software de cliente y distribuirlo para que los usuarios lo empleen. Cuando se encuentra un fichero en ese formato, el usuario lo trae a su disco duro y luego lanza el visualizador dedicado.

Con Navigator, el fabricante crea un componente, una librería con un interface normalizado por Netscape. Cuando un cliente se encuentre con un documento de ese tipo, Navigator averiguará si dispone del *plug-in* adecuado para interpretarlo. Si es así lo carga y el fichero se interpreta directamente en la propia pantalla del visualizador.

Navigator fue pionero en la inclusión de soporte Java (actualmente incluye la versión 1.1.5). De hecho la relación entre Sun y Netscape es tan estrecha que la primera ha abandonado el desarrollo de su propio navegador Java en provecho de la segunda. Además, Navigator incluye un lenguaje propio para la ejecución de tareas simples en cliente denominado JavaScript (en su versión 1.3). La principal ventaja que presenta es que se ahorra la carga de muchos componentes auxiliares y los programas resultan más compactos, pues se envía sólo el código fuente, con mayores funcionalidades, en vez del objeto compilado.

Otras funcionalidades destacables de Netscape Navigator introducidas en la navegación son, por ejemplo, la presentación de información y sitios Web relacionados con la página que se está visitando (tecnología conocida como *Smart Browsing*), filtrado de contenidos ofensivos (siempre de acuerdo a la configuración que decida el usuario) o soporte de estándares de seguridad (SSL 3.0), que permiten acceder a sitios seguros.

Netscape funciona en un gran número –16– de plataformas: desde sistemas basados en procesadores Intel como Windows, Linux y OS/2, hasta Macintosh y distintas versiones Unix. Se le considera más compacto que sus competidores –al menos en sus versiones para Windows 95/98.

Explorer 5

Desde que Microsoft entró en el área de los visualizadores para WWW, su producto, Explorer, ha sufrido notables cambios. Microsoft ha realizado un gran esfuerzo para pasar de una aplicación mediocre y muy centrada en los propios estándares de la firma a obtener un producto que supera ligeramente en funcionalidades al Navigator de Netscape. Para empezar tuvo que pasar por el doloroso trance de dar la razón a su competidor incluyendo mecanismos y formatos estandarizados en la red, incluidas las extensiones HTML propias de Netscape, como el soporte a tablas y los *frames*. Otro momento importante fue la inclusión de Java.

Explorer cuenta en principio con soporte integrado para sonido y animaciones, pero también ha incluido el soporte de visualizadores externos por medio de una tecnología propia denominada ActiveX que se supone más sólida, simple y fiable que su equivalente en el Navigator. Este sistema es tan versátil que el propio soporte a Java está construido como un visualizador externo. Este sistema se aplica a los lenguajes de *script*: Explorer soporta JavaScript (al que se ha dado el nombre de JScript), y VBscript, un lenguaje muy relacionado con Visual Basic. ActiveX es la versión distribuida de OLE 2.0 y se ha convertido en el nuevo estándar en sistemas Windows[11].

Aunque las mejoras introducidas en su versión 4 fueron significativas (principalmente su soporte al HTML dinámico) ha sido en la versión 5 cuando Internet Explorer ha alcanzado el liderato en dura pugna con el hasta ahora campeón indiscutible, Netscape Navigator. Entre las funcionalidades que se pueden destacar está la posibilidad de realizar descargas completas de sitios Web (para poder visualizarlos sin conexión), el autocompletado de direcciones URL y de formularios, las facilidades de búsqueda o la posibilidad de actualización automática (también presente en Navigator). A todo esto se añade un conjunto completo de herramientas para moverse por Internet, como el cliente de correo (Outlook Express), cliente de *chat* (Microsoft Chat) y de audio / videoconferencia (Net Meeting), editor

---

[11] Está por ver el éxito de la aplicación de esta tecnología en otras plataformas como Unix y Macintosh.

de páginas HTML (Front Page Express) o la agenda de direcciones.

1.3. Visualizadores auxiliares

No todos los elementos que se exportan a través del WWW son manejados directamente por los *browsers*. Aunque ya son capaces de interpretar ficheros HTML, texto, GIF, JPEG, e incluso formatos especiales como sonido y vídeo, el número de posibles formatos es enorme y resultaría una tarea ingente, además de poco práctica, hacer que un visualizador pudiera entenderse con todos ellos.

Para poder interpretar ficheros de formatos poco habituales, se dispone de los visualizadores auxiliares y los *plug-ins*. Ya hemos descrito el funcionamiento de los segundos: son miniaplicaciones que se integran en el *browser* y hacen que el fichero se pueda interpretar dentro de él, como si se tratara de uno de los formatos reconocidos originalmente.

ActiveX, la nueva tecnología de Microsoft, realiza las operaciones propias de OLE en el contexto de la red. Esto hace que objetos de un tipo especial (los conocidos controles Active X) puedan ser visualizados mínimamente en el *browser* y exportados a una aplicación que sea capaz de gestionarlos.

Las herramientas auxiliares son aplicaciones de visualización o edición en formatos especiales. Para poder mostrar un objeto especial en ellas hay que configurar el *browser* para sea capaz de activarlas indicándolas el fichero que se quiere ver.

Si quiere manejarse con gráficos de tipos poco frecuentes (al menos en la red), dispone de un gran número de aplicaciones, muchas de ellas públicas. Los ficheros BMP se pueden visualizar con el **PaintBrush** que acompaña a Windows. **PaintShop** y **Graphic Workshop** trabajan con formatos muy diversos. En UNIX se dispone de un programa público muy útil, **xv**[12]. Otras utilidades son **lview**, **jpeg-view**, **WinJPEG**, o el conjunto de utilidades UNIX **ImageMagick**[13].

---

[12] Se encuentra en: **http://www.sun.com/sunsoft/catlink/xv/xv.html**

[13] Se encuentran en: **http://www.wizards/dupont.com/cristy/ImageMagick.html**

Para visualizar ficheros PostScript (una forma habitual de distribuir información en Internet) se suele emplear **ghostscript** y **ghostview**[14]. **Adobe Acroread** se emplea para visualizar documentos en formato PDF, un estándar de documentación ampliamente utilizado en Internet.

Los ficheros con sonido se interpretan con la ayuda de varias herramientas: **sound-machine** para Macintosh, **RealPlayer** y **MediaPlayer** para Windows.

Los formatos de imagen para filmación más usados en Internet son MPEG y QUICKTIME (en sistemas Windows y Macintosh), aunque últimamente están ganando la partida las tecnologías conocidas como *streaming*, que permiten recibir filmaciones y sonido (principalmente música) y empezar a visualizarlas antes de terminar la carga completa (al estilo de la radio y televisión convencionales). En este caso, los formatos más extendidos son Quicktime (de Apple), RealAudio / RealVideo (de Real Networks) y NetShow (de Microsoft). Las distintas herramientas que se pueden emplear son, entre otras, **BijouPlay**, **MooVer**, **Peter's Player** para Macintosh; y **MpegPlay**, **MediaPlayer**, **RealPlayer** y **QuickTime** para Windows.

Mención especial merece el formato de audio conocido como MP3, cuya difusión en Internet ha sido fulgurante, debido a la posibilidad de comprimir en un reducido espacio obras musicales, con una calidad más que aceptable. Desde su aparición el número de programas reproductores disponibles no ha parado de crecer, destacando por su calidad y precio (gratuito en todos los casos) **WinAmp**[15], **Sonique**[16], **DJ System**[17] (desarrollo español) y **RealJukeBox**[18].

1.4. Navegación *off-line*

Se trata de una funcionalidad a la que se puede sacar mucho partido, especialmente si se cuenta con líneas dedicadas y se quiere revisar el contenido de servidores con

---

14 Se encuentra en: **http://www.cs.wisc.edu/~ghost/**

15 **http://www.winamp.com.**

16 **http://www.sonique.com**

17 **http://www.clar.net.djs**

18 **http://www.sonique.com**

mucho contenido. Puede accederse a ella desde los navegadores habituales o desde aplicaciones específicas. Se trata de explotar la posibilidad de recibir páginas Web por un mecanismo distinto de la navegación con un *browser*: generalmente se descargan las páginas de un servidor y se revisa su contenido desde la copia del disco duro.

Para ello hay que indicar una o varias URL y la "profundidad" –número de enlaces seguidos– de la navegación. Mientras el usuario se dedica a otras tareas la aplicación se encarga de realizar la descarga y luego permite navegar en un directorio determinado como si se tratara del servidor remoto, aunque con la velocidad del acceso local.

1.5. Editores

Los editores son los encargados de ayudar en la construcción de materiales. Su uso está indisolublemente unido al de los visualizadores, en los que se apoyan para comprobar la corrección del trabajo realizado. Los editores están viviendo una acelarada eclosión que hace que su número (y propósito) se multiplique.

1.5.1. Editores HTML

HTML es un lenguaje sencillo que se escribe en ficheros de texto (también llamados ficheros *planos*) lo que hace que podamos construirlo con un editor cualquiera. Por ejemplo el **Bloc de notas** de Windows o **vi** en sistemas UNIX. De hecho, una respuesta típica de programador experimentado a la pregunta "¿cuál es el mejor editor para HTML?" suele ser "vi o emacs".

Lo cierto es que, a la hora de programar, se usan editores muy sencillos en los que se busca con más frecuencia funcionalidades de búsqueda y sustitución que la inclusión automática de estructuras del lenguaje. Sin embargo, no debemos olvidar que HTML deriva de SGML, que pretende ser un sistema de descripción de documentos. Esto significa que se pueden construir programas para la edición de ficheros en este formato como si se tratara de aplicaciones para el tratamiento de textos, lo que supone una serie de funcionalidades especiales.

Aquí hemos querido diferenciar dos tipos de editores, los que van algo más allá que los editores en línea, a los que hemos llamado editores "modo texto" y los que incluyen funcionalidades WYSIWYG[19], que son el grupo con más crecimiento y que poseen más atractivos para los usuarios.

Editores HTML "modo texto"

Para construir ficheros HTML es posible hacer uso de cualquier programa de edición por simple que sea.

También se puede usar cualquier editor de textos teniendo siempre en cuenta que hay que salvar el documento como un fichero *texto sin formato*. Esto se aplica a **Write** de Windows, a **WordPerfect**, **Word**, **FrameMaker** y muchos otros programas de similares características.

También se puede emplear alguno de los numerosos conversores de formato que pasan documentos guardados de acuerdo con las especificaciones de un programa a su equivalente más aproximado en HTML. Hay conversores para pasar de WordPerfect [WPTOHTML], de FrameMaker [mif2html] de Quadralay, [frame2html], o el propio [Frame 5.0], o RTF [rtftohtml, y rtftohtm] a formato HTML.

Una tercera categoría de programas para la composición de código HTML son los editores adaptados, como el ejemplo de **xemacs** (la versión gráfica del programa público **emacs**[20]) mostrado en la figura 1.1. Se trata de versiones especiales de un programa para tratar texto que incorpora funciones que permiten insertar estructuras completas HTML, comprobar la validez del código, visualizar imágenes o conectarse a Internet.

Mención especial merecen las aplicaciones ofimáticas de última generación (principalmente las incluidas en paquetes como Microsoft Office, Corel Office o el gratuito StarOffice), capaces de generar directamente código HTML a partir de los formatos más diversos, sin más que pulsar un botón o salvar en dicho formato. Esta no es más que una muestra de la importancia que las tecnologías Internet están teniendo en todos los ámbitos de la informática, ya que la razón última de esta integración con HTML no es otra que la compartición de documentos a través de redes.

---

19 *What You See Is What You Get*, "Usted ve lo que va a obtener" en una traducción bastante libre.

20 Se encuentra en: **http://xemacs.cs.uiuc.edu/**

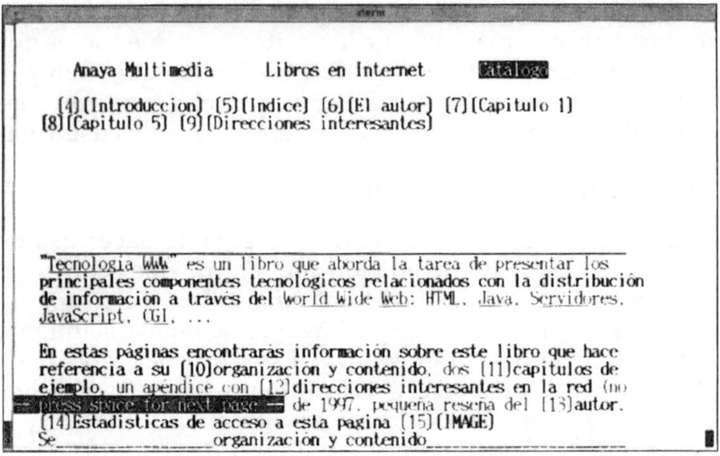

Figura 1.1. Edición de documentos HTML en **xemacs**

Por último, están los editores desarrollados específicamente para construir documentos HTML. Normalmente precisan del concurso de un *browser* para visualizar el resultado final, aunque también los hay que son capaces de mostrar el documento como si fueran un visualizador. La mayor parte de estas aplicaciones son públicas (es decir gratuitas) o *shareware* (pago "voluntario").

xhtml o **ASHE**, que se muestra en la figura 1.2, es un programa público[21] de este tipo que trabaja sobre **X windows**. Se trata de una utilidad que muestra código y resultado final en dos secciones diferenciadas de la misma ventana.

HoTMetal[22] es una herramienta comercial (aunque se puede obtener de forma gratuita) que trabaja sobre Windows y sistemas UNIX (Sun). Esta herramienta, como otras del mismo tipo, necesita un *browser* externo para visualizar los resultados, aunque las últimas versiones son plenamente WYSIWYG.

HotDog es una de las aplicaciones desarrolladas por Sausage[23] para el WWW. Se trata de un editor muy popular

---

21 Se encuentra en: **ftp://ftp.cs.rpi.edu/pub/puninj/ASHE/README.html**

22 Se encuentra en: **http://www.sq.com/**

23 Se puede encontrar un catálogo muy completo de herramientas en el Web de la compañía, en **http://www.sausage.com**

para sistemas Windows que utiliza una curiosa y divertida metáfora visual basándose en imágenes caninas.

1st Page 2000[24] es una herramienta gratuita que nos permite generar sitios Web de gran calidad, gracias a las múltiples funcionalidades que proporciona. Entre ellas se pueden destacar la posibilidad de gestionar sitios Web completos (páginas y *templates*), inserción de múltiples *scripts* y efectos de HTML dinámico, distintos tipos de interfaz de usuario (dependiendo del nivel de conocimiento: básico, normal, avanzado...) previsualización de las páginas en Internet Explorer y Netscape Navigator y posibilidad de filtrar las directivas HTML disponibles (según la versión de HTML, el navegador...). Incluye además documentación abundante y de calidad de múltiples temas relacionados con HTML, por lo que constituye una herramienta muy recomendable tanto para principiantes como para usuarios avanzados. La figura 1.3 muestra la pantalla de edición de **1st Page 2000**.

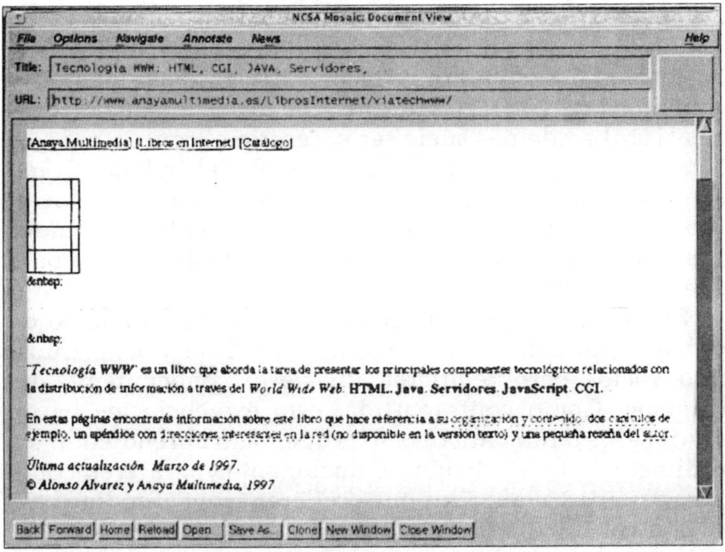

Figura 1.2. El editor **xhtml**

---

24 Disponible en: **http://www.evrsoft.com/1stpage**

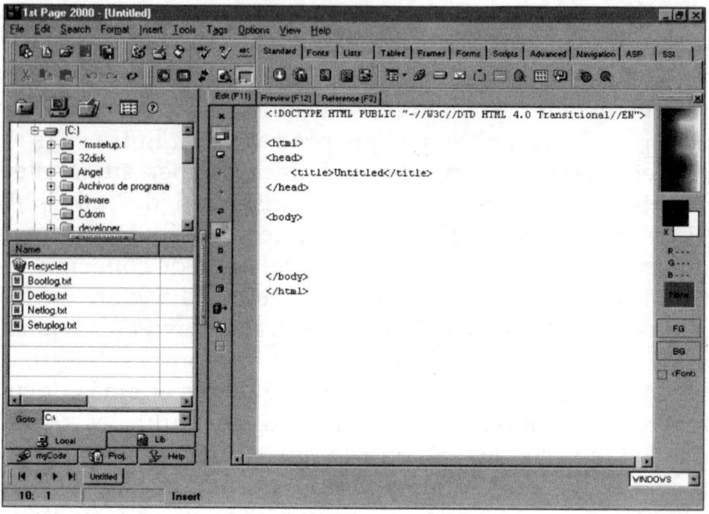

Figura 1.3. El editor **1st Page 2000**

En principio, este tipo de editores puede resultar algo decepcionante, sobre todo si se intentan comparar con editores de texto normales o con herramientas WYSIWYG. Básicamente se limitan a incorporar botones, menús y combinaciones de teclas que insertan directamente directivas HTML. Además suele ser necesario el concurso de un *browser* para poder ver los resultados del trabajo. Como contrapartida, incluyen funcionalidades para validar el código, comprobar la existencia de elementos auxiliares (imágenes, filmaciones...) y para dar formato al texto para que resulte más legible.

En general, estas herramientas suponen un ahorro de trabajo, especialmente si se usan plantillas o documentos-tipo vacíos pero requieren un cierto conocimiento del lenguaje. Como contrapartida, esta exigencia los hacen apropiados tanto para personas que están aprendiendo los rudimentos de la edición de documentos para Web como para usuarios avanzados que prefieren tener el código bajo su control.

Editores WYSIWYG

En principio, cualquiera de las aplicaciones mencionadas puede resultar válida y útil para editar documentos

HTML, y así ha sido hasta ahora, pero ha llegado el momento de preguntarse si no pueden simplificarse aún más las cosas.

Cuando editamos un fichero con un editor de texto estamos realizando una tarea similar a trabajar con HTML: hay títulos de distintos niveles, texto alineado, listas, tablas, se incluyen imágenes, se incorporan notas... En realidad lo que vemos es una representación más "amigable" del código interno del programa que utiliza comandos especiales de un lenguaje propio para identificar todos los componentes de un documento y su aspecto. ¿Por qué no se puede hacer lo mismo en HTML? De hecho sabemos que hay unos programas –los *browsers*– que realizan la conversión entre código interno (HTML) y la visualización final.

La carencia de este tipo de programas se ha debido sobre todo a dos razones: a las reticencias de los primeros valedores de HTML a usar editores –que aún duran– y las considerables exigencias en recursos y coste precisos para llevar a cabo esta tarea. Pero el momento ha llegado.

Al contrario que las herramientas mencionadas hasta ahora, estos editores suelen ser software comercial, no gratuito ni *shareware*. De hecho, se presentan como soluciones integradas en paquetes bastante completos y caros. Pero hay excepciones notables.

Netscape Navigator incluye desde hace algunas versiones un editor de este tipo, **Netscape Composer**, que permite a los usuarios crear y editar páginas Web de una forma muy sencilla, sin requerir apenas conocimiento del lenguaje HTML. Dada su gran integración con el navegador, es posible obtener en todo momento una idea del aspecto final de la página, al tiempo que se simplifica sobremanera la inserción de elementos en el documento, como por ejemplo imágenes o tablas (curiosamente, no da soporte para frames, algo singular si consideramos que fue Netscape quien introdujo su uso). Evidentemente, el carácter gratuito de este editor no lo hace comparable a las herramientas comerciales disponibles hoy en día pero esto no le resta utilidad, sobre todo para la realización de documentos sencillos o para dar los primeros pasos en la edición de páginas.

En la figura 1.4 se muestra el aspecto de la ventana de edición de Composer.

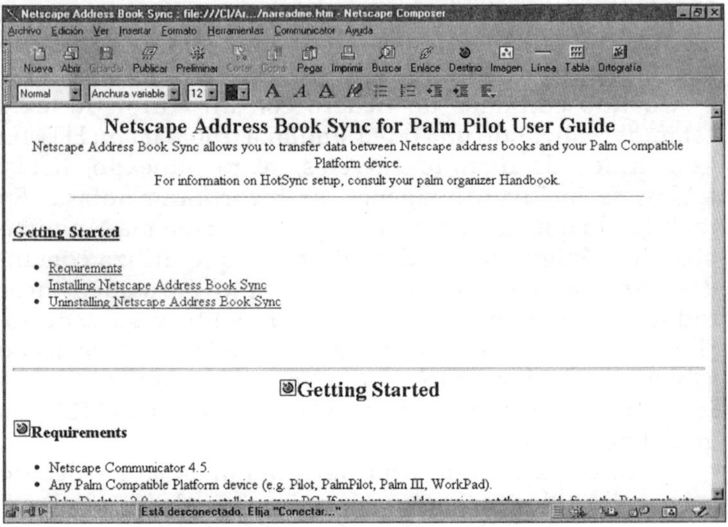

Figura 1.4. Editor Composer de Netscape

Siguiendo la línea de competencia establecida en los navegadores, Microsoft también proporciona un editor de páginas con Internet Explorer. Se trata de **FrontPage Express** (una versión reducida del producto comercial del mismo nombre), que permite generar páginas de una forma muy sencilla, de modo similar al empleado en programas clásicos de edición de texto como Word o WordPerfect. Entre las principales características de este producto está la posibilidad de insertar directamente nuestras creaciones en nuestro servidor de Internet, facilitando la gestión de pequeños sitios Web o páginas personales. En la figura 1.5 se muestra un aspecto de la ventana de edición de FrontPage Express.

Todos estos programas permiten editar manualmente el código para retocar aquellos aspectos que, o bien no satisfagan al usuario, o que el programa no resuelva por sus limitaciones. Ni que decir tiene que este código, como todo el generado automáticamente, resulta incómodo de leer y mantener.

Existen otros muchos editores, pero caen en dos grandes grupos: los que sirven para poco más que para construir una página personal, guiando al usuario por una serie de plantillas preestablecidas, fáciles de usar pero con pocas posibilidades de salir del esquema que proponen, y los demasiado abiertos, complejos y libres, que abruman al usuario medio con opciones y comandos y carecen de facilidades para realizar una edición asistida.

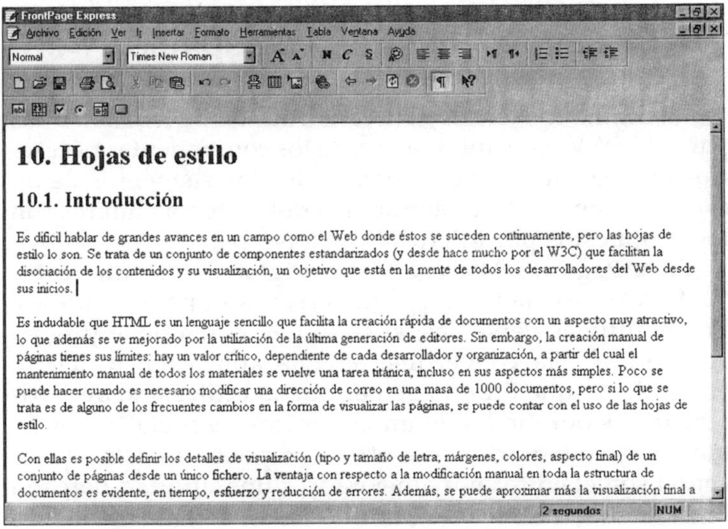

Figura 1.5. Editor FrontPage Express

1.5.2. Editores de formularios y generadores de CGI

Aunque cualquier editor de HTML le permitirá construir sus propios formularios, hay una serie de aplicaciones que están especialmente dedicadas a estas tareas. Como se puede suponer, no sólo crean la página o el fragmento HTML con el formulario (aunque algunos sólo hacen esto), además ayudan a construir el tratamiento.

Por ejemplo, **Form/CGI Creator**[25] genera además el código de un programa Perl con todo lo necesario para recibir en una serie de variables los valores introducidos en el formulario. El tratamiento que se haga de éstas es algo que compete al usuario.

---

25 En **http://the-inter.net/www/future21/formpro.html**

Este tipo de aplicaciones no son demasiado frecuentes ni populares. Resultan complejas, difíciles de manejar y están dedicadas a un público mucho más reducido que el de los editores HTML (y que no suele contar con el concurso de estos útiles).

1.6. Creación y gestión de espacios Web

La última tendencia en la construcción de herramientas para el WWW es la integración de los componentes necesarios para construir y mantener todos los elementos de un espacio Web. En este sentido, los dos sistemas líderes son los propuestos por Microsoft y Netscape.

FrontPage de Microsoft era originalmente un editor WYSIWYG asociado a un pequeño servidor para Windows. En las últimas versiones, el servidor se mantiene y se ha ampliado hasta convertirse en una aplicación de cierta entidad, aunque FrontPage permite la utilización de otros servidores por medio de un mecanismo especial de configuración e integración. Los otros componentes del paquete actual son el editor muy mejorado y una utilidad llamada FrontPage Explorer que permite analizar y mantener los enlaces a través del Web.

Una de las funcionalidades más atractivas de FrontPage es que permite gestionar un sistema remoto. Los ficheros se obtienen a través del servidor, se gestionan en el sistema local y se reenvían si han sufrido modificaciones y así lo indica el usuario.

Todos los ficheros del servidor aparecen reflejados en un diagrama en árbol junto con sus enlaces. Para editar uno de los ficheros no hay más que seleccionarlo.

El editor tiene funcionalidades muy interesantes, por ejemplo permite generar un mapa interactivo (vea la siguiente sección) sin necesidad de utilizar una herramienta externa. Se pueden crear nuevos enlaces arrastrando la representación de una página en la que se está editando. Si se van a utilizar extensiones no soportadas por el editor (propias de otros visualizadores o específicas de alguna aplicación) se pueden programar unos componentes especiales del editor, aunque no resulta un sistema demasiado práctico.

LiveWire de Netscape es una herramienta que tiene tres componentes: el SiteManager para gestionar el Web, el Navigator Gold para visualizar y editar las páginas, y una extensión para servidor y compilador de JavaScript que permite compilar componentes escritos en este lenguaje para ser ejecutados en el servidor.

En lo fundamental esta aplicación se parece a la de Microsoft: posibilidad de gestionar los ficheros (aunque siempre en modo local, no es posible hacerlo contra un servidor remoto), edición de páginas, gestión del servidor. Sin embargo, resulta más limitada y menos intuitiva, aunque conociendo la acelerada evolución de los programas relacionados con el Web y las mejoras espectaculares a las que nos tienen acostumbrados, estamos seguros de que la nueva versión incorporará funcionalidades avanzadas y sorprendentes.

1.7. Generación de mapas

La construcción de mapas interactivos, tanto si se trata de los de servidor o de los de cliente, es una tarea laboriosa que puede beneficiarse del concurso de herramientas. Resulta relativamente fácil hacerlo con una utilidad de manejo de gráficos y paciencia. La mayoría de las aplicaciones de construcción de gráficos tienen algún mecanismo para identificar las coordenadas de un punto o incluso de un rectángulo marcado sobre una imagen. **xv**, una aplicación Unix ya mencionada, muestra la coordenada del pixel sobre el que se arrastra el cursor junto a otra información como los componentes del color en ese punto. **Paint Shop**, una excelente herramienta *shareware* para Windows muestra de forma permanente las coordenadas del cursor sobre la figura.

Desde hace tiempo existen aplicaciones que automatizan el proceso. La más conocida es **Mapedit**, una herramienta *shareware* para Windows. Esta herramienta cuenta con un interface gráfico sobre el que se carga la imagen que se quiere convertir el mapa. A continuación, se seleccionan tipos de área y se definen con el puntero del ratón. Cada vez que se da por válida un área, el programa pide el URL asociado a ella, e incluso deja abierta la opción de incluir algún texto como comentario. También cuenta con una entrada especial para el valor **default**. Una vez se ha completado el proceso, Mapedit genera el fichero de mapa en los formatos de varios servidores y para cliente.

También es posible probar el mapa interactivamente. En ese modo, cada vez que se hace clic sobre un punto de la imagen, **Mapedit** devuelve el URL que se ha definido para esa área. La figura 1.6 muestra el aspecto del interface gráfico de **Mapedit**.

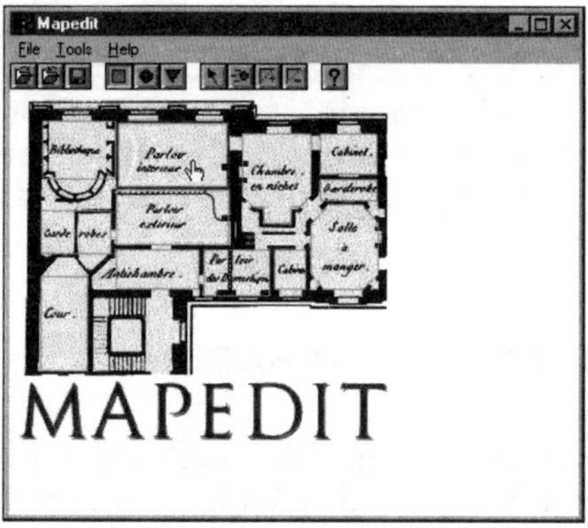

Figura 1.6. Mapedit

1.8. Validación de páginas

Para asegurar la calidad de las páginas HTML existen una serie de aplicaciones que se encargan fundamentalmente de validar dos aspectos: comprobar que el código HTML es correcto, y que los enlaces y referencias con otras páginas y objetos son válidos.

Muchas de estas herramientas están disponibles en la red para ser utilizadas a través de formularios. El clásico es **Weblint**[26], una herramienta semipública que cuenta con numerosas entradas en la red desde las que puede validar el código de cualquier página accesible en Internet. **Doctor HTML**[27] es otra completa herramienta de validación.

---

26 En **http://www.khoral.com/staff/neilb/weblint.html**

27 En **http://www2.imagiware.com/RxHTML/**

Este tipo de aplicaciones cuenta con numerosas opciones que permiten realizar validaciones por niveles (versiones de HTML, extensiones de *browser*) y con distintos grados de severidad; debe tenerse en cuenta que los visualizadores toleran varios tipos de incorrecciones y que, en general, no impiden la visualización de páginas por muy erróneo que sea el código HTML.

Algunas de estas herramientas permiten comprobar la existencia de los enlaces a través de Internet, si bien la mayoría se conforma con que las referencias locales sean correctas.

1.9. Generación de gráficos

Dado que la existencia de imágenes propias de un servidor es uno de los rasgos que diferencian un espacio Web de aficionado de uno más "profesional" (aunque el volumen de iconos disponibles en la red es enorme y no desmerece en nada su uso), las herramientas de edición y construcción de imágenes son unas de las más populares entre la comunidad WWW.

Sin duda, la estrella entre las aplicaciones comerciales es **PhotoShop**, seguido a gran distancia de **Corel Draw**. La primera permite realizar una larga serie de operaciones con las imágenes (sobre todo fotos) y consiguen efectos sorprendentes y muy atractivos.

Entre las herramientas *shareware*, la preferida es **PaintShop**[28], mostrada en la figura 1.7, que permite realizar muchas conversiones, contiene filtros para efectos y resuelve fácilmente la generación de las imágenes de fondo transparente tan propias del Web. **Lview** es otra herramienta bastante popular aunque sólo permite realizar operaciones básicas con las imágenes.

El **GIF Construction Set** es una herramienta que usa sobre todo para la construcción de gif animados. No es muy fácil de manejar y requiere cierta experiencia antes de obtener resultados satisfactorios, pero dispone de opciones como inserción de texto, programación de retardos o bucles.

---

28 En **http://www.jasc.com/**

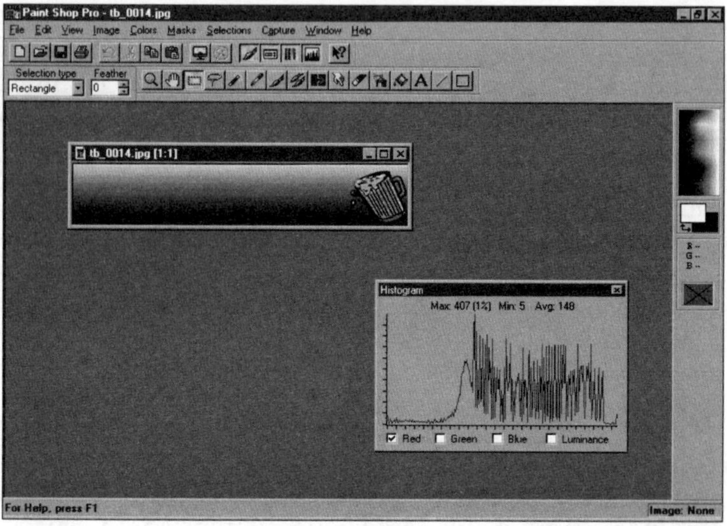

Figura 2.7. El editor PaintShop

En UNIX se dispone de un programa público muy útil con funcionalidades similares a las de PhotoShop: **GIMP**. **xv** es una buena herramienta de conversión. Otras utilidades son **lview, jpeg-view, WinJPEG**, o el conjunto de utilidades UNIX **ImageMagick**[29]. La librería *"GIFs on the FLY"* se usa combinada con programas CGI para construir imágenes en respuesta a peticiones del usuario. **GIF Wizard** es una aplicación que permite reducir notablemente el tamaño de una imagen sin degradarla en exceso.

---

29 Se encuentran en: **http://www.wizards/dupont.com/cristy/ImageMagick.html**

2

El lenguaje HTML

2.1. Introducción

Los tres componentes básicos del WWW son el protocolo HTTP, el esquema de direcciones URL y el lenguaje HTML. Hasta su aparición no fue posible la construcción del primer servidor y el primer *browser*, y por sí solos permiten el establecimiento de una comunicación con suficiente calidad. Con el tiempo se han ido incorporando componentes y protocolos a esta tríada, pero el sistema original permanece en esencia.

La transferencia de objetos sigue haciéndose de acuerdo con el protocolo HTTP, la identificación de objetos en la red se realiza por medio de URL y los contenidos, por complejos y dinámicos que sean, se basan en HTML.

A pesar de la rápida evolución del Web, HTML continúa siendo una de sus bases y determina en gran medida al resto de los elementos del sistema: los *browsers* se siguen calificando de acuerdo con la versión HTML que interpretan, los elementos dinámicos (encabezados por JavaScript) se incorporan al estándar, y el propio Java necesita de él para tener un soporte visual y recibir los parámetros de sus programas.

HTML (*HyperText Markup Language*) no es un verdadero lenguaje de programación. En realidad sólo se usa para describir documentos y sus componentes. Sin embargo, como veremos más adelante, tiene comandos y definiciones que no se visualizan pero que modifican el aspecto final del documento.

Aunque no lo pueda parecer a simple vista, todos los programas de tratamiento de texto utilizan alguna convención para describir sus documentos y señalar en qué momento hay que mostrar una cabecera, cómo alinear párrafos, cómo dejar sitio para una figura... Lo que ocurre es que en la mayoría de los casos no somos conscientes del uso de ese lenguaje porque el programa lo "recubre" y hace innecesario su conocimiento. Esto mismo ocurre cuando un *browser* visualiza un documento HTML: el usuario sólo ve el texto formateado y los gráficos y enlaces, no ve los comandos que dicen al programa visualizador qué debe mostrar y cómo.

Al igual que en el caso del tratamiento de textos, para trabajar con HTML ya se disponen de editores con capacidad WYSIWYG[1] lo que evita a un usuario –entendido en este caso como desarrollador– medio conocer las interioridades de la construcción de cada documento. Sin embargo, la mayoría de los ficheros escritos en HTML se suelen construir con editores muy simples que desconocen el significado de los comandos introducidos en el documento. Todo esto hace que construir una página HTML sea una tarea muy parecida a desarrollar un programa de ordenador.

2.2. SGML

HTML es una versión reducida y simplificada del lenguaje SGML[2] (*Standard Generalized Markup Language*), un estándar para la descripción de documentos. De hecho, la gramática HTML está escrita en SGML en un documento denominado DTD (*Document Type Definition*).

SGML es un sistema de descripción de documentos independiente de dispositivo. Define un mecanismo para describir tanto la estructura de un documento genérico

---

[1] *What You See Is What You Get*, aproximadamente "ves lo que tienes", aunque hay traducciones más afortunadas. Estas siglas definen aquellos sistemas gráficos en los que no hay diferencias visuales entre el objeto o documento editado y el resultado final (como gráfico, impreso o documento electrónico).

[2] Se corresponde con la especificación ISO 8879:1986.

como cada una de sus posibles instancias. Cada documento está organizado físicamente en una serie de entidades y lógicamente en una jerarquía de elementos. Además, resulta ser un lenguaje inteligible para el usuario, no sólo para la máquina (si bien no resulta muy habitual codificar directamente en él).

De esta forma, es lo suficientemente amplio para actuar como metalenguaje para la definición de otros lenguajes como ocurre en el caso de HTML. De hecho, los ficheros HTML son documentos SGML que cumplen una serie de reglas que definen el significado de sus marcas o directivas. Estas reglas son las definidas en el DTD.

2.3. Las versiones de HTML

La mayoría de los lenguajes de programación permanecen estables en el tiempo y, si cambian, cada versión está perfectamente identificada. La elaboración de una nueva versión es un proceso delicado que exige el acuerdo de los usuarios y que se canaliza a través de las organizaciones de estandarización (ISO, ANSI, IEEE...).

¿Qué ocurre en el caso de HTML? Hay una serie de niveles definidos por el W3C (*World Wide Web Consortium*) que se corresponden con las distintas versiones establecidas por este organismo.

El nivel 0 describe la estructura básica de un documento con el contenedor principal <HTML>[3] y las dos secciones principales <HEAD> y <BODY>. Define el contenido de la primera completamente, y buena parte del de la segunda: estilos lógicos, listas, enlaces, imágenes, cabeceras y el conjunto de caracteres.

El nivel 1 añade estilos físicos y algunos lógicos adicionales.

Esta primera definición del lenguaje resultó insuficiente y comenzó a hacerse necesario añadirle nuevos comandos que permitieran mejorar el aspecto de los documentos Web

---

[3] No se preocupe por no conocer el significado exacto de cada una de estas directivas. Lo irá aprendiendo a medida que profundice en esta Guía. Cuando conozca más HTML, vuelva sobre esta sección para hacerse una idea más clara del significado y contenido de los niveles de HTML.

y que incorporaran funcionalidades más potentes. Este hecho provocó la primera ruptura del estándar.

Cuando se construye un *browser* se hace teniendo en cuenta la versión actual del lenguaje. De esta forma, un visualizador desarrollado para la versión 1.0 sólo reconocerá los comandos de ésta ignorando los de la 2.0 en adelante. Previendo esta situación, la mayoría de los *browsers* no "reacciona mal" ante instrucciones desconocidas. Simplemente asumen que pertenecen a una nueva versión desconocida para ellos y las ignoran. Esto permite que, al contrario que la inmensa mayoría de las aplicaciones informáticas, mantengan cierto grado de compatibilidad "hacia delante" (el navegador es capaz de interpretar sin graves problemas un documento pensado para una versión posterior).

Esto quiere decir que podremos trabajar con versiones futuras más avanzadas de HTML sobre los visualizadores actuales, pero también que las extensiones del lenguaje al margen del estándar y hasta los errores se ignoran y procesan como si el fichero no tuviera nada fuera de lo normal.

Volvamos ahora a la evolución de HTML. A la versión 1.0 siguió la 2.0[4], más o menos aceptada universalmente y que implementaba el nivel 2 del lenguaje. La principal contribución de esta versión es la incorporación de formularios, lo que abría paso a la utilización de CGI y, con ello, al uso del Web como interfaz de servicios y no sólo de contenidos.

El nivel 3, encarnado por HTML 3.0 (originalmente llamado HTML+), se preparó como una evolución lógica del estándar. Sin embargo, nunca pasó del estado de *draf* (borrador). La aparición del primer navegador de Netscape trajo consigo un sinnúmero de mejoras especiales (llamadas "*netscapismos*") aceptadas casi universalmente y que, debido a las especiales características de los navegadores antes mencionadas, podían ser toleradas sin complicaciones por otros *browsers*. Estas mejoras fueron incorporadas por otros navegadores, junto con otras exclusivas de éstos (el caso más evidente es Explorer) lo que hizo aparecer en

[4] Publicada en diciembre de 1994, aunque ha habido revisiones posteriores.

el horizonte la amenaza de un Internet organizado a la medida de los grandes navegadores con subconjuntos incompatibles e ilegibles entre sí.

Para evitar esta situación se puso en marcha la definición de un nuevo estándar, HTML 3.2, que se ha encargado de "legalizar" buena parte de las mejoras de los navegadores comerciales, uniendo la formalidad del modelo propuesto por el W3C.

La culminación de este proceso es HTML 4.0, propuesto por primera vez en 1997 y que ha tratado de normalizar el lenguaje e incorporar una serie de mejoras (procedentes en especial de Explorer de Microsoft) propuestas por los fabricantes de navegadores.

La situación es de cierta paz en la guerra de estándares, al menos en esta parte de la red, lo que ha acabado redundando en importantes beneficios para usuarios y fabricantes que cuentan así como una base estable sobre la que desarrollar productos, servicios y contenidos.

Aunque aún puede encontrarse con que es posible escribir documentos desde la óptica de un navegador de forma que sean prácticamente ilegibles para otro (lo que es especialmente cierto si emplea extensiones DHTML), también es posible desarrollar contenidos de gran complejidad y riqueza y accesibles universalmente. Esta es la aproximación que defenderemos en este libro.

2.4. Elementos del lenguaje

¿Qué aspecto tiene un documento HTML? En la figura 2.1 se muestra un documento escrito en este lenguaje y en la 2.2 el resultado de visualizarlo en un *browser*. ¿Parece complicado? No, no lo es, y en las próximas páginas nos encargaremos de demostrarlo.

El elemento básico de HTML es el texto. En realidad, las unidades básicas de WWW son los documentos, y la mayoría de los que conocemos están formados por texto. Aunque no suele ser necesario realizar sobre él demasiadas modificaciones, en HTML, como veremos a continuación, es preciso emplear elementos básicos que nos ayuden a dar formato y a componer el texto.

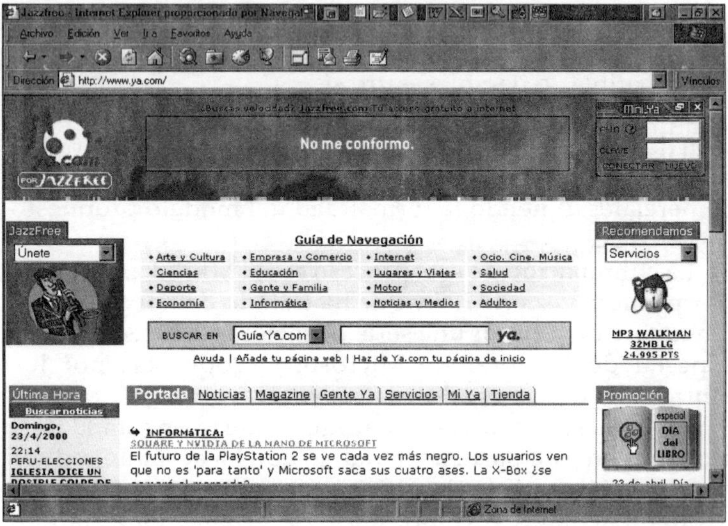

Figura 2.1. Ejemplo de documento HTML

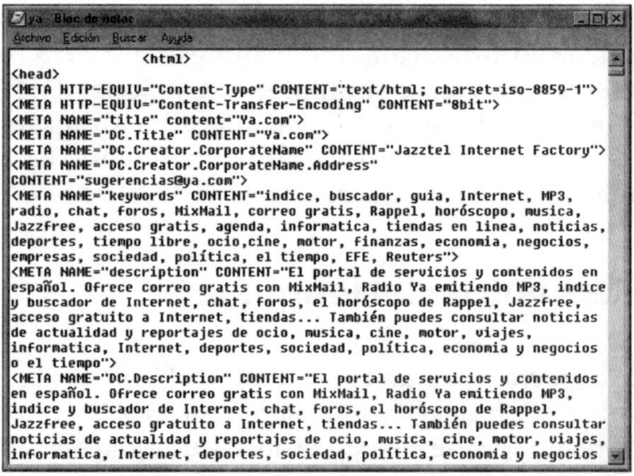

```
<html>
<head>
<META HTTP-EQUIV="Content-Type" CONTENT="text/html; charset=iso-8859-1">
<META HTTP-EQUIV="Content-Transfer-Encoding" CONTENT="8bit">
<META NAME="title" content="Ya.com">
<META NAME="DC.Title" CONTENT="Ya.com">
<META NAME="DC.Creator.CorporateName" CONTENT="Jazztel Internet Factory">
<META NAME="DC.Creator.CorporateName.Address"
CONTENT="sugerencias@ya.com">
<META NAME="keywords" CONTENT="indice, buscador, guia, Internet, MP3,
radio, chat, foros, MixMail, correo gratis, Rappel, horóscopo, musica,
Jazzfree, acceso gratis, agenda, informatica, tiendas en linea, noticias,
deportes, tiempo libre, ocio,cine, motor, finanzas, economia, negocios,
empresas, sociedad, política, el tiempo, EFE, Reuters">
<META NAME="description" CONTENT="El portal de servicios y contenidos en
español. Ofrece correo gratis con MixMail, Radio Ya emitiendo MP3, indice
y buscador de Internet, chat, foros, el horóscopo de Rappel, Jazzfree,
acceso gratuito a Internet, tiendas... También puedes consultar noticias
de actualidad y reportajes de ocio, musica, cine, motor, viajes,
informatica, Internet, deportes, sociedad, política, economia y negocios
o el tiempo">
<META NAME="DC.Description" CONTENT="El portal de servicios y contenidos
en español. Ofrece correo gratis con MixMail, Radio Ya emitiendo MP3,
indice y buscador de Internet, chat, foros, el horóscopo de Rappel,
Jazzfree, acceso gratuito a Internet, tiendas... También puedes consultar
noticias de actualidad y reportajes de ocio, musica, cine, motor, viajes,
informatica, Internet, deportes, sociedad, política, economia y negocios
```

Figura 2.2. El documento de la figura 3.1 en un *browser*

2.4.1. Caracteres especiales

Un bloque de texto cualquiera se puede escribir tal cual, no tenemos que añadir o modificar nada... si está escrito en inglés.

HTML, como tantos otros elementos relacionados con los ordenadores, está ideado para se utilizado por personas que se expresan en inglés, lo que hace que al usarlo se manifieste una célebre "carencia" de este idioma: la falta acentos, "ñ" y otros caracteres especiales.

En realidad el motivo se debe al uso del estándar ASCII de 7 bits, que solamente admite 128 caracteres entre los que hay que contar los de control, letras mayúsculas y minúsculas, los números y un puñado de caracteres especiales.

Para los que nos expresamos en castellano esta carencia es especialmente grave, pues se trata de una de esas lenguas que incorpora una notación especial para acentos.

Hay varias formas de solventar este problema. En primer lugar, HTML 4 (no así las versiones anteriores) se basa en el uso del estándar UCS (una transcripción de UNICODE) que permite especificar la mayor parte de los caracteres utilizados en cualquier idioma y que, desde luego, contiene todos los empleados en castellano (y catalán, francés, alemán, turco...).

Hay varias formas de utilizar estos caracteres especiales. La primera es emplearlos directamente y hacer que el servidor indique qué subconjunto se está empleando. Esta misma operación puede hacerse especificando esta información en el propio contenido del documento (como se verá más adelante). Por último, si por alguna razón no es posible tomar alguna de esas medidas, se puede hacer uso de las llamadas entidades.

Se trata de una forma de codificar caracteres especiales. Hay dos formas de hacerlo: con valores numéricos y simbólicos.

Los valores numéricos se forman:

- &#D; donde D es un número decimal. Es la forma más habitual de usarlos.
- &#xH; donde H es un número hexadecimal.

Así, "ñ" es código de la letra "ñ", y "水" es el código del carácter chino que representa la palabra "agua".

La codificación aplicada a las lenguas de origen latino es la llamada Latin-1, que contiene los caracteres de todos los idiomas hablados en Europa occidental.

La otra forma de emplear estas entidades es con valores simbólicos. Se trata de emplear abreviaturas de los signos de puntuación más habituales: "acute" para el acento, "tilde" para el signo que va sobre la "ñ", y "cedill" para la cedilla. Así, "á" se expresa como "á", "Ó" como "Ó", y "ñ" como "ñ".

En la tabla 2.1 se enumeran los caracteres especiales más frecuentes. El apéndice B está dedicado a mostrar todos los recogidos por HTML.

Tabla 2.1.

Carácter	*Descripción*	*Versión HTML*
á	a minúscula acentuada	á
é	e minúscula acentuada	é
Í	i mayúscula acentuada	Í
Ú	u mayúscula acentuada	Ú
Ñ	ñ mayúscula	Ñ
<	signo menor que	<
>	signo mayor que	>
&	signo ampersand	&
"	comillas	"

No todos los caracteres tienen equivalente simbólico, sólo los más habituales.

2.4.2. Directivas

Junto con el texto, el otro elemento básico de HTML al que se dedica buena parte de esta guía es el conjunto de directivas, comandos o etiquetas[5] del lenguaje. Se trata de elementos especiales que sirven para indicarle al *browser* qué acciones debe emprender, cómo debe modificar el aspecto del texto y, en fin, para hacerle llegar indicaciones sobre la manera de interpretar el documento HTML.

Todas las directivas responden a la misma estructura:

<texto de la directiva>

---

[5] En inglés reciben el nombre de *tag*.

> ***Nota:*** *Los signos < y > (menor y mayor que) delimitan una directiva. Esta es la razón por la que se usa una secuencia de escape para representarlos como caracteres.*

Las directivas son de dos tipos: vacías abiertas o unarias (en inglés *open tag* o *empty tag*) y delimitadores o contenedores (*container tag*). Las primeras precisan aparecer una única vez para que se realice la acción asociada. Son un grupo bastante reducido dentro del conjunto de las disponibles en HTML. Ejemplos de este tipo de directivas son <BR> que fuerza un salto de línea, y <HR> que muestra un separador horizontal.

La mayor parte de las directivas HTML son delimitadores de un bloque de texto que puede contener a su vez otras directivas sobre el que se aplica el comando o propiedad. El comienzo del bloque se expresa con el texto de la directiva entre ángulos, como en <B> o <UL>. El final del bloque se expresa con el cierre de la directiva, esto es, con el texto de la misma precedido de la barra de división: </B> o </UL>. Un error muy frecuente es dejar directivas abiertas inadvertidamente, lo que sólo se podrá descubrir examinando atentamente el documento en el *browser*, ya que no se generan mensajes de error ni advertencias en estos casos.

Dentro de un bloque delimitado por una directiva se pueden incluir otras, con lo que el efecto de todas ellas se acumula sobre los distintos fragmentos de texto delimitados. Así, si <B> indica texto en negrita, y <I> en itálica (todo ello se verá más adelante), el siguiente ejemplo:

```
   Este texto es normal, pero ahora cambia a
<B>negrita, <I>negrita e it&aacute;lica</I></B> o
solamente <I>it&aacute;lica</I>.
```

Tendría este aspecto:

- Este texto es normal, pero ahora cambia a **negrita, *negrita e itálica*** o solamente *itálica.*

A veces estas acumulaciones no tienen sentido, el resultado no es el esperado. En ese caso, como en tantos otros, se impone la lógica y las pruebas si persiste la duda.

Tradicionalmente, algunas directivas se han venido utilizando sin cierre, aun teniéndolo. Esta es una situación con la que el estándar HTML 4 trata de acabar, si bien los navegadores suelen ser muy tolerantes con estas prácticas.

Para modificar el significado de una directiva se dispone de los **atributos**. Se trata de elementos que se incluyen en la *cabecera* de la directiva (el elemento inicial, nunca en el de cierre) y que modifican el comportamiento de ésta. Por ejemplo, en el caso de incluir una imagen, se indica el fichero donde se encuentra a través de atributo especial "src":

```
<IMG src="/dibujos/flecha_arriba.gif">
```

> ***Nota:*** *El estándar indica que el contenido de los atributos debe ir entre comillas y no debe estar separado de su nombre por otro carácter que no sea el signo "=". En la práctica, es habitual que los desarrolladores se ahorren las comillas.*

En este caso no se podría mostrar un dibujo sin emplear el atributo. Pero también es posible emplear atributos que, opcionalmente, modifiquen el comportamiento definido por la directiva. Tal es el caso de **align**, que varía la forma de alinear texto dentro de, por ejemplo, un párrafo.

Más adelante iremos viendo los distintos atributos y su efecto sobre las directivas.

> ***Nota:*** *En HTML es indiferente utilizar minúsculas o mayúsculas para describir las directivas y sus atributos. Esto es algo que queda a discreción del desarrollador. En esta guía se ha optado por mostrar las primeras en mayúsculas y los segundos en minúsculas siempre que ha sido posible a efectos de facilitar la identificación de estos elementos.*

Existe una serie de atributos comunes a todas las directivas que, por evitar redundancias, no se mencionarán en el resto del libro. Se trata de:

- class: clase a la que pertenece la directiva. Se utiliza para asociarla a una sub-hoja de estilo.
- id: identificador SGML de la directiva.
- lang: idioma del fragmento delimitado por la directiva, de acuerdo con el estándar ISO.

- style: propiedades de estilo aplicables a la directiva.
- *eventos*: del lenguaje de *script* utilizados en la página (JavaScript, VBScript...) que se activa desde la directiva.

Ya se ha dicho que si una directiva no es interpretada correctamente por el navegador, su contenido se ignora. Esta forma de actuar tiene el inconveniente de que los errores pasan desapercibidos. La mejor forma de evitar esta situación es validar el contenido de una página haciendo uso de alguna de las herramientas disponibles para esta tarea. Algunos editores son capaces de proporcionar también información sobre la corrección del contenido.

2.4.3. Comentarios

Siendo como es HTML un híbrido entre lenguaje de programación y tratamiento de textos, no podían faltar unos elementos típicos de los primeros como son los comentarios.

Se trata de bloques de texto que aparecen en un fichero HTML, pero que son ignorados por el *browser* y que por tanto no serán vistos por el usuario. Se suelen emplear para dejar indicaciones que faciliten el mantenimiento y la modificación de un documento HTML.

Para introducir un comentario en un documento HTML hay que anteponer los caracteres <!— y finalizarlo con —>. Como se ve, se trata en realidad de una directiva más (usar < y >), aunque eso sí, muy especial.

Si en un documento escribiéramos las siguientes líneas:

```
<!-Esta línea es un comentario y no se visualiza ->
Esta es una línea normal.<BR>
&lt;!- Esta línea no es un comentario pero lo imita
-&gt;
```

Obtendríamos en el *browser* este resultado:

```
Esta es una línea normal.
<!- Esta línea no es un comentario pero lo imita ->
```

La primera línea es propiamente un comentario y así lo ha interpretado correctamente el navegador. La segunda es una línea normal, al igual que la tercera, sólo que en este último caso se han utilizado entidades para simular la visualización de un comentario.

> ***Nota:*** *No es posible –ni conveniente– anidar comentarios. Es mejor que los separe o utilice algún otro medio para comentar bloques que incluyan comentarios.*

2.4.4. Espacios, tabuladores y líneas

Son todo uno en HTML. Al contrario de lo que pudiera esperarse, este lenguaje no establece diferencias entre los distintos separadores de texto. Los tabuladores se convierten en espacios simples, al igual que los saltos de línea. Al mismo tiempo, una serie de espacios en blanco se convierte en uno solo.

Ya veremos en el momento oportuno que hay formas de superar esta limitación y de indicar saltos de línea y párrafo, así como separaciones formadas por muchos espacios.

2.5. Los *browsers* y el aspecto final del documento

El aspecto de un documento depende en gran medida del visualizador que se esté utilizando para leerlo. Habrá casos en los que se pueda conocer de antemano qué visualizados van a emplear nuestros usuarios (por ejemplo si se trabaja en un entorno muy restringido como ciertas Intranets), pero normalmente nos enfrentaremos a la incertidumbre. Nuestro documento puede ser visualizado por un *browser* de última generación cargado de utilidades específicas de su fabricante, o por un programa "sólo texto" que no sea capaz de visualizar gráficos.

El objeto de esta sección es fijar la idea de que nuestros documentos se pueden visualizar de muchas maneras y casi siempre lo harán de una forma diferente a la que esperamos, y, en particular, a la que hemos verificado en nuestras pruebas.

Las figuras 2.3 a 2.5 muestran ejemplos de visualización en varios navegadores: desde uno completamente en modo texto como Lynx, a uno de última generación como Navigator de Netscape.

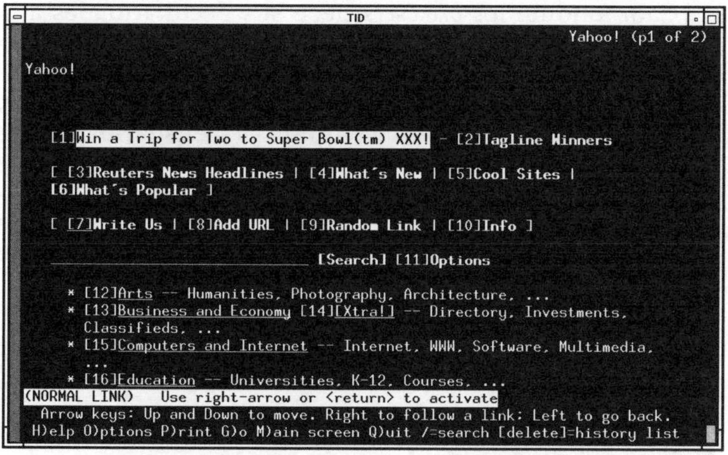

Figura 2.3. Página HTML en un *browser* Lynx

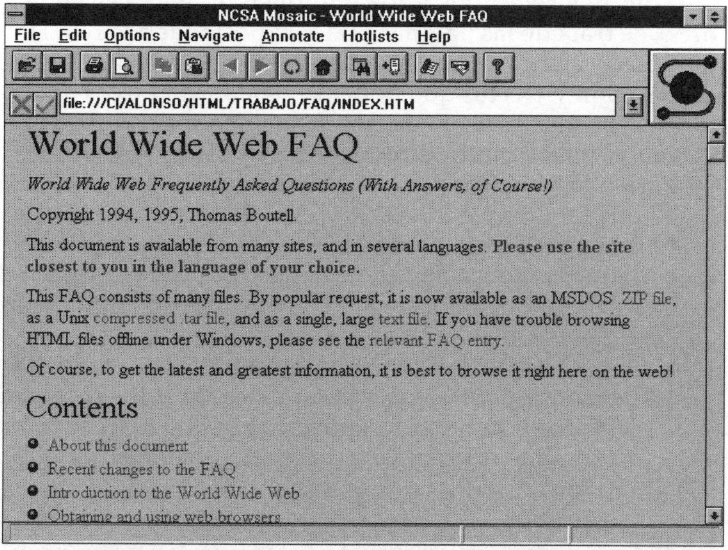

Figura 2.4. Página HTML en Mosaic

Hoy en día, el mercado (si se puede dar ese nombre a la difusión gratuita de estos programas) está dominado por Explorer de Microsoft (más de la mitad de los usuarios lo emplean en España) y Navigator de Netscape. El resto ocupan un espacio marginal.

Cada uno de los *browsers* tiene sus peculiaridades a la hora de visualizar contenidos Web. Estos programas operan sobre arquitecturas y sistemas operativos distintos –aunque hay un dominio casi hegemónico de la familia Windows– y, lo que es peor, sobre interfaces gráficas de usuario diferentes. Este hace que un formulario con botones se muestre de muy distinta manera dependiendo del visualizador y su entorno. Pero aún hay otro factor que afecta a la forma de presentar un documento y son las propias preferencias de cada usuario.

La figura 2.6 muestra la pantalla de configuración de un *browser* en la que se seleccionan los colores, tipos de letra y tamaño empleados por defecto en ese navegador.

2.6. Aprender de los ejemplos

Y no nos referimos a los que puedan aparecer en este libro, se trata de las páginas reales exportadas a la red. Hay que estar atento a las novedades en cuanto a formato, disposición y efectos que podamos encontrar en los distintos servidores Web. Podemos aprender mucho de ellos. ¿Cómo? Visualizando directamente el código HTML.

Para ello tenemos dos opciones:

- Muchos *browsers* permiten ver el código en una ventana, como se ve en la figura 2.7. El código del documento está accesible con opciones del tipo "View code", "View source" o "Ver código".
- Si su *browser* no dispone de esta facilidad, quizá le permita salvar la página en disco para luego poder revisar su contenido con un programa de edición. Normalmente hay que utilizar funciones del tipo "Save As" o "Guardar Como".

***Nota:** Si salva un documento remoto en su ordenador, recuerdo que sólo tendrá el texto. Para disponer de imágenes* *y demás componentes multimedia deberá hacer una operación de salvado para cada uno de estos elementos. Algunos navegadores, apoyándose en funciones de "navegación sin conexión" permiten salvar el contenido íntegro de la página.*

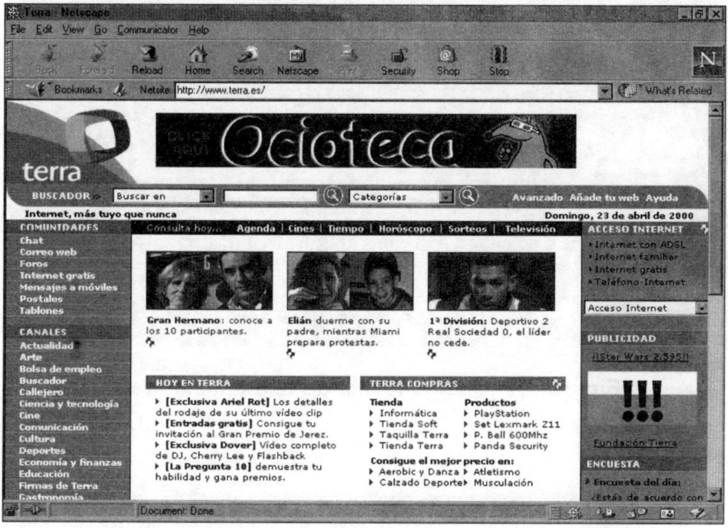

Figura 2.5. Página HTML en Netscape

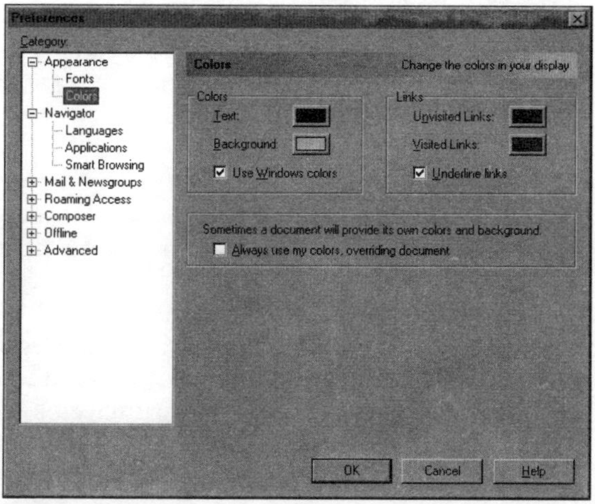

Figura 2.6. Opciones de configuración de *browser*

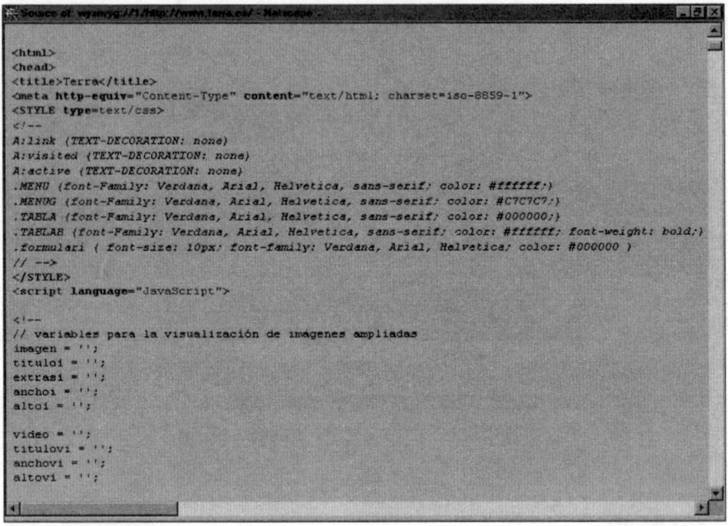

```
<html>
<head>
<title>Terra</title>
<meta http-equiv="Content-Type" content="text/html; charset=iso-8859-1">
<STYLE type=text/css>
<!--
A:link {TEXT-DECORATION: none}
A:visited {TEXT-DECORATION: none}
A:active {TEXT-DECORATION: none}
.MENU {font-Family: Verdana, Arial, Helvetica, sans-serif; color: #ffffff;}
.MENUG {font-Family: Verdana, Arial, Helvetica, sans-serif; color: #C7C7C7;}
.TABLA {font-Family: Verdana, Arial, Helvetica, sans-serif; color: #000000;}
.TABLAB {font-Family: Verdana, Arial, Helvetica, sans-serif; color: #ffffff; font-weight: bold;}
.formulari { font-size: 10px; font-family: Verdana, Arial, Helvetica; color: #000000 }
// -->
</STYLE>
<script language="JavaScript">

<!--
// variables para la visualización de imágenes ampliadas
imagen = '';
tituloi = '';
extrasi = '';
anchoi = '';
altoi = '';

video = '';
titulovi = '';
anchovi = '';
altovi = '';
```

Figura 2.7. Código HTML de una página Web

3 Estructura básica de un documento HTML

3.1. Introducción

La construcción de documentos en HTML es una tarea abierta donde podemos tomarnos muchas libertades. Sabemos que los *browsers* no van a impedir la visualización de un documento aunque contenga errores o directivas desconocidas para él. Sin embargo, desde un principio se trató de dar a este lenguaje una estructura formal que hiciera que el trabajo desarrollado fuera fácil de leer y mantener.

Este capítulo se dedica fundamentalmente a presentar la tarea de dar formato a los documentos HTML, describiendo sus componentes obligatorios y las estructuras propias de estos ficheros, y describiendo el significado y funcionalidades de las dos secciones que los componen.

3.2. Estructura de un documento HTML

Ya es momento de ver cómo está construido un documento y cuáles son sus componentes. Se trata de un tema que tampoco está exento de discusión como tantos otros en el mundo HTML. Ocurre que originalmente no se establecía ningún tipo de estructura: el texto y los comandos se distribuían libremente por el documento. Este no era un buen un camino y se acabó fijando un conjunto mínimo de directivas que delimitan a un documento y sus componentes. Dado que los *browsers* mantienen la compatibilidad con documentos escritos siguiendo normas anteriores (son capaces de interpretarlos correctamente) y que no emiten errores aunque los componentes del documento sean incorrectos, nada impide seguir ignorando estas directrices, pero el sentido común y la experiencia aconsejan seguirlas y eliminar una fuente de posibles problemas a la hora de modificar y corregir nuestros documentos.

El estándar HTML 4.0 exige que todos los ficheros que quieran considerarse *documentos,* esto es, construidos con HTML, deban tener, al menos, dos elementos: un comentario especial SGML que describe el lenguaje y versión utilizado, y un título. Por ejemplo, este es un documento HTML válido:

```
<!DOCTYPE HTML PUBLIC !-//W3C//DTD HTML 4.0
Transitional//EN">
  <TITLE>Primer ejemplo</TITLE>
Este es el contenido del documento.
```

El primer componente (**DOCTYPE**) indica la versión de HTML en la que está codificado el documento y no es más que una referencia al DTD que describe el lenguaje (HTML 4.0, versión de transición). Aunque es ignorado por la mayoría de los *browsers,* se recomienda su utilización, ya que permite a todo tipo de agentes conocer la versión concreta del lenguaje y poder así sacar el máximo partido de las funcionalidades disponibles.

Dentro del estándar HTML 4.0 se pueden distinguir tres versiones distintas, definidas a su vez por tres DTD distintos:

- HTML 4.0 Strict DTD: Incluye todos los componentes (directivas y atributos) definidos en el estándar, excepto los *frames* (ver capítulo 9 para conocer más sobre estas estructuras) y aquellos de versiones anteriores cuyo uso se desaconseja[1]. Los documentos válidos, según esta versión, son los que pueden disfrutar de las ventajas propias del HTML 4.0, principalmente la separación de aspecto y contenidos de las páginas (ver capítulo 10 sobre hojas de estilo) y facilidades de visualización e internacionalización.

---

[1] Conocidos como *deprecated.*

Sin embargo, no todos los *browsers* soportan la totalidad de las nuevas funcionalidades lo que podría ofrecer resultados inesperados. La declaración de versión asociada a estos documentos es la siguiente:

```
<!DOCTYPE HTML PUBLIC !-//W3C//DTD HTML 4.0//
EN">
```

- HTML Transitional DTD: Incluye todos los componentes de HTML 4.0 Strict más aquellos desaconsejados de versiones anteriores, sin incluir los *frames*. Es la versión más utilizada ya que, aunque no obtenga todas las ventajas que persigue HTML 4.0, tiene un soporte mayor por parte de los *browsers*. La declaración de versión asociada a estos documentos es la siguiente:

```
<!DOCTYPE HTML PUBLIC !-//W3C//DTD HTML 4.0
Transitional//EN">
```

- HTML Frameset: Incluye los componentes del HTML Transitional más los *frames*. Su declaración asociada es la siguiente:

```
<!DOCTYPE HTML PUBLIC !-//W3C//DTD HTML 4.0
Frameset//EN">
```

***Nota**: Dada la gran difusión de las nuevas versiones de los navegadores más populares (Netscape Navigator 4.x e Internet Explorer 4.x y superior), cuyo soporte del estándar es relativamente completo, se recomienda utilizar la versión Strict de HTML 4.0. Sólo se debería usar la versión Transitional y Frameset en aquellas ocasiones en que la compatibilidad con browsers antiguos sea necesaria o se hayan sopesado adecuadamente los beneficios de utilizar frames.*

El otro elemento que nunca debe faltar en un documento HTML además del identificador de versión es el título. Este componente es el que habitualmente emplean los *browsers* para encabezar la ventana en la que se muestra el documento, y que se utiliza para identificar al documento en *bookmarks*, índices, ... La figura 3.1 muestra la forma de visualizar el título del documento anterior en un *browser*.

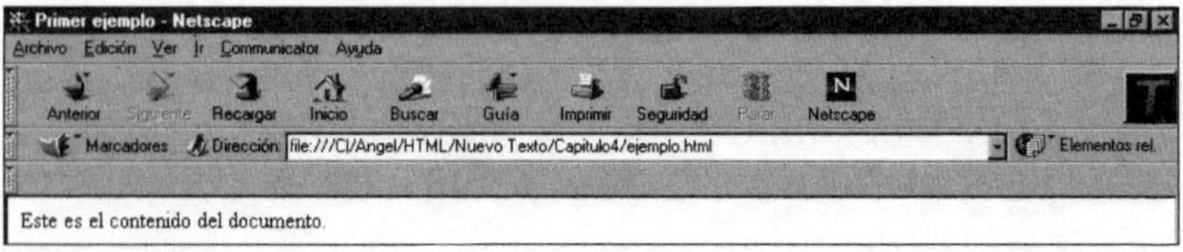

Figura 3.1. Visualización del título de un documento

La estructura sugerida en este primer ejemplo puede resultar algo pobre, pero es que, implícitamente, hay definida una de nivel superior:

```
   <!DOCTYPE HTML PUBLIC !-//W3C//DTD HTML 4.0
Transitional//EN">
    <HTML>
    <HEAD>
    <TITLE>Primer ejemplo</TITLE>
    </HEAD>
    <BODY>
   Este es el contenido del documento.
    </BODY>
    </HTML>
```

En realidad, todo el contenido de un documento HTML debe encontrarse englobado por la directiva **<HTML>**. Es decir, tras la primera línea con el comentario sobre la versión utilizada, debe aparecer la directiva **<HTML>** y en la última línea su cierre: **</HTML>**. Esto indica al programa que esté leyendo el fichero que todo lo que se encuentra entre esas dos entradas es código HTML y que debe ser interpretado como tal.

En principio puede parecer algo absurdo: si estamos leyendo en un *browser* WWW un fichero de extensión .html (o .htm, especialmente en Windows), exportado por un servidor HTTP, parece obvio que su contenido será necesariamente código HTML; sin embargo, no es así necesariamente. La multiplicidad de formatos y mecanismos de transmisión y la utilización frecuente de HTML han abierto la posibilidad de construir documentos mixtos: por ejemplo un mensaje de correo electrónico que incluya un fragmento formateado en HTML. En estos casos es imprescindible delimitar el bloque que contiene las instrucciones, lo que podemos hacer con la directiva **<HTML>** que puede convertirse en un componente estándar de las aplicaciones más variadas.

> ***Nota:** Este proceso hacia la universalización e interrelación entre los distintos formatos y herramientas es general. Es habitual que los* browsers *gestionen al mismo tiempo las News de USENET y el correo electrónico del usuario. A su vez prácticamente todas las herramientas ofimáticas actuales son capaces de leer y generar documentos HTML.*

La directiva **HTML** contiene en su interior dos bloques: <**HEAD**> es la directiva que delimita la cabecera en la que se encuentra información general referida al documento; y <**BODY**> que contiene el cuerpo del documento[2]. En resumen, un fichero HTML presentaría la siguiente estructura:

```
   <!DOCTYPE HTML PUBLIC !-//W3C//DTD HTML 4.0
Transitional//EN">
     <HTML>
     <HEAD>
       <TITLE><!- Título del documento -></TITLE>
       <!- Resto de la cabecera del documento ->
     </HEAD>
     <BODY>
     <!- Contenido del documento ->
     </BODY>
     </HTML>
```

Si utiliza alguno de los editores para HTML disponibles actualmente, advertirá que normalmente esta estructura se inserta automáticamente al crear un documento nuevo.

3.3. La directiva <HEAD>

La cabecera de un documento HTML contiene esencialmente información sobre el propio documento. La mayor parte de las directivas que se incluyen en esta área se emplean para almacenar datos que ayuden a interpretar y mantener el contenido (sección <**BODY**>) del documento.

Las directivas aceptadas habitualmente en los *browsers* para esta sección son <**TITLE**>, <**BASE**>, <**LINK**>, <**META**> e <**ISINDEX**>.

---

[2] En el caso de un documento con *frames*, el componente **<BODY>** es sustituido por **<FRAMESET>**.

3.3.1. Directiva <TITLE>

Como hemos visto, es una de las directivas obligatorias de un documento según la especificación HTML 4.0, y su función es definir el título del documento. Se trata de un contenedor que delimita un bloque de texto como título (al contrario de las restantes directivas de la cabecera del documento que son vacías o unarias).

El título de un documento tiene, en WWW, un significado distinto del que le damos normalmente. Se trata de un literal que aparece en el *browser* en un área distinta de la empleada para visualizar el contenido del documento: el título de la propia ventana en que está, o un área especial como se vio en la figura 3.1, pero esta posición varía en los distintos programas[3].

> ***Nota:*** *Cuidado con los acentos y caracteres especiales, pues no se visualizan obligatoriamente. De todas formas la práctica totalidad de los* browsers *actuales aceptan las referencias HTML para especificar estas letras.*

Aunque HTML 4.0 no establece límites a la longitud de un título (en la versión 2.0 y en algunos *browsers* no se admiten más de 63 caracteres), conviene ser razonable y no usar textos demasiado largos ni excesivamente descriptivos. El título es un elemento auxiliar, lo realmente importante es el contenido, pero será con el título como se identifique nuestro documento en otras instancias, como buscadores e índices.

3.3.2. Directiva <BASE>

Se emplea para especificar un directorio de base para las referencias (direcciones URL) relativas del documento. Este concepto se aclarará más adelante al tratar los enlaces entre documentos, pero podemos introducirlo ahora brevemente.

---

[3] Aunque no ayude a mejorar la calidad de la información en Internet, tanto Internet Explorer como Netscape Navigator son capaces de manejar sin problemas documentos HTML sin título, colocando la URL del documento en su lugar.

Cuando un *browser* lee un documento toma su dirección (servidor y directorio) como la base sobre la que se compondrán las direcciones de los elementos referenciados en él: por ejemplo, si se apunta a la imagen **../dibujo.gif**[4], se la buscará en el directorio anterior (o superior, o previo) al tomado como referencia, es decir, el que contiene el documento.

Si se usa <**BASE**>, este directorio "superior" será el especificado aquí en vez del perteneciente al documento. Esta forma de "recolocar" documentos se suele emplear para modificarlos y probar su corrección, y para poder cambiarlos de ubicación sin que ello suponga un trastorno.

Aunque, como hemos dicho, este concepto quedará más claro al tratar los enlaces, vamos a ver un ejemplo. Supongamos que nuestro documento tiene la siguiente dirección:

```
http://www.nipumsa.es/presentacion/index.html
```

En él se incluye un dibujo con la siguiente directiva:

```
<IMG src="dibujos/flecha.gif">
```

El *browser* buscará el dibujo en:

```
http://www.nipumsa.es/presentacion/dibujos/
flecha.gif
```

Imaginemos ahora que hacemos una copia del documento a otro sitio para cambiarlo y probar el resultado de estas modificaciones, pero no queremos copiar las imágenes ni ningún otro elemento. Si el documento estuviera en

```
http://www.nipumsa.es/desarrollo/pruebas/
presentacion/prb1.html
```

seguiría buscando la imagen en su ubicación original con sólo usar la directiva <**BASE**>:

---

[4] En HTML, con independencia del sistema operativo con el que se está trabajando, se usa el convenio de separar directorios con la barra inclinada / propia de UNIX. Esto se hace aunque se esté trabajando en DOS o Windows que usan como separador \.

```
<BASE href="http://www.nipumsa.es/presentacion/
index.html">
```

> ***Nota:*** *el atributo* ***href****, que se mencionará a menudo en esta Guía, tiene como objeto construir una referencia a algún objeto (documento, fichero, imagen...) de un servidor.*

> ***Truco:*** *cuando se quiere modificar y probar un fichero en "local", es decir, sin que esté dentro de la estructura de directorios de un servidor, se suele hacer uso de este tipo de entidades, estableciendo como <BASE> la dirección del fichero en el servidor de destino.*

La directiva <**BASE**> dispone en HTML 4.0 de un segundo atributo, **target**, cuyo cometido es indicar el destino (*frame* o ventana) por defecto de los enlaces que se activen. Cuando no se indica lo contrario, su valor es el mismo *frame* o ventana en el que se está mostrando la página. Más adelante, al explicar el funcionamiento de los *frames*, se presentará este atributo y su significado.

Por último, hay que señalar que la directiva <**BASE**> sólo afecta al documento en el que aparece y debe situarse siempre antes que cualquier otra referencia a elementos externos.

3.3.3. Directiva <LINK>

Esta directiva se dedica a describir las relaciones del documento que la contiene con otros. Este elemento no se utiliza normalmente y, si se hace, sólo se usa como una fuente de documentación, dada la falta de soporte proporcionado a esta directiva por los principales navegadores. Sin embargo, podría ser un componente muy útil para determinadas tareas como la creación de barras de botones especiales dependientes del contenido en el visualizador, o a la hora de imprimir o generar un gran documento a partir de sus distintas partes.

Para realizar estas tareas, la directiva **LINK** dispone de varios atributos:

- **rel** define la relación establecida entre el elemento apuntado por el enlace y el documento actual. A efectos prácticos, la única relación utilizada tanto por Internet Explorer como por Netscape Navigator es **StyleSheet**, que permite asociar una hoja de estilo a un documento HTML[5]. Algunas otras relaciones definidas por el estándar[6] (y reconocidas por *browsers* como Mosaic o Lynx) son **Author** (enlaza con información del autor del documento), **Prev** (documento superior en la ordenación de la jerarquía) o **Next** (documento siguiente en la jerarquía).

- **rev** describe la relación "inversa".
- **href** se usa para identificar el documento objeto de la relación.
- **title** permite especificar el nombre de la relación.
- **type** indica el tipo del documento al que apunta el enlace. La única situación en que este atributo es utilizado por Netscape Navigator e Internet Explorer es cuando indica el tipo de lenguaje de hojas de estilo utilizado (por tanto, en conjunción con **rel=StyleSheet**).
- **media** indica el dispositivo más apropiado para presentar al usuario la información apuntada por el enlace[7]. La lista de dispositivos recogida por la especificación incluye, entre otros elementos, **screen** (pantallas de ordenador), **tty** (dispositivos con un tipo de letra fijo como términales o telelipos...), **tv** (televisores), **print** (documento impreso dividido), **aural** (sintetizadores de voz) y **all** (todos los dispositivos). Desgraciadamente, este atributo sólo es reconocido por Internet Explorer, y su único efecto visible es ignorar las hojas de estilo asociadas mediante enlaces que contengan **media="print"**.

El establecimiento de este tipo de relaciones se hace utilizando varias de estas directivas, como en el siguiente ejemplo que serviría para describir las relaciones entre

[5] Netscape Navigator también reconoce **rel=fontdef**, que indica el fichero de definición de fuentes que se debe utilizar si se hace uso de las Fuentes Dinámicas de Netscape (extensión propia de este navegador).

[6] La especificación HTML 4.0 incluye hasta un total de 15.

[7] En el caso de <LINK> se utilice para aplicar hojas de estilo, el atributo **media** puede ser utilizado por los agentes visualizadores para cargar sólo aquellos estilos que se puedan aplicar al dispositivo concreto.

secciones de una hipotética versión electrónica de este capítulo:

```
<LINK rel="Contents" href="seccion4.html">
<LINK rel="Previous" href="seccion3.html">
<LINK rel="Next" href="seccion5.html">
<LINK rel="Index" href="indiceGeneral.html">
```

La figura 3.2 muestra cómo representa estos enlaces en pantalla el navegador Mosaic.

Figura 3.2. Relaciones entre documentos en Mosaic

Otro ejemplo de enlace, esta vez a una hoja de estilo, sería el siguiente:

```
   <LINK rel="StyleSheet" type="/text/ccs"
href="miestilo.css">
```

que asociaría la hoja de estilo "miestilo.css" al documento que contiene la directiva **<LINK>**.

3.3.4. Directiva <META>

Tiene dos usos: contenedor de *metainformación* sobre el documento, e información adicional, incluidos comandos, relacionada con el protocolo HTTP.

Por norma general, se añaden directivas META para dejar en ellas información que pueda identificar al documento y su contenido, información que utilizan aplicaciones externas como buscadores e índices (es el sistema utilizado por servicios como Yahoo, AltaVista, Lycos y otros).

Sus principales atributos son: **name** identifica la información que se va a exportar; **content**, es el contenido de la información; **http-equiv**, es el nombre de un comando HTTP.

Si por ejemplo se quisiera identificar una página con el contenido de esta sección en AltaVista se podrían usar las líneas siguientes:

```
<META name=DESCRIPTION CONTENT="Sección dedicada a
describir la directiva META de HTML">
<META name=KEYWORDS CONTENT="HTML, HEAD, META">
```

También se podría indicar a los robots localizados en los buscadores que no indexaran el documento ni siguieran los enlaces incluidos en él mediante el siguiente código:

```
<META name="robots" content="noindex, nofollow">
```

O bien identificar al autor o la herramienta de edición utilizada con líneas como las siguientes:

```
<META name="author" content="nombre del autor">
<META name="generator" content="nombre y versión del
programa de edición">
```

Es importante señalar que el contenido de la directiva **<META>** no es utilizado directamente ni por Netscape Navigator ni por Internet Explorer salvo para incluir valores SGML no contemplados en el DTD o pasar comandos propios del protocolo HTTP (su uso más habitual). El sistema basado en el uso de **http-equiv** podría usarse para forzar la ejecución de cualquier comando HTTP, si bien los usos principales son los siguientes:

- Recargas automáticas de páginas: tanto Netscape Navigator e Internet Explorer permiten construir documentos dinámicos utilizando la directiva mostrada en el siguiente ejemplo, que fuerza al navegador a recargar el documento especificado al cabo de 10 segundos.

```
<META http-equiv="REFRESH" content="10;
URL=http://www.nipumsa.es/docs/siguiente.html">
```

> ***Nota**: La utilización de directivas <META> para recargar documentos fue una solución muy popular en su momento, pero actualmente se desaconseja su uso debido principalmente*

a dos razones: la especificación HTTP/1.1 no incluye la cabecera ***refresh*** *(lo que puede invalidar esta solución en algunos servidores) y la posibilidad de conseguir efectos similares con lenguajes de scripting tipo JavaScript.*

- Evitar que un documento se almacene en la caché del navegador: esta opción obliga a recargar el documento en cualquier operación ulterior (incluido el uso del botón "Back" o "Atrás"). Para ello se utiliza el código siguiente:

```
<META HTTP-EQUIV="expires" CONTENT="0">
<META HTTP-EQUIV="Pragma" CONTENT="no-cache">
```

Esta funcionalidad es muy utilizada en documentos que incluyen publicidad, como una forma de que se contabilicen todos los accesos al mismo (las páginas que se traen de la caché lo hacen sin el conocimiento del servidor original).

3.3.5. Directiva <ISINDEX>

Se trata de un elemento bastante "veterano" en WWW cuyo cometido es establecer un mecanismo para realizar búsquedas en documentos y servidores. La aparición de esta directiva hace que el *browser* visualice, bien como un elemento más del documento, bien como un apartado especial en la ventana de visualización, un texto y una entrada de datos, como se muestra en la figura 3.3.

Introduciendo una o varias claves, el servidor realizará una búsqueda y devolverá una página con la información asociada. Por ejemplo, se podrían introducir nombres de empleados de la empresa propietaria del servidor y que éste devolviera sus números de teléfono o cualquier otra información de contacto.

Como se ha dicho, **<ISINDEX>** no es un componente nuevo, eso hace que los *browsers* no consideren estrictamente su papel en **<HEAD>** y permitan comportamientos poco ortodoxos. Esto se manifiesta, sobre todo, en que esta directiva puede aparecer en cualquier punto del documento y, si el servidor inserta en el documento mensaje y entrada de datos, podremos darle la ubicación que consideremos más adecuada (como se puede ver en la figura 3.3).

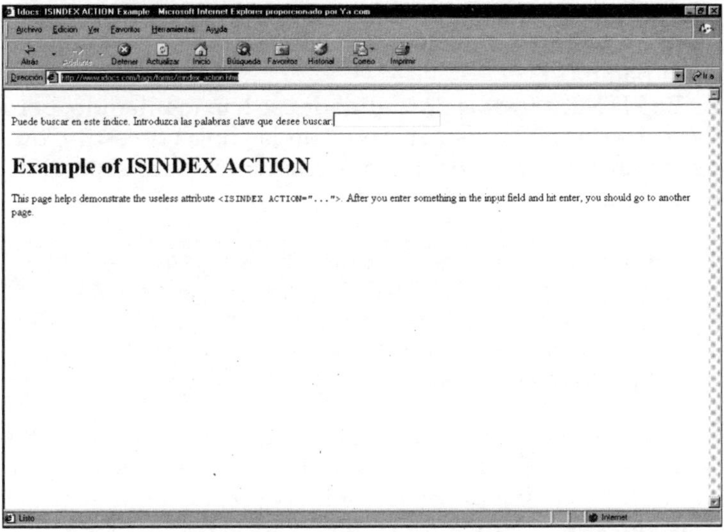

Figura 3.3. Efecto de emplear la directiva **<ISINDEX>**

El atributo **prompt** sirve para sustituir el texto que acompaña a la entrada (sin mucho contenido y normalmente en inglés), por el que desee el usuario.

Cuando el usuario pulsa la tecla de retorno, el *browser* hace una nueva llamada al documento en la que envía los parámetros contenidos en la entrada. Este sistema propicia que sólo sea posible utilizar este mecanismo con páginas generadas por programas (CGI o cualquier otro sistema).

La especificación HTML 4.0 desaconseja la utilización de <**ISINDEX**> (es un elemento *deprecated*), en favor de mecanismos más flexibles y avanzados como la directiva <**INPUT**> (ver el capítulo 11 dedicado a formularios).

3.4. <BODY>

La directiva <**BODY**> engloba el contenido del documento, del que nos ocuparemos más adelante. Aquí presentaremos sus atributos y el efecto que producen en las páginas y veremos un primer ejemplo.

En versiones anteriores de HTML la directiva <**BODY**> pasó de ser un mero contenedor a un elemento que permitía determinar aspectos generales de visualización del documento. Estos atributos afectaban al color del texto y al fondo de la página.

En HTML 4.0 estas posibilidades se han mantenido, pero desaconsejando su uso en favor de las hojas de estilo, que permiten conseguir los mismos resultados pero separando el contenido de la presentación.

> **Nota:** *La decisión final sobre la utilización de estos elementos de estilo en la directiva* **<BODY>** *dependerá del diseñador de las páginas, que deberá optar por mantener la compatibilidad con navegadores antiguos o explotar las nuevas posibilidades que proporcionan las hojas de estilo.*

El aspecto del fondo y el color del texto en sus distintas variantes, son atributos cuyos valores predefinidos dependen de la herramienta (visualizador) y plataforma (hardware y sistema operativo). Por razones históricas (y dependiendo de la paleta disponible) esos valores son el fondo liso de color gris y el texto negro, que pasa a azul y subrayado si es un enlace no visitado y a rojo subrayado si el usuario ha seguido el enlace en alguna ocasión. Estos valores de partida pueden ser modificados cambiando la configuración del *browser* de cada usuario, como ya se ha dicho.

Estos valores también pueden ser definidos como atributos de la directiva BODY (y entonces prevalecen sobre las preferencias del usuario), aunque se recomiende, como ya se ha dicho, su inclusión en hojas de estilo. Estos atributos son:

- **text**: define el color del texto. Este color puede describirse por medio de una de las palabras reservadas a tal efecto (y que se presentan en el apéndice A) o con un valor RGB que representa numéricamente el color.

> **Nota:** *RGB son las siglas inglesas de "rojo, verde, azul"* (Red, Green, Blue)*, el sistema de representación utilizado en el WWW. Un color determinado se indica utilizado el carácter* **#** *(almohadilla) seguido de dos dígitos hexadecimales para cada uno de los tres componentes del color (rojo, verde, y azul). Así, #ff0000 representa el rojo básico, #0000ff el azul, y #ffffff y #000000, el blanco y negro respectivamente.*

- **link**: color del texto y los marcos de los enlaces.
- **alink**: un refinamiento del anterior. Define el color de los enlaces que están siendo activados.
- **vlink**: el color de los enlaces que han sido usados.

El fondo viene determinado por dos atributos:

- **bgcolor**: contiene el color del fondo. Este es un color liso, sin texturas, como el utilizado por defecto por los visualizadores.
- **background**: es el nombre del fichero que se utilizará para componer, como mosaico, el fondo de la página. La utilización de esta directiva anula, parcialmente, el efecto de la anterior.

> ***Truco**: Se supone habitualmente que una vez se ha especificado una imagen de fondo, ésta se usa dejando de lado completamente el color que tuviera asignado (sea explícitamente con **bgcolor**, o el valor por defecto), pero no es así. Algunos elementos de los formularios (de los que se habla más adelante en este libro) utilizan como color el del fondo ignorando la imagen que lo ocupe, por lo que conviene en estos casos dar valores a las dos magnitudes y que estos colores armonicen.*

Así, el siguiente ejemplo:

```
    <BODY background="/figuras/fondos/azul.gif"
bgcolor="#0000ff" text="white" link="yellow"
vlink="#00ff00">
```

Dispone como fondo de la página la imagen contenida en el fichero "/figuras/fondos/azul.gif" en mosaico, asume como color de fondo (sólo utilizado por algunas entidades de los formularios) el azul, muestra el texto normal en blanco, los enlaces sin visitar amarillos y los visitados en verde.

Los ejemplos de uso de esta directiva son casi infinitos. Si nos centramos en las imágenes de fondo, seguramente el tema con más posibilidades, podemos obtener combinaciones como la mostrada en la figura 3.4.

Hay que procurar que sean imágenes pequeñas o con poca definición para evitar que su carga demore excesivamente la del resto del documento. Por otra parte tampoco es conveniente que consuman demasiados colores con objeto de no degradar la visualización de las figuras incluidas en la página (si se trata de GIF).

Hay ciertas imágenes, como la mostrada en la figura 3.5, que repiten un mismo motivo al apilarlas, y que para evitar que se manifieste el efecto "mosaico" son extraordinariamente anchas (en la figura sólo se muestra una fracción.) Así, por mucho que se amplíe la ventana donde se visualiza la página, no se verá que al final (extremo derecho) de una copia de la imagen aparece la siguiente.

Si se combina este elemento con el uso de márgenes (de los que se hablará más adelante), se pueden conseguir efectos tan sorprendentes como el que se muestra en la figura 3.6.

Figura 3.4. Uso de imágenes de fondo

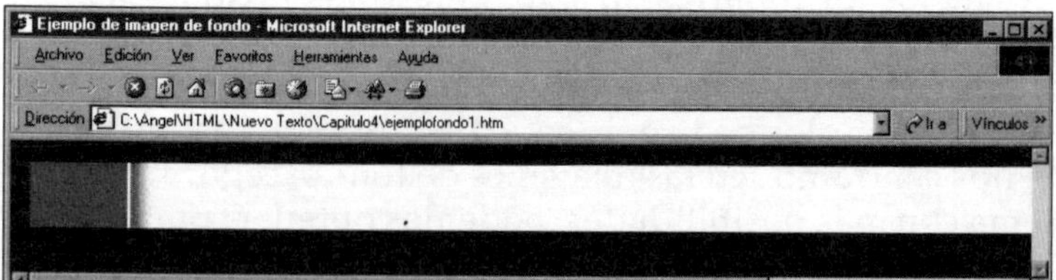

Figura 3.5. Gráfico alargado para obtener efectos especiales

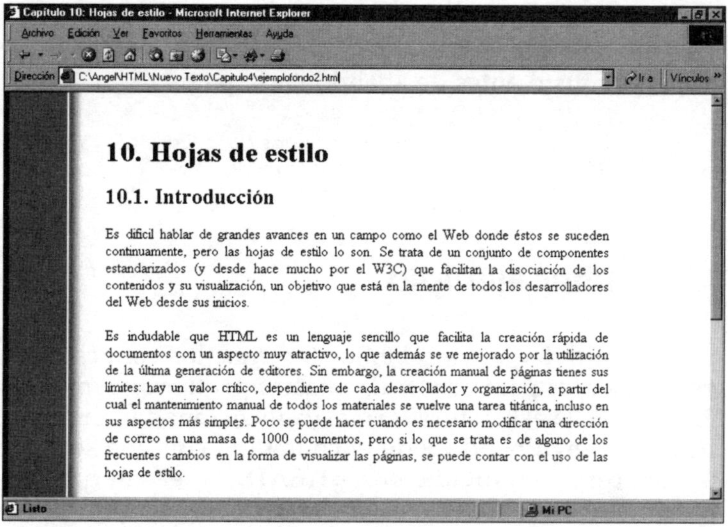

Figura 3.6. Combinación de gráfico alargado y márgenes

Además de los anteriores, Internet Explorer tiene algunos atributos adicionales que permiten definir los márgenes de la página (**bottonmargin**, **topmargin**, **rightmargin** y **leftmargin**) y fijar el fondo (**scroll=YES | NO**), de forma que aunque se usen las barras de scroll para visualizar las porciones de documento que superen el tamaño de la ventana, el gráfico permanece fijo.

No se puede terminar este apartado sin hacer referencia a dos eventos asociados a la directiva <**BODY**>, disponibles tanto en Internet Explorer como en Netscape Navigator, y que son muy útiles para el desarrollo de funcionalidades dinámicas sobre páginas HTML:

- **OnLoad**: Este evento se produce en el momento en que el contenido completo del documento ha sido descargado. Gracias a él, los desarrolladores pueden retrasar la ejecución de ciertas funcionalidades hasta que todo el documento se encuentre disponible en el navegador del usuario.
- **OnUnload**: Este evento se produce en el momento en que el documento va a ser descargado.

Un ejemplo de la utilización de estos eventos es el siguiente código, que muestra al usuario un mensaje de despedida justo antes de abandonar la página[8]:

```
<BODY background="/figuras/fondos/azul.gif"
bgcolor="#0000ff" text="white" link="yellow"
vlink="#00ff00" onUnload="alert('¡Hasta la próxima!')">
```

3.5. Primer ejemplo

Con todo lo que ya sabemos tenemos los conocimientos suficientes para construir nuestro primer documento. Le daremos la estructura formal ya mencionada: directiva **<HTML>** englobando todo el contenido con una sección de cabecera delimitada por **<HEAD>** y el cuerpo del documento en **<BODY>**.

En la cabecera especificaremos el título, y como contenido, aunque aún no hemos visto qué directivas se aplican a esta sección, incluiremos un pequeño texto (se dijo desde el principio que era la materia prima de los documentos HTML).

El código fuente (se le da esta denominación también, como ocurre con los programas de ordenador) se muestra a continuación:

```
<!DOCTYPE HTML PUBLIC !-//W3C//DTD HTML 4.0
Transitional//EN">
<HTML>
<HEAD>
<TITLE>Primer ejemplo de la Gu&iacute;a
Pr&aacute;ctica</TITLE>
</HEAD>
<BODY>

Este es el contenido del primer documento construido
en la Gu&iacute;a pr&aacute;ctica de HTML.
Creaci&oacute;n de p&aacute;ginas Web&quot;, &#170;
edici&oacute;n.

</BODY>
</HTML>
```

---

[8] La instrucción **alert** es parte del lenguaje JavaScript y su ejecución produce la aparición de un mensaje en pantalla.

Como se ve, es muy sencillo construir documentos HTML. En el caso de este ejemplo bastaría con añadir más texto, pero pronto nos encontraríamos con limitaciones y dificultades para exponer de una forma adecuada nuestra información. Esto se tratará en los siguientes capítulos, en los que se describirán las directivas relativas a la sección <**BODY**>.

4 Organización del texto

4.1. Introducción

En este capítulo veremos la forma de dar formato al texto de nuestros documentos. Si se excluyen las consideraciones sobre acentos y caracteres especiales pocas medidas tenemos que tomar para hacer legible nuestro texto. Una cuestión diferente es conseguir que ese texto tenga un aspecto atractivo. Pocas cosas tenemos a nuestro favor: sabemos que los saltos de línea, los tabuladores y otros separadores de texto son ignorados sistemáticamente por los *browsers*.

Esta será nuestra primera preocupación.

4.2. Saltos de línea y párrafos. Alineación

Estamos acostumbrados a construir el texto directamente, sin necesidad de añadidos ni componentes especiales para obtener sus funciones básicas, como son el espaciado o la separación con líneas. Estos elementos son caracteres del mismo tipo que las propias letras, números o signos especiales. HTML exige en cambio que se indiquen explícitamente estos saltos de línea por medio de directivas especiales. De ahí que aunque nuestro texto contenga saltos o retornos que lo dividan en varias líneas dentro del fichero fuente, sólo serán efectivas las divisiones que estén formadas por las directivas provistas a tal efecto.

4.2.1. Saltos de línea y párrafos

El salto de línea simple en HTML se expresa por medio de la directiva vacía <BR>. Cuando el *browser* encuentra este valor finaliza la visualización del texto en la línea actual y continúa en la siguiente. Poco más se puede añadir sobre su funcionamiento.

Sin embargo, la directiva que se usa con mayor frecuencia para estos fines no es <BR> si no <P>, el divisor de párrafos.

¿Qué diferencias hay entre una y otra? Fundamentalmente de visualización, como se ve en la figura 4.1. La mayoría de los browsers interpretan un párrafo dejando una separación mayor (normalmente una línea en blanco) al estilo de los programas para el proceso de textos. Además, la acumulación de separadores de párrafos no se traduce necesariamente en una serie de línea blancas (lo que sí ocurre con los <BR>) ya que se les suele "resumir", reduciéndolos.

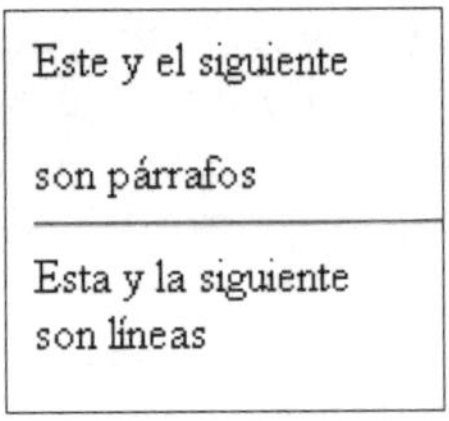

Figura 4.1. Párrafos y saltos de línea

> ***Truco***: *Las directivas <P> vacías, o sin contenido se anulan y "resumen". Dejar que sólo delimiten caracteres en blanco no resuelve el problema. Existe una entidad especial,   (espacio sin ruptura), que tiene el efecto de dar un contenido a una directiva aunque sin tener representación visual. Incluir uno de estos caracteres en un párrafo, o ponerlo tras <P>, tiene el efecto de dar contenido a la directiva y permitir así su encadenamiento. Otra forma de hacerlo es utilizar hojas de estilo (lo que se verá en el capítulo correspondiente).*

```
<P> <P> <P> 
```

Aunque en la inmensa mayoría de las páginas que pueda encontrar en la red se usa la directiva <P> como vacía, en realidad es un delimitador, si bien los *browsers* no echarán en falta su cierre. Ocurre que, por motivos históricos, se mantiene la convención de provocar el salto de línea especial cuando aparece <P>. Se supone que en el futuro esta norma se volverá más estricta, pero hoy por hoy se mantiene su uso original.

La norma, si la hay, es que las herramientas de edición (en particular las WYSIWYG) generen párrafos delimitados por <P> y </P>, mientras que el código escrito manualmente utilice sólo <P> al final del párrafo, bien sea porque así se ahorra algunas pulsaciones de teclas, bien porque usarlo así parezca más coherente. En esta Guía se empleará indistintamente la convención de utilizar <P> como una directiva vacía o como delimitador.

4.2.2. Alineación

El texto aparece por defecto alineado a la izquierda y sin justificar. La división se realiza por palabras completas y no parece que esta situación vaya a variar en el futuro (faltando directivas que indiquen el idioma y sus opciones de justificación, y hasta que no aparezcan *browsers* aún más potentes que los actuales, parece difícil que estas funcionalidades estén disponibles).

La aparición de la versión 3.2 supuso la incorporación de atributos de la directiva <P>. La lista completa está en el apéndice A, aquí sólo hablaremos de algunos por su relación con el tema que estamos tratando. El único atributo que nos interesa, align, indica al visualizador de qué manera debe alinear el texto. Los posibles valores son: left (alineación izquierda, valor por defecto), center (texto centrado) y right (alineación derecha).

Netscape había propuesto una directiva especial para centrar los contenidos (textos, imágenes, tablas) delimitados por ella: <CENTER>. En HTML 4 esta directiva está desaconsejada. En su lugar es mejor hacer uso del atributo align en varias directivas (como <P>, ya mencionada).

Otra directiva especialmente dedicada a la alineación es <DIV>. Aunque originalmente, en la versión HTML 3.0, su cometido era establecer divisiones semánticas del documento (cabeceras, glosario, índice, nota...), ha quedado como un sistema de alineación basado en el uso del atributo align y las tres modalidades reconocidas (izquierda, derecha y centrado).

Así pues, en el caso del texto, se dispone de tres sistemas equivalentes de alineación: el parámetro align de los párrafos, la directiva <DIV> con tres posibilidades de alineación, y la directiva <CENTER> si sólo se quiere centrar los elementos contenidos en ella.

El siguiente fragmento de código HTML contiene tres directivas distintas con una misma función: <CENTER>, <DIV align=center> y <P align=center> (podrá observar que DIV introduce un espacio entre líneas adicional):

```
   El texto se alinea normalmente a la izquierda.<BR>
<CENTER>Aunque la directiva &lt;CENTER&gt; permite
centrarlo.<BR></CENTER>
   <P align="center">La directiva &lt;P&gt; dispone de
un par&aacute;metro que permite alinear el texto.</P>
   <P align="right"> &lt;P&gt; es tambi&eacute;n capaz
de alinear el texto a la derecha</P>
   <BR><BR>
   <DIV align="center">
   <P>Por &uacute;ltimo, la directiva &lt;DIV&gt;
permite alinear cualquier  tipo de elemento.</P>
   </DIV>
   <DIV align="right">
   <P>Incluso hacia la derecha.</P>
   </DIV>
```

Que se visualizaría así:

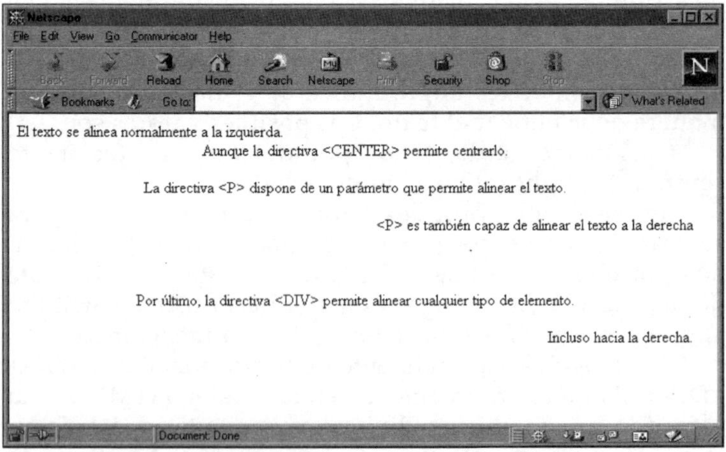

Figura 4.2. Visualización del ejemplo anterior

> ***Nota**: Recuerde que, de no usar las referencias < y > en vez de <P>, el* browser *interpretaría su aparición como una directiva.*

El salto de línea, <BR>, tiene unas opciones de alineación que sólo tienen sentido en la interacción con imágenes, por lo que las presentaremos al hablar del uso de componentes multimedia en las páginas HTML.

4.2.3. Dirección del texto

Se trata de una nueva posibilidad aparecida junto con la versión 4 de HTML: la posibilidad de indicar el sentido en el que escribirá el texto. Obviamente, esta opción sólo tiene sentido en determinados conjuntos de caracteres y sólo para ciertos idiomas. El atributo **dir** admite dos posibles valores: ltr, es decir, de izquierda a derecha; y rlt, o de derecha a izquierda. Este atributo se puede utilizar en cualquier directiva que delimite texto.

4.2.4. División de líneas

Los *browsers* WWW no son aún lo suficientemente elaborados como para justificar el texto que visualizan. La división de líneas (lo que se conoce como wrap) se hace por palabras, es decir, si se alcanza el final de una línea y este punto coincide en el interior de una palabra, ésta se envía íntegra a la línea siguiente.

Uno de los objetivos de la inclusión de la directiva <DIV> era, precisamente, el utilizarla como un mecanismo para que el constructor del documento pudiera indicar el modo de justificación seleccionado.

Al margen del estándar, Navigator de Netscape e Internet Explorer de Microsoft son capaces de alterar ligeramente este comportamiento. La directiva <NOBR> delimita un área de texto que no se dividirá aunque alcance el final de la línea. Ese fragmento será considerado, desde ese momento, como una palabra, y se verá sometido a las restricciones que sobre ellas pesan en cuanto a la justificación. A efectos prácticos, el área no se dividirá y continuará más allá de la ventana de visualización, lo que exige utilizar la barra de desplazamiento horizontal del *browser* para poder leerla. Se puede utilizar para evitar la fragmentación de textos especiales como comandos de ordenador, o versos.

Pero puede ocurrir que a pesar de querer evitar una división arbitraria de nuestro texto, no estemos realmente intentando impedir que se divida en cualquier caso. El HTML reconocido por Navigator de Netscape, e Internet Explorer de Microsoft incluye la directiva <WBR> cuyo cometido es indicar los puntos donde puede dividirse un bloque delimitado por <NOBR>.

El manejo de estos comandos puede parecer complejo, pero lo cierto es que su uso está muy restringido y sólo es necesario en ocasiones muy concretas.

4.3. Formatos especiales

El texto en HTML se ajusta a unas características de base (alineación, tipo, tamaño, márgenes) mientras no se indique lo contrario. Existen determinados formatos (en contraposición a los estilos) que definen un nuevo conjunto de características básicas del texto, mientras que otros modificadores (los estilos), que se presentan más adelante, sólo afectan a un grupo reducido de ellas. La idea de incluir los formatos es tratar de relacionar el significado o el uso del texto, expresado por medio de una directiva, con su aspecto visual.

En esta sección presentaremos los formatos <PRE>, <BLOCKQUOTE> y <ADDRESS>, supervivientes de una lista mucho mayor que se ha ido reduciendo en las distintas versiones de HTML, bajo la presión de estilos lógicos y físicos y de directivas que dan un mayor control sobre la visualización. Luego presentaremos a <DEL> e <INS>, recientes incorporaciones a este grupo. Por último, hablaremos de un formato exclusivo del *browser* Navigator de Netscape, <MULTICOL>.

4.3.1. <PRE>

Cuando hablamos de los separadores en HTML dijimos que eran sistemáticamente ignorados por los *browsers*, pero esto no es completamente exacto. Existe una directiva que permiten visualizar el texto tal y como se encuentra en el código fuente.

Esa directiva es <PRE>. Su cometido es delimitar un texto que se quiere mostrar con el formato propio del código fuente, lo que normalmente se traduce en un tipo de texto (font) proporcional y el respeto de los separadores (espacios, saltos de línea, tabuladores).

Con frecuencia se ha incluido a esta directiva entre los estilos lógicos (que veremos más adelante) pero ha sido usada para propósitos que van más allá de cambiar el aspecto final del texto. Por ejemplo, ha sido la forma habitual de mostrar código fuente de programas, versiones HTML de ficheros texto, o un mecanismo para construir tablas antes de que se dispusiera de las directivas oportunas en las versiones iniciales de HTML.

> ***Nota:*** *En el caso de utilizar <PRE> es preferible usar espacios en blanco antes que tabuladores porque la forma de interpretarlos varía de un* browser *a otro, con lo que el resultado final puede no ser el esperado.*

Dentro de un bloque <PRE> se pueden usar modificadores de aspecto (aunque se ganará los odios de todos los puristas del manejo de HTML como SGML) y si quiere visualizar código HTML (directivas), acentos y caracteres especiales tendrá que usar las referencias ya conocidas. Al finalizar un bloque delimitado con <PRE> se incorpora automáticamente un salto de línea.

En el siguiente ejemplo se combina texto "normal" junto a preformateado para construir una tabla (advierta que en esta última sección SÍ debe emplear los saltos de línea en lugar de <BR> y <P>):

```
<HTML>
<!- Vamos a construir una tabla con la ayuda de la directiva PRE->
<HEAD>
<TITLE>Ejemplo de tablas con PRE.</TITLE>
</HEAD>

<BODY>
Esta es la tabla construida con &lt;PRE&gt;:<P>
<PRE>
```

```
    Meses       | Ingresos  |  Gastos   | Resultado
    ----------+-----------+-----------+----------
    Enero       | 1.012.320 | 3.234.000 | (2.221.680)
    Febrero     |   234.000 |   128.000 |   106.000
    Marzo       |   750.000 |   450.000 |   300.000
    Abril       |   834.000 |   751.698 |    82.302
    Mayo        |   750.000 |   733.000 |    17.000
    Junio       |   750.000 |   890.032 |  (140.032)
    Julio       | 1.021.000 |   947.000 |    74.000
    Agosto      |   834.000 | 2.826.298 | (1.992.298)
    Septiembre|   900.000 | 1.032.000 |  (132.000)
    Octubre     |   789.000 |   421.000 |   368.000
    Noviembre |   821.000 |   457.000 |   364.000
    Diciembre |  1.349.000 |   995.000 |   354.000
    ----------+-----------+-----------+----------
    TOTAL   | 10.044.320 | 12.865.028 | (2.820.708)
</PRE>
</BODY>
</HTML>
```

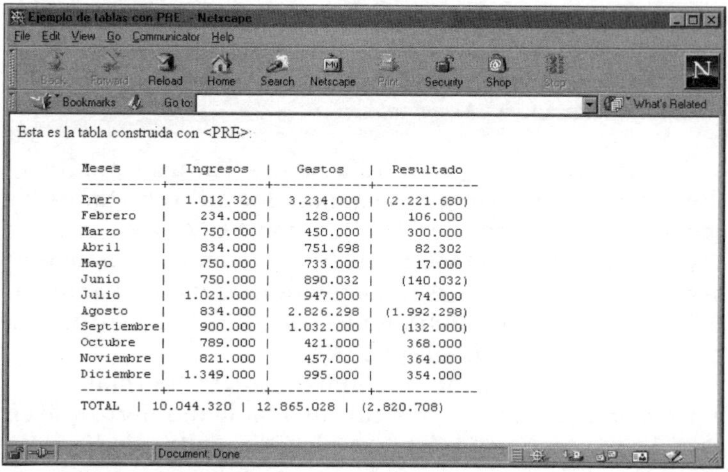

Figura 4.3. Ejemplo de uso de <PRE> para genera una tabla

<PRE> tiene un atributo, width, que se usa para indicar al *browser* el tamaño máximo de cada línea del texto preformateado, aunque no todos los visualizadores lo interpretan correctamente. También hay que tener en cuenta que dentro de un bloque <PRE> se ignoran ciertas directivas HTML que quedan sin efecto o generan resultados distintos de los habituales (como <P>, o <ADDRESS>).

La directiva <PRE> cumple, además, otra misión, la de sustituir a <XMP>, <PLAINTEXT> y <LISTING>, considerados ya elementos obsoletos.

4.3.2. <BLOCKQUOTE> y <Q>

Estas directivas permiten delimitar un bloque texto que por alguna razón (nota, apartado, cita...) se quiere destacar. Existen otras directivas para este cometido, aunque se considera que éstas son las más adecuadas. <BLOCKQUOTE> se utiliza cuando el contenido se alarga más allá de una o dos líneas, mientras que <Q> se emplea para destacar textos breves. No hay regla fija para utilizarlas, se trata más bien de una recomendación de uso y de interpretación del *browser*.

El efecto de visualizar esta directiva suele ser el de "indentar" o sangrar el texto, a veces por los dos lados, y mostrarlo con algún estilo distinto, normalmente itálica o cursiva. No debe utilizarse esta directiva para presentar texto que necesariamente deba estar sangrado y en cursiva, pues esta visualización es recomendada, lo que quiere decir que *browsers* distintos del que usemos habitualmente pueden interpretar de otra forma esta directiva.

El estándar desaconseja utilizar <BLOCKQUOTE> a efectos puramente estéticos. En su lugar deberían emplearse hojas de estilo.

4.3.3. <ADDRESS>

La importancia de esta directiva es, posiblemente, más sentimental e histórica que real. Aunque no es obligatorio y se puede simular de muchas otras formas, existe la costumbre de finalizar los documentos con un texto enmarcado por la directiva <ADDRESS>. Se suele incluir aquí la fecha de finalización, o de la última actualización del documento, el nombre de su autor y su dirección de correo electrónico, aunque no se trata de una norma inamovible. En los *browsers* se suele visualizar en cursiva o itálica y con una fuente de menor tamaño, pero de sobra sabemos que esto puede cambiar.

En la figura 4.4 se muestra un ejemplo real en el que se usa esta directiva:

NIPUMSA © 2000. Todos los derechos reservados *Última actualización, Marzo de 2000*

Figura 4.4. Firma de un documento HTML

Se trata de una reminiscencia de la primitiva forma de trabajar en Internet, anterior a la masificación y difusión actual, y es por ello un rasgo que tiende a desaparecer pero que demuestra un alto nivel de "netiquette".

4.3.4. <INS> y <DEL>

El objetivo de estas directivas es doble: marcar el texto borrado en un documento desde su última modificación; y visualizar esta situación de una forma especial. Así, si un bloque de texto es eliminado desde la versión anterior de un documento, se puede marcar con <DEL> para evidenciar esta operación. Si es texto es nuevo se marcaría con <INS>. A efectos de visualización, por ejemplo en Explorer, el texto "borrado" aparece tachado y el insertado se muestra subrayado.

4.3.5. <MULTICOL>

Navigator de Netscape introduce una curiosa modificación en la organización del texto: la posibilidad de disponer el texto en varias columnas. Al presentar las tablas veremos cómo se puede obtener esta funcionalidad de forma que pueda utilizarse en todos los *browsers*, pero si quiere construir páginas sólo para Navigator dispone de una utilidad mucho más potente (y que otros *browsers* no tienen otro efecto que mostrar el texto en el formato habitual).

La directiva <MULTICOL> delimita un área de texto que quiere mostrarse distribuida en dos o más columnas. La directiva cuenta con tres parámetros que definen su comportamiento.

- **cols** debe aparecer siempre y sirve para indicar el número de columnas que se van a mostrar. El *browser* tiene que distribuir las columnas de forma que ocupen el mismo espacio y el salto de una a otra se haga de acuerdo con un criterio de división de páginas.
- **gutter** es el espacio en pixels entre columnas. Por defecto su valor es 10.
- **width** es el tamaño en pixels de las columnas (todas tienen el mismo) evitando así que sea el *broswer* quien lo calcule y aplique de forma automática.

Se pueden anidar este tipo de directivas haciendo así que una columna se subdivida a su vez en varias, aunque en estos casos hay que contar con que el espacio disponible disminuye.

4.4. El estilo del texto

Con lo que hemos visto hasta ahora podemos construir documentos con texto que podemos distribuir en líneas y párrafos con la ayuda de separadores y del uso de texto preformateado. Sin embargo, aún no somos capaces de modificar el aspecto de ese texto en el modo habitualmente usado en libros, revistas y publicaciones en general.

Para modificar el aspecto del texto se recurre normalmente a los distintos tipos de letra y a sus variaciones (negrita, superíndice...). HTML dispone de varios mecanismos. En este capítulo presentamos los estilos y la directiva <FONT>, cuyo uso deja de recomendarse a favor de las hojas de estilo a las que se dedica un capítulo más adelante. A pesar de tratarse de elementos teóricamente en desuso, siguen siendo ampliamente utilizados y, debido a la complejidad de las CSS, son los que generan las herramientas automáticas.

Dependiendo de su naturaleza, se distingue entre estilos físicos y lógicos[1], una clasificación con la que no todo el mundo está de acuerdo.

---

[1] También llamados "dependientes de contenido" o *content-based styles*.

4.4.1. Estilos físicos

Se trata de la forma habitual de describir estilos en los programas de tratamiento de textos y se especifican con los siguientes delimitadores:

- Negrita, <B>, el texto aparece con un tipo de letra más grueso.
- Cursiva o itálica, <I>, el texto se muestra ligeramente inclinado.
- Subrayado, <U>, se incluye una línea horizontal bajo cada letra. Uso desaconsejado.
- Texto de terminal, <TT>, se usa un tipo de letra no proporcional similar al usado en <PRE>.
- Texto tachado, <STRIKE>. Internet Explorer utiliza además la abreviatura <S>. Ambos están actualmente desaconsejados en el estándar 4.0.
- Aumento del tamaño de la letra, <BIG>.
- Disminución del tamaño de la letra, <SMALL>.
- Subíndices, <SUB>.
- Superíndices, <SUP>.

El efecto de estos estilos se acumula. Así, si dentro de un bloque en negrita se incluye un bloque en cursiva, el texto aparecerá con estos dos estilos. Por ejemplo, el siguiente código fuente:

```
    <P>
    Este texto aparece con el tipo de letra normal, pero
desde aqu&iacute; <B>se muestra en negrita, y ahora
<I>en cursiva, e incluso <U>subrayado</U>, aunque poco
a poco</I> todo vuelve</B> a la normalidad.<P>
```

se mostraría así:

Este texto aparece con el tipo de letra normal, pero desde aquí **se muestra en negrita, y ahora *en cursiva, e incluso <u>subrayado</u>, aunque poco a poco* todo vuelve** a la normalidad.

Como se ve, el uso de estas directivas es sencillo y el resultado inmediato. Puede haber variaciones en la visualización dependiendo de cada *browser* y la configuración que haya establecido cada usuario, pero es casi seguro que un texto entre marcas <B> se verá de una u otra forma en negrita. Sin embargo, no es esta la única forma de modificar el aspecto del texto.

4.4.2. Estilos lógicos

Hay una larga lista de estilos lógicos cuyo significado y equivalencia en la visualización final está completamente determinado por las preferencias de cada usuario:

- <STRONG>, "fuerte" o marcado, se suele identificar con negrita.
- <EM>, enfatizado, normalmente se corresponde con el estilo físico cursiva.
- <DFN>, definición.
- <VAR>, variable.
- <CITE>, cita.
- <KBD>, carácter del teclado, similar a <TT>.
- <CODE>, código, normalmente para representar un elemento HTML.
- <SAMP>, ejemplo.
- <ACRONYM>, siglas. Su uso está indicado para señalar a dispositivos especiales, como sintetizadores de voz, la forma de interpretar este contenido.

No se puede dar una indicación de cómo se visualiza el texto marcado con estas directivas, pues cada *browser* usa una convención diferente, que además puede ser modificada libremente por el usuario. A veces se establecen tablas comparando estilos físicos y lógicos, como en el siguiente código HTML:

```
<HTML>
<HEAD>
<TITLE>Comparacion de estilos logicos y fisicos.</
TITLE>
</HEAD>
<BODY>
<P>
<P>
En algunos <I>browsers</I> el aspecto de esta tabla
puede ser distinto:<P>
```

```
<PRE>
    Estilo l&oacute;gico  |  Estilo f&iacute;sico   |
Significado
    --------+----------+-----------
    <STRONG>&lt;STRONG&gt</STRONG>       |
<B>&lt;B&gt;</B>           |  Destacado
    <EM>&lt;EM&gt;</EM>            |  <I>&lt;I&gt;</I>
|  Enfatizado
    <CODE>&lt;CODE&gt;</CODE>       |
<TT>&lt;TT&gt;</TT>           |  C&oacute;digo/letra de
terminal
  </PRE>
  <P>
  </BODY>
  </HTML>
```

que se visualizaría así en Netscape:

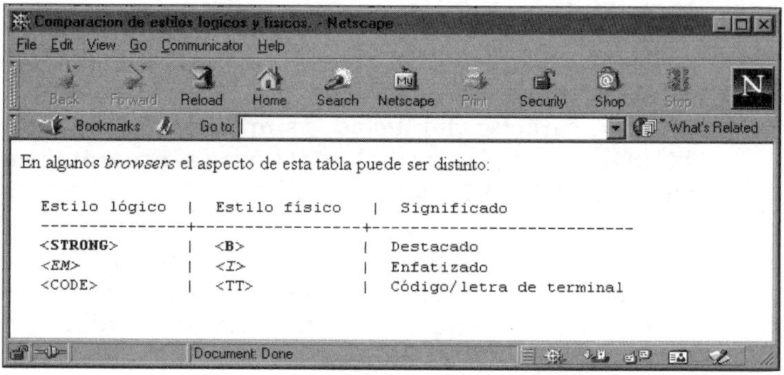

Figura 4.5. Estilos físicos y lógicos

La siguiente tabla muestra la forma en que visualizan los distintos tipos, tanto físicos como lógicos, en los dos browsers gráficos utilizados mayoritariamente (Navigator de Netscape e Internet Explorer de Microsoft):

Tabla 4.1. Visualización del texto con estilos físicos y lógicos

Estilo	*Navigator*	*Internet Explorer*
CITE	Cursiva (itálica)	Cursiva
CODE	No proporcional	No proporcional pequeña
DFN	Texto normal	Cursiva
EM	Cursiva	Cursiva

(Continúa)

Estilo	Navigator	Internet Explorer
KBD	No proporcional	No proporcional pequeña
SAMP	No proporcional	No proporcional pequeña
VAR	Cursiva	No proporcional pequeña
ACRONYM	Siglas	Normal
B	Negrita	Negrita
BIG	Mayor de lo normal	Mayor de lo normal
I	Cursiva	Cursiva
SMALL	Menor de lo normal	Menor de lo normal
SUB	Reducido y descendido	Descendido
SUP	Reducido y elevado	Elevado
TT	No proporcional	No proporcional pequeña

4.4.3. Estilos físicos frente a lógicos

Uno de los frentes más activos en la guerra entre los puristas defensores de SGML y los, digamos, "heterodoxos" se encuentra aquí, en la disyuntiva de usar estilos físicos o lógicos. Hay razones de fondo que avalan cada una de estas preferencias.

SGML es un lenguaje pretendidamente universal de descripción de documentos. Esto supone que con independencia del hardware, sistema operativo y software de la plataforma, el documento se visualizará. De esta forma, un fichero lleno de imágenes y referencias multimedia que tiene un aspecto espléndido en una estación gráfica de trabajo, debe visualizarse igualmente en un terminal monocromo y que sólo soporte texto. Esto implica que las indicaciones que se hagan sobre formato deben ser meramente orientativas, y no podremos decir que un bloque de texto aparecerá en negrita, pues no se puede asegurar que el ordenador de destino sea capaz de visualizar tal cosa. En su lugar tendremos que indicar que el texto está "realzado", o con una letra "más fuerte" y que sea el programa de destino y el propio usuario de éste quien determine el aspecto final.

HTML deriva de SGML, lo que supone que asume su espíritu de independencia de plataforma y permite que un documento se visualice en cualquier *browser*. Sin embargo, desarrollar documentos HMTL pensando en todos los posibles visualizadores supone renunciar a casi todo lo que nos puede ofrecer este lenguaje. Si trabajamos teniendo en mente un browser gráfico es fácil que pretendamos reproducir en él el aspecto que nuestro documento tiene en el momento de diseñarlo. Si dejamos una libertad excesiva al usuario a la hora de modificar el aspecto, nos podemos encontrar con que el resultado final se parezca muy poco a lo que nosotros teníamos en mente. Por ello, los "heterodoxos" creen que es mejor determinar claramente (y físicamente) el aspecto del documento para que el usuario reciba aquello que realmente le enviamos.

No hay una orientación que sea objetivamente mejor que la otra, simplemente responden a criterios distintos. En la práctica se usan con mayor frecuencia los estilos físicos y se tiende a pensar en los documentos HTML como piezas que se diseñan buscando un determinado aspecto final. Esto explica el éxito de las extensiones que Netscape incorpora al lenguaje, tendentes todas ellas a ganar mayor control sobre la visualización del documento. Además, cada vez más se ve a HTML como un vehículo para el diseño multimedia y se deja de pensar en él como un formato para especificar documentos que, a fin de cuentas, pocos se van a imprimir y menos aún se van a visualizar en terminales sin prestaciones gráficas.

De todas formas, todas consideraciones están dejando de tener sentido con la aparición de las hojas de estilo y la próxima irrupción de los navegadores XML, lo que permitirá desligar los aspectos de presentación completamente del contenido. Es decir, la página se encargará únicamente de lo realmente importante –texto, enlaces, imágenes...– y dejará en manos del DTD correspondiente la interpretación de las directivas, y del fichero CSS asociado su visualización.

4.4.4. <FONT>

HTML dispone de dos directivas cuyo cometido es la modificación del tamaño y el color de la letra de un bloque de texto (también, en Navigator e Internet Explorer, es posible modificar la familia de la fuente empleada). Se las da un tratamiento separado de los estilos físicos, pues su origen y naturaleza es distinto (atienden antes al tamaño que al aspecto, y poseen atributos).

El tratamiento directo del aspecto del texto tal y como aquí se presenta es algo cuyo uso no se recomienda en HTML 4. En su lugar se sugiere hacer uso de las hojas de estilo. De todas formas, debido a lo extendido de su uso, aquí explicaremos cómo hacer uso de estas directivas.

El tamaño y color de texto inicial es el establecido por el usuario en la configuración de su browser y modificado, en el caso del color, por el atributo text de la directiva <BODY>. Ese tamaño de base se considera el nivel 3 en una escala de 7.

El cometido de <BASEFONT> es establecer el tamaño por defecto de la letra (que ya se ha dicho que es 3 a menos que se indique lo contrario>. Esto se hace con el atributo size. Así:

```
<BASEFONT size="5">
```

hace que el documento asuma como tipo de letra por defecto el valor 5.

El estándar sólo contempla la utilización de valores absolutos en este atributo, aunque en la práctica los visualizadores pueden utilizar valores relativos al igual que <FONT>.

La directiva <FONT> delimita un bloque de texto con unos valores de tamaño determinados. Para ello usa el atributo size de dos formas:

- Con size="número", se fuerza a que el bloque delimitado tome ese valor como tamaño de letra. Por ejemplo, el siguiente código muestra las iniciales con una letra mayor, como se ve en la figura 4.6:

```
<HTML>
<HEAD>
<TITLE>Uso de la directiva FONT.</TITLE>
</HEAD>
<BODY>
<FONT size=6>L</FONT>as <FONT size=6>i</
FONT>niciales
<FONT size=6>d</FONT>e <FONT size=6>l</FONT>as
<FONT size=6>p</FONT>alabras <FONT size=6>a</
```

```
FONT>parecen <FONT size=6>c</FONT>on <FONT
size=6>u</FONT>n <FONT size=6>t</FONT>ipo <FONT
size=6>d</FONT>e <FONT size=6>l</FONT>etra <FONT
size=6>m</FONT>ayor.<P>
   </BODY>
   </HTML>
```

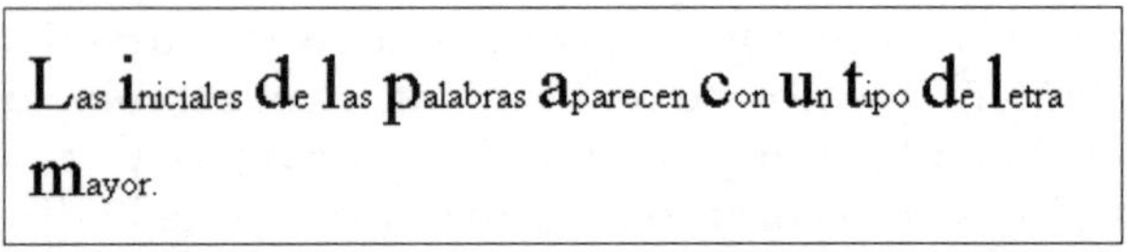

Figura 4.6. Efecto de usar <FONT> con valores absolutos

- La otra forma de variar el tamaño del tipo de letra es usando valores relativos, esto es, números precedidos de un signo '+' o '-'. Así, <FONT size="+1"> hace que el tipo de letra sea una unidad, mayor que el de base. Obviamente, no se puede superar el valor del tamaño máximo (7) ni utilizar uno por debajo del mínimo.
  Código como el mostrado a continuación da lugar al curioso efecto que se puede ver en la figura 4.7:

```
   <HTML>
   <HEAD>
   <TITLE>FONT con valores relativos.</TITLE>
   </HEAD>
   <BODY>
   E<FONT size=-1>s<FONT size=-2>t<FONT size=-1>e
   <FONT size=+0>t<FONT size=+1>e<FONT
size=+2>x<FONT size=+3>t<FONT size=+4>o
   <FONT size=+3>o<FONT size=+2>n<FONT
size=+1>d<FONT size=+0>u<FONT size=-1>l<FONT
size=-2>a
   <FONT size=-1>l<FONT size=+0>i</
FONT>geramente.<P>
   </BODY>
   </HTML>
```

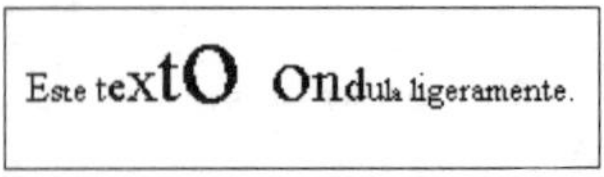

Figura 4.7. Efecto de usar <FONT> con valores relativos

Ya hemos visto la forma de especificar el color de base del texto con la directiva <BODY>. El atributo color de <FONT> permite establecer el color de un bloque delimitado. Este color puede indicarse tanto con su nombre ("black", "red", "yelow"...) como con su valor RGB ("#FF0000", "#00FF00"...). El siguiente bloque se mostraría en azul:

```
<FONT color="#0000FF">Este bloque estar&aacute; algo
azulado</FONT>
```

Nota: *Como ya se ha dicho, el formato RGB se basa en asignar un "peso" o valor a cada uno de los tres componentes del color: rojo, verde y azul (Red, Green, Blue). Estos valores se indican por medio de dos dígitos hexadecimales, lo que hace un total de seis dígitos. En HTML el número se expresa entre comillas y precedido por el carácter # (almohadilla).*

Existe un atributo adicional, face, cuyo cometido es seleccionar la familia de fuentes que se utilizará para mostrar el texto. El valor por defecto es el definido por el usuario en la configuración de su visualizador, que suele corresponderse con alguna forma de Times Roman para el texto proporcional y Courier para el de tamaño fijo. En el atributo face puede dejarse una lista de familias separadas por comas. El *browser* utilizará el primero disponible en la máquina del usuario.

Por ejemplo, si queremos que una frase aparezca con un tipo de letra de la familia Helvética (en PC) o Arial (su equivalente en Unix) utilizaría el siguiente código:

```
<FONT size=+1 face="arial,helvetica">Esta es la
frase que queremos destacar</FONT>
```

El visualizador tratará en primer lugar de construirla con un font de la familia Arial, si no lo encontrara lo intentaría con la familia Helvética, y si tampoco tuviera éxito utilizaría el tipo de letra definido por defecto.

Este tipo de operaciones no deben tener ningua consecuencia negativa en browsers que no sean capaces de reconocerla e interpretarla adecuadamente, a menos que confíe una parte de la utilidad de su servidor a esta funcionalidad (por ejemplo, indicando que determinadas informaciones clave aparecerán con un font diferente).

4.5. Cabeceras

Al margen de estos mecanismos exóticos para cambiar el aspecto del texto, HTML dispone, desde las primeras versiones del lenguaje, de un medio para destacar títulos con tipos de letra variables y estilo negrita. Para permitir el uso de varios niveles en los títulos (por ejemplo secciones y subsecciones) se toman en consideración seis cabeceras distintas identificadas por la letra H y seguidas por un número. Así, <H1> se usaría para el título de más nivel y <H6> para el de menor.

> ***Nota:*** *Sucede con demasiada frecuencia que el texto delimitado por <H6> (e incluso por <H5>) es más pequeño que el texto normal, lo que hace que sea empleado en ocasiones para formatear texto "marginal", pero esta práctica es muy peligrosa, pues al depender el aspecto final de las preferencias del usuario, puede ocurrir que no haya diferencia apreciable entre los distintos títulos y entre éstos y el texto.*

Las cabeceras fuerzan un salto de línea cuando se cierran, por lo que no es necesario insertar un <P> o un <BR> tras ellas. En la figura 4.8 se muestra una página con cabeceras y su código fuente.

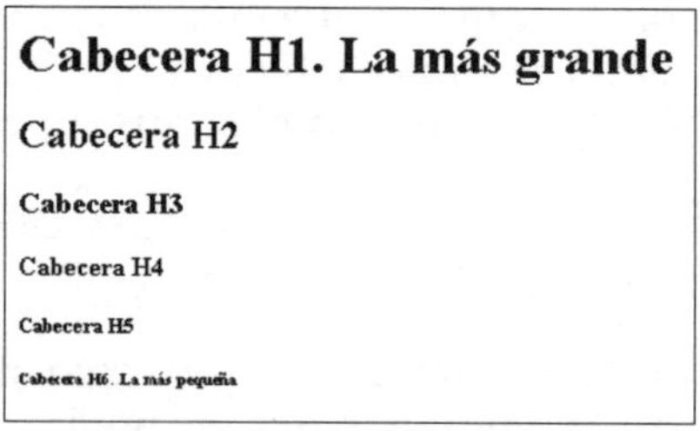

Figura 4.8. Ejemplo de uso de cabeceras

Esas cabeceras pueden alinearse con el atributo align, empleado en la forma ya descrita:

```
<H2 align=center>
```

Haría que la cabecera apareciera centrada.

4.6. Separadores

Unos elementos aparentemente marginales pero que se usan con mucha frecuencia son los separadores. Han formado parte del lenguaje desde las primeras versiones y son uno de los elementos diferenciadores de la visualización de HTML.

Se indican con la directiva cerrada <HR> y se muestran (en los browsers gráficos) como una barra horizontal que atraviesa la ventana de visualización de parte a parte. Esta barra se muestra con cierto efecto de relieve.

Una serie de atributos modifican la visualización de estos elementos:

- size permite indicar el grosor de la barra horizontal. Por ejemplo: <HR size="4">.
- width se emplea para indicar la anchura (ya no tiene que ocupar toda la ventana) en pixels del separador, o el porcentaje de ventana ocupado. Por ejemplo: <HR width="40"> o <HR width="50%">.
- align determina la forma de alinear la barra cuando no ocupa toda la anchura de la ventana: <HR align="left" width="75%">.
- noshade, por último, elimina el efecto tridimensional de sombra de la barra.

En la figura 4.9 se muestra el aspecto final de una serie de separadores.

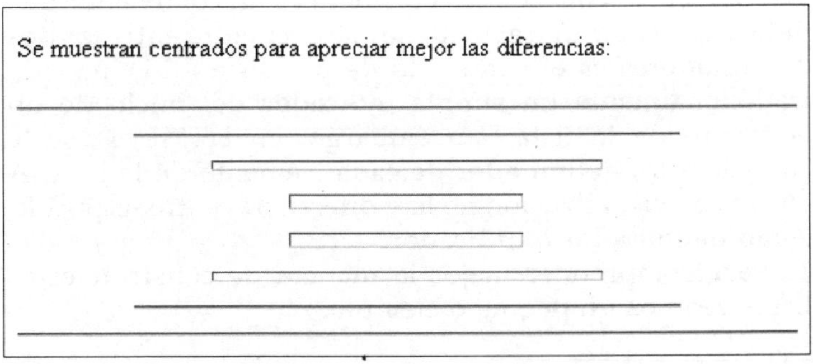

Figura 4.9. Separadores

4.7. Listas

Una forma habitual de organizar la información en un texto es hacer uso de:

Listas de términos precedidas por un punto o cualquier otro signo,
Listas ordenadas numéricamente, y cuyos elementos se diferencian con este número,
Listas simples, sin indicadores ni separadores.
Términos
y sus definiciones,

Listas	en	las	que	sus
elementos	se	distribuyen	en	columnas.

Y listas
de varios niveles
y tipos.

Veremos la forma de emplear estos elementos en nuestros documentos y mejorar así su aspecto.

4.7.1. Listas marcadas

También conocidas como "bulleted list" por el *bullet*, el punto que antecede a cada elemento.

La lista se delimita con la directiva <UL>, y cada uno de sus elementos con <LI>. La primera es un contenedor que indica al *browser* que el texto que se encuentra entre los dos delimitadores es el contenido de una lista. <LI> ha sido tradicionalmente un simple indicador del inicio de un elemento de la lista; sin embargo, en HTML 4 se le considera un delimitador de cada elemento de la lista. A efectos de visualización no hay diferencias entre usar <LI> como delimitador o indicador.

Para comprender mejor la manera de construir estas listas veamos un pequeño ejemplo:

```
Versiones HTML:
 <UL>
```

```
<LI>HTML 1.0</LI>
<LI>HTML 2.0</LI>
<LI>HTML 3.0</LI>
<LI>HTML 3.2</LI>
<LI>Extensiones de los <I>browsers</I>
</UL>
```

Que se visualizaría así:

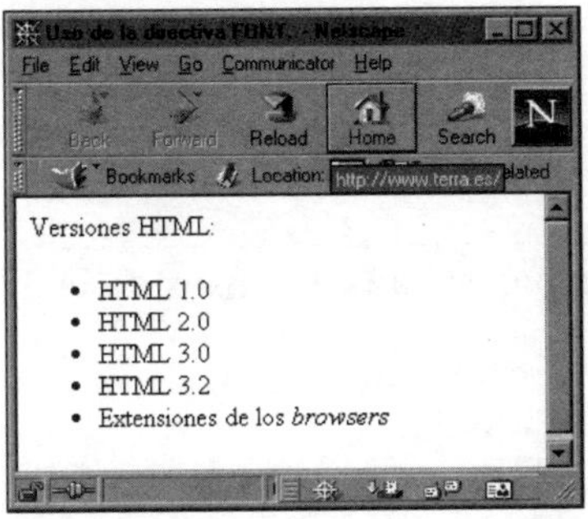

Figura 4.10. Listas marcadas

El aspecto del *bullet*, la marca que precede a cada elemento de la lista depende del *browser* que estemos usando y del nivel[2] de la lista. Por ejemplo, en Mosaic para Macintosh, el bullet de nivel 1 es un cuadrado vacío, mientras que en Navigator de Netscape es un círculo negro.

Esta directiva cuenta con atributos que permiten variar el aspecto del bullet. La directiva <UL> y <LI> cuentan con el atributo type que puede tomar tres valores: disc, el círculo relleno; circle, el círculo vacío, y square, el cuadrado vacío. Si este atributo se aplica en <UL>, toda la lista se regirá por ese valor, si se hace en <LI>, sólo lo hará el elemento actual y los siguientes.

4.7.2. Listas numeradas

Se trata de un concepto similar al anterior: listas precedidas por un número de orden que empieza en uno y crece

[2] El concepto de nivel se refiere únicamente a las listas anidadas e indica la profundidad dentro de la lista; así los elementos de una lista como la anterior son de nivel 1, mientras que si tuvieran a su vez una nueva lista dependiendo de ellos, los elementos de ésta serían de nivel 2.

para cada elemento del mismo nivel. El delimitador de la lista es <OL> y cada elemento se especifica con <LI>. Veamos un ejemplo:

```
<H2>Los pa&iacute;ses más extensos de la Tierra:<H2>
 <OL>
 <LI>Federaci&oacute;n Rusa.</LI>
 <LI>Canad&aacute;.</LI>
 <LI>China.</LI>
 <LI>Estados Unidos.</LI>
 <LI>Brasil.</LI>
 <LI>Australia.</LI>
 </OL>
```

Los países más extensos de la Tierra:

1. **Federación Rusa.**
2. **Canadá.**
3. **China.**
4. **Estados Unidos.**
5. **Brasil.**
6. **Australia.**

Figura 4.11. Ejemplo de uso de una lista numerada

Aunque útil, esta funcionalidad puede parecer limitada aunque puede mejorar con el uso del atributo type que se aplica tanto a <OL> como a <LI>. Puede tomar los valores: A, lo que indica letras mayúsculas (A, B, C...); a, que genera letras minúsculas (a, b, c...); I, son números romanos en mayúsculas (I, II, III...); i, son números romanos en minúsculas (i, ii, iii...); por último, type=1 es el valor por defecto: orden a través de números. En el caso de usar este atributo en <OL> se aplica sobre toda la lista, en <LI> se aplica sobre el elemento actual y los siguientes.

Podemos hacer que una lista no empiece necesariamente por el primer valor de la ordenación (1, A, a, I, o i). En <OL> podemos usar el atributo start con un valor necesariamente numérico, será el *browser* el que haga la conversión oportuna en función del type seleccionado. En <LI> el atributo es value y tiene las mismas características.

Ilustraremos el uso de estas variantes, cómo no, con un ejemplo:

```
<H2>Los primeros emperadores romanos:</H2>
<OL type=I>
<LI>Augusto</LI>
<LI>Tiberio</LI>
<LI>Cal&iacute;gula</LI>
<LI>Claudio</LI>
<LI>Ner&oacute;n<BR>
...<I>Tres emperadores</I>...</LI>
<LI value=9>Vespasiano</LI>
<LI>Tito</LI>
</OL>
```

que se visualizaría así:

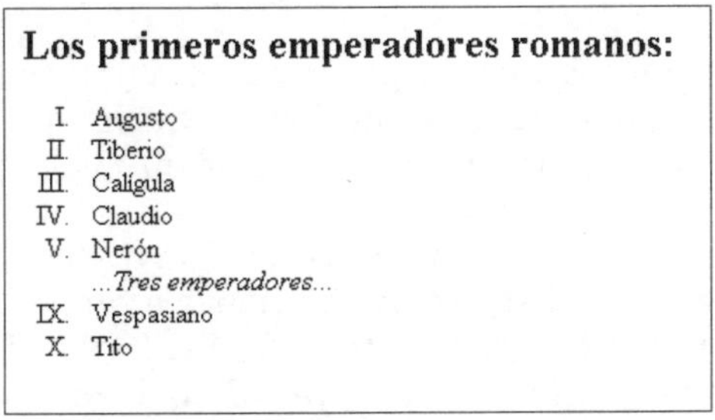

Figura 4.12. Atributos especiales de una lista ordenada

> ***Nota:*** *Como se ha podido ver en el ejemplo, no hay ningún inconveniente en el uso de otras directivas HTML dentro de listas, pero se debe proceder con precaución, pues algunas directivas pueden producir resultados impredecibles dependiendo del* browser *que visualice el código (consejo: haga suficientes pruebas antes de dar por buena una combinación de listas y otras directivas).*

4.7.3. Listas de definiciones

Otro tipo muy frecuente, conocidas también como "glossary list". Se trata de una lista a dos niveles: cada elemento se descompone en un nombre que ocupa la primera línea, y una definición que ocupa las siguientes.

La lista está delimitada por la directiva <DL>, el título por <DT> y la definición por <DD>. Su uso es muy sencillo, como se puede ver en el siguiente ejemplo:

```
<Código><H2>Estilos f&iacute;sicos HTML:</H2>
<DL>
<DT><B>&lt;B&gt;</B></DT>
<DD>Negrita (<I>bold</I>).</DD>
<DT><B>&lt;I&gt;</B></DT>
<DD>Cursiva (<I>italic</I>).</DD>
<DT><B>&lt;U&gt;</B></DT>
<DD>Subrayado (<I>underline</I>).</DD>
<DT><B>&lt;TT&gt;</B></DT>
<DD>Terminal, letra de tama&ntilde;o fijo (<I>bold</
I>).</DD>
</DL>
```

4.7.4. Menús, listas "planas", "directorios"

Los elementos que se presentan a continuación están "desaconsejados" en el estándar, es decir que en futuras versiones se abandonará su uso. Por ello, sólo se mencionan brevemente.

Los menús son la forma más sencilla de lista, pero no se utilizado apenas. Esto se puede deber a que es fácil simularlas con párrafos y la directiva <BLOCKQUOTE>, y a que no todos los *browsers* las interpretan correctamente.

La lista se delimita con la directiva <MENU>, y cada elemento con <LI>.

Otro tipo de listas poco frecuentes, por su especialización y falta de soporte en *browsers*, es <DIR>. Aquí, al contrario de lo que ocurre con las restantes directivas de trabajo con listas, los elementos no se distribuyen verticalmente, uno sobre otro, si no que se usan tabuladores para distribuirlos horizontalmente en la línea. Esto no quiere decir que todos los elementos se dispongan en una sola línea, simplemente que se organizan en columnas y líneas.

El delimitador de la lista es <DIR> y el de cada elemento es <LI>.

En la mayoría de los casos (al igual que ocurre con <MENU>) se obtiene el mismo resultado que con <UL>, ya que los browsers no interpretan adecuadamente estas directivas.

4.7.5. Listas de varios niveles

Con mucha frecuencia se encuentran listas de varios niveles o "listas de listas" en los documentos. Además, es muy habitual que se mezclen varios tipos de listas, como se puede ver en la siguiente figura:

Figura 4.13. Listas de varios tipos y niveles

¿Cómo hacerlo? Sólo hay que tener presente que un elemento de una lista puede ser cualquier otro elemento HTML, por ejemplo otra lista. Este es el código del ejemplo anterior:

```
   <HTML>
   <HEAD>
      <TITLE> La industria del autom&oacute;vil en
Europa</TITLE>
   </HEAD>

   <BODY>
   <H2>La industria del automóvil en Europa</H2>
   <!- Indentación y tabuladores sólo a efectos de
claridad ->
   <UL>
   <LI><B>Alemania</B>
      <OL>
      <LI>Volkswagen</LI>
      <LI>Opel</LI>
      <LI>Mercedes</LI>
      <LI>BMW</LI>
      <LI>Porsche</LI>
      </OL>
      </LI>
   <LI><B>Espa&ntilde;a</B>
```

```
      <OL>
      <LI>SEAT</LI>
      </OL>
      </LI>
   <LI><B>Francia</B>
      <OL>
      <LI>Citroen</LI>
      <LI>Renault</LI>
      <LI>Peugeot</LI>
      </OL>
      </LI>
   <LI><B>Italia</B>
      <OL>
      <LI>FIAT</LI>
      <LI>Alfa Romeo</LI>
      <LI>Lancia</LI>
      <LI>Maserati</LI>
      <LI>Ferrari</LI>
      </OL>
      </LI>
   <LI><B>Reino Unido</B>
      <OL>
      <LI>Rover</LI>
      <LI>Jaguar</LI>
      <LI>Rolls Royce</LI>
      </OL>
      </LI>
   </UL>
   </BODY>

   </HTML>
```

No encontrará problemas ni limitaciones al operar con listas anidadas, sólo debe tener en cuenta que en las listas marcadas cambia el signo que precede a cada elemento (bullet), a menos que haga uso de atributo type, y que al llegar al cuarto nivel desaparece en la mayoría de los casos (lo que da lugar a un sencillo truco que se explicará más adelante). Además, debe saber que sólo son reconocidas universalmente las listas marcadas, ordenadas y de definiciones.

4.7.6. Listas y márgenes

La aparición de la directiva <UL> tiene sobre el texto dos efectos muy interesantes, además de iniciar la aparición de una lista. Provoca un salto similar al de la directiva

<P> y hace que el texto se alinee desde un margen izquierdo, margen que se amplía a medida que se acumulan estas directivas.

Se trata de un truco conocido desde hace tiempo y que es utilizado habitualmente por los editores para simular la falta de una directiva (al menos hasta el momento) que permita la definición de márgenes. Sin embargo, el estándar desaconseja este tipo de componendas, entre otras cosas porque las hojas de estilo pueden aportar esta funcionalidad.

Hasta ahora hemos visto que <BLOCKQUOTE> realiza un doble sangrado a derecha e izquierda, pero también suele cambiar el tipo de letra, lo que no es un efecto deseable. Cuando estudiemos las tablas veremos que hay formas de simular los márgenes, aunque en determinadas circunstancias su visualización no resulta adecuada.

Descontando el uso de las hojas de estilo, que ya se verán en su momento, puede utilizar la directiva <UL> (también es posible hacerlo con otras dedicadas a las listas) como la herramienta más adecuada para provocar el efecto de margen en la izquierda. Tenga en cuenta también que su acumulación le permitirá obtener mayores sangrados y que podrá combinarla con la utilización de imágenes de fondo que simulen el efecto de un margen sobre la página.

El siguiente es un ejemplo de utilización de <UL> para la construcción de márgenes, se deja al cuidado del lector la prueba en un *browser* para comprobar su funcionamiento.

```
   <P>El texto normal nace del extremo izquierdo (ex-
cepto un peque&ntilde;o margen) de la página.</P><UL>
   La directiva &lt;UL&gt; permite establecer un
margen<UL>
   que puede ampliarse cada vez m&aacute;s<UL>
   de l&iacute;nea<UL>
   en l&iacute;nea</UL></UL></UL></UL>
   <P>Eso s&iacute;, no hay que olvidar cerrar las
directivas con &lt;/UL&gt;</P>
```

5 Hipertexto

5.1. Introducción

Con lo que conocemos de HTML ya somos capaces de construir documentos con un formato similar al que podríamos encontrar en cualquier programa de tratamiento de textos, aunque con algunas limitaciones. Sin embargo no es la capacidad de visualizar aceptablemente documentación electrónica, lo que ha dado fama e importancia a WWW. Nos falta el hipertexto, la capacidad de "saltar" de un documento a otro con sólo hacer clic con el ratón. Es lo que se ha dado en llamar "navegación" o "*net surfing*". Esta funcionalidad, junto con la posibilidad de incluir elementos multimedia e interactivos (recogidos en los capítulos 7 y 12), es la que ha dado al WWW la importancia que actualmente tiene.

El hipertexto se basa en el concepto de enlace. Un enlace es una referencia a un documento HTML, o a cualquier otro recurso de WWW, expresado por medio de un formato universalmente aceptado que lo identifica unívocamente. Esto permite que el navegador, cuando detecta que se quiere "saltar" a un documento determinado, sea capaz de identificarlo y obtenerlo.

Con miras al usuario, los enlaces aparecen como texto con otro color, realzado, o subrayado. También pueden ser figuras enmarcadas o no por bordes de distinto color. En cualquier caso, el cursor del ratón modifica su aspecto cuando pasa sobre un enlace. Nada resulta más fácil que hacer clic sobre uno de estos elementos diferenciados y esperar a que el *browser* cargue el nuevo documento.

También resulta frecuente ver en una línea al pie de la ventana de visualización la dirección de los documentos apuntados por la referencia.

Aunque el número de directivas empleadas para obtener documentos externos es muy limitado, veremos que se trata de un tema con muchas variantes y sobre el que hay mucho que decir y hacer.

5.2. Referencias locales

En primer lugar vamos a ver la forma de incluir referencias a documentos locales, de nuestro propio servidor. Son ficheros almacenados en la misma máquina y en directorios cercanos al del documento que contiene el enlace lo que simplifica las cosas.

La directiva responsable de los enlaces es <A> (*anchor*). Delimita un texto (o imagen, como se verá en el capítulo correspondiente) que al ser seleccionado por el usuario (por ejemplo con el ratón) hace que el *browser* inicie la carga del elemento referenciado. La dirección del documento se indica por medio del atributo **href**, que ya se ha mencionado en alguna ocasión.

> ***Nota:** El navegador Internet Explorer (a partir de su versión 4.x) permite asociar a la directiva <A> el atributo **title**, incluido en la especificación HTML 4.0. La característica que hace interesante este atributo es que su valor se muestra como un* tooltip *(pequeño mensaje que aparece junto al enlace) cuando el ratón pasa por encima, ofreciendo más información al usuario. La utilidad de este atributo se puede apreciar en los ya tradicionales enlaces del tipo* Pulse aquí.

Posiblemente quede todo más claro con un ejemplo. En nuestro servidor hemos incluido un área dedicada a Historia. Allí, una página trata el tema de los Austrias españoles. Una lista con los nombres de los distintos reyes contiene enlaces a ficheros HTML con información específica de cada uno de ellos. Estos ficheros se encuentran en el mismo directorio que el fichero índice. Este sería el código del índice:

```
   <!DOCTYPE HTML PUBLIC “-//W3C//DTD HTML 4.0
Transitional//EN”>
   <HTML>
   <HEAD>
      <TITLE>Los Austrias.</TITLE>
   </HEAD>
   <BODY>
   <H1>Los Austrias Espa&ntilde;oles</H1>
   <P>
   <UL>
   <LI><A href=“Carlos_I.html” title=“Página de Carlos
I”>Carlos I</A>, emperador alem&aacute;n.</LI>
      <LI><A href=“Felipe_II.html” title=“Página de
Felipe II>Felipe II</A>.</LI>
      <LI><A href=“Felipe_III.html” title=“Página de
Felipe III”>Felipe III</A>.</LI>
      <LI><A href=“Felipe_IV.html” title=“Página de
Felipe IV”>Felipe IV</A>.</LI>
      <LI><A href=“Carlos_II.html” title=“Página de
Carlos II”>Carlos II</A>.</LI>
   </UL>
   </BODY>
   </HTML>
```

Y se visualizaría tal y como se muestra en la figura 5.1. Advierta que el texto enmarcado en la directiva **<A>** se muestra subrayado. Como ya se ha dicho, en la mayoría de los *browsers* aparece, además, destacado con otro color. También se puede observar el resultado que produce la utilización del atributo **title**.

> ***Nota:*** *Al hablar de los atributos de la directiva <BODY> ya se presentaron los tres posibles colores de un enlace:* link, *que indica que aún no ha sido visitado,* vlink, *el que indica que ya se pasó por esa página, y* alink, *que representa el color que toma el enlace durante el tiempo en que el usuario lo tiene seleccionado. Recordamos que el estándar HTML 4.0 desaconseja la utilización de estos atributos, en beneficio de las hojas de estilo (ver capítulo 10), mucho más apropiadas para definir aspectos relacionados con la presentación del documento.*

Cuando hagamos clic en el visualizador sobre la entrada "Carlos I", el *browser* cargará el fichero "Carlos_I.html" (o emitirá un mensaje de error si no lo encuentra). En este caso se asume que ambos documentos se encuentran en el mismo directorio, pero esta situación, aunque ideal, no es ni mucho menos la habitual.

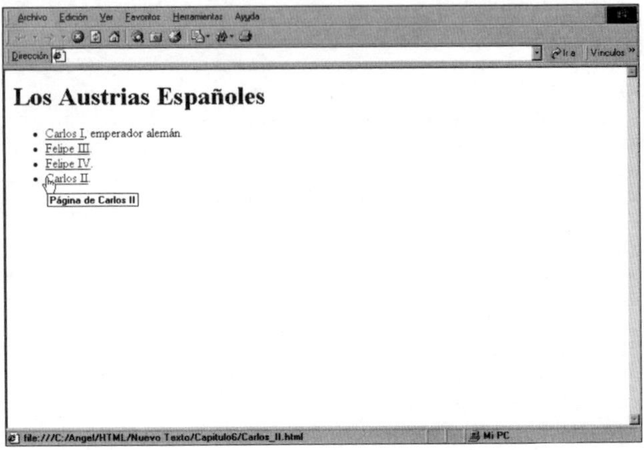

Figura 5.1. Ejemplo de documento con enlaces

Normalmente disponemos nuestros documentos en directorios diferentes atendiendo a su significado o naturaleza. Para organizar nuestros documentos sobre Historia podríamos hacer uso de una estructura como la que se muestra a continuación[1]:

```
historia/
   indice.html
   ...
   baja_edad_media/
   reyes_catolicos/
   austrias/
      indice.html
      sigloXVI/
         Carlos_I.html
         Felipe_II.html
      sigloXVII/
         Felipe_III.html
         Felipe_IV.html
         Carlos_II.html
   borbones/
   ...
```

¿Cómo haríamos referencia al documento sobre Felipe II desde el índice del directorio "austrias"? Con:

[1] Los directorios se han indicado en **negrita** y finalizados en /.

```
<LI><A href="sigloXVI/Felipe_II.html">Felipe II</
A>.</LI>
```

Y ahora un ejemplo más "difícil". Suponga que al final del documento sobre Felipe IV queremos insertar dos entradas que lleven de vuelta al índice sobre la Casa de Austria, y al índice general de la Historia. Se trata de un mecanismo muy frecuente en los servidores WWW de Internet: la información se organiza siguiendo el modelo de árbol de los directorios de un disco y hay referencias que permiten profundizar o volver a los niveles superiores de la ordenación, normalmente índices de contenido.

El fragmento de código tendría este aspecto:

```
... le suceder&aacute; su hijo Carlos, incapacitado
para la tarea tit&aacute;nica de sacar al pa&iacute;s
de su estado de postraci&oacute;n.<P>
<BR>
<HR>
<BR>
<BR>
<A href="../indice.html">Volver al &iacute;ndice de
la <B>Casa de Austria</B></A><P>
<A href="../../indice.html">Volver al &iacute;ndice
general de la <B>Historia de Espa&ntilde;a</B></A><P>
...
```

Ha llegado el momento de generalizar. Como ya se explicó al hablar de la directiva **<BASE>** de la cabecera de un documento, cuando un *browser* carga un fichero HTML toma su dirección como base para la construcción de otras direcciones relativas. Si se ha cargado el fichero "/historia/austrias/sigloXVI/Felipe_II.html", el directorio que contiene este documento ("/historia/austrias/sigloXVI/") será la base desde la que se buscarán otros ficheros con referencias del tipo "..". De la misma forma, si el documento cargado es "/historia/indice.html", se tomará como base para construir referencias a /historia, y una llamada a "borbones/Carlos_IV.html" se convierte en realidad en una referencia a "/historia/borbones/Carlos_IV.html".

***Nota:** El directorio raíz (representado por /) no es necesariamente el directorio raíz del sistema o de un disco determinado. Una de las opciones de configuración de un servidor Web* *permite definir un directorio cualquiera como "raíz del servidor" de forma que sólo se podrá acceder a los materiales contenidos en este directorio y a ningún otro, lo que se hace como medida de seguridad y buscando aislar la información exportada del resto de los materiales contenidos en un sistema.*

Se suelen establecer en este directorio raíz ficticio divisiones especiales dependiendo de la temática y naturaleza de los documentos y ficheros contenidos (por ejemplo, un directorio para Historia, otro para Matemáticas, otro para las imágenes, otro para los ficheros de sonido...)

5.3. Referencias internas a un documento

Si imaginamos que el contenido de un servidor WWW es equivalente a un libro, por ejemplo la versión electrónica de esta Guía, ya estamos en condiciones de construir documentos HTML que reproduzcan la mayoría de los elementos propios de un libro, aunque aún nos falta ver algunos bastante importantes: uno es la inserción de imágenes, que veremos más adelante, el otro es la construcción de índices.

Supongamos que estamos trabajando en la versión WWW de esta Guía. Podemos emplear un directorio para cada parte del libro y un fichero HTML para cada capítulo. Podríamos pensar en un fichero para cada una de las secciones, pero eso supone fragmentar en exceso la información y nos apartaría de nuestro propósito.

Ahora que tenemos la Guía en HTML nos dedicamos a trabajar en su índice. Podríamos emplear una lista de varios niveles marcada o numerada (en este caso tendríamos que contar con los mecanismos avanzados de estas listas para manejar la numeración a nuestro antojo):

```
   <!DOCTYPE HTML PUBLIC "-//W3C//DTD HTML 4.0
Transitional//EN">
   <HTML>
   <HEAD>
      <TITLE>&Iacute;ndice. Gu&iacute;a HTML.
Creaci&oacute;n de p&aacute;ginas Web.</TITLE>
```

```
<HEAD>
<BODY>
<H1> &Iacute;ndice. Gu&iacute;a HTML.
Creaci&oacute;n de p&aacute;ginas Web.</H1>
<UL>
    <LI><A href="HTML/cap_01.html">1 WWW</A>.</LI>
    <LI><A href="HTML/cap_02.html">2 El lenguaje
HTML</A>.</LI>
    <LI><A href="HTML/cap_03.html">3 Herramientas</
A>.</LI>
    <LI><A href="HTML/cap_04.html">4 Estructura
b&aacute;sica de un documento HTML</A>.</LI>
    <LI><A href="HTML/cap_05.html">5
Organizaci&oacute;n del texto</A>.</LI>
    <LI><A href="HTML/cap_06.html">6 Hipertexto </
A>.</LI>
    <LI><A href="HTML/cap_07.html">7 Multimedia</
A>.</LI>
    <LI><A href="HTML/cap_08.html">8 Tablas</A>.</LI>
    <LI><A href="HTML/cap_09.html">9 Frames</A></LI>
<!- ... ->
</BODY>
</HTML>
```

Sin embargo, salta a la vista que esto es insuficiente. Lo más natural sería incluir también las distintas secciones de cada capítulo, como en el verdadero índice de la Guía. Si no dividimos cada capítulo en varios ficheros, obtendríamos varias entradas (una por sección) apuntando al mismo fichero. Cuando se trata de la primera sección del capítulo no hay problema, pero para la última no resulta muy adecuado.

¿La solución? En HTML podemos insertar marcas dentro de un documento y hacer referencia a ellas desde otro o desde el mismo.

La inserción de una marca se realiza con el atributo **name** de la directiva **<A>**. Por ejemplo, para marcar la segunda sección del capítulo 6:

```
<!- ... ->
<P>Aunque el n&uacute;mero de directivas empleadas
para obtener documentos externos es muy limitado,
veremos que se trata de un tema con muchas variantes y
sobre el que hay mucho que decir y hacer.</P>
<BR>
<H2><A name="secc2"> 6.2. Referencias locales </A></
H2>
```

```
   <P>En primer lugar vamos a ver la forma de incluir
referencias a documentos locales, de nuestro propio
servidor. Son ficheros almacenados en la misma
m&aacute;quina y en directorios muy cercanos al del
documento que contiene el enlace. Esto
simplificar&aacute; las cosas.</P>
   <!- ... ->
```

Si queremos hacer referencia a una marca dentro de un documento HTML, añadiremos a su nombre el carácter # (almohadilla) seguido del nombre de la marca. El índice quedaría así:

```
   <!- ... ->
   <LI><A href="HTML/cap_05.html">Hipertexto y
multimedia</A>.
      <UL>
      <LI><A href="HTML/cap_06.html#secc1">5.1
Introducci&oacute;n</A>
      <LI><A href="HTML/cap_06.html#secc2">5.2 Referen-
cias locales</A>
         <!- ... ->
      </UL>
   </LI>
   <!- ... ->
```

Esta forma de hacer las cosas es muy frecuente a la hora de trabajar con textos largos o con documentos HTML extensos y subdivididos en secciones claramente identificables. Suele ser bastante frecuente insertar referencias a distintos puntos de un mismo documento (como por ejemplo para hacer referencia a una sección anterior o posterior). También es habitual encontrar un pequeño índice al principio de un documento extenso, lo que suele ser una opción habitual en programas que generan automáticamente código HTML a partir de ficheros en algún formato texto (como Word o WordPerfect).

5.4. Referencias a documentos HTML externos

Ahora podemos construir documentos hipertexto en los que un nombre, una frase, un elemento en una lista nos lleven a otra sección del mismo fichero o de otro distinto.

Esta funcionalidad es extraordinariamente potente y da un alto grado de utilidad y un atractivo especial a nuestros documentos. Sin embargo, seguimos trabajando con materiales de nuestro entorno, no hay "navegación" en la red.

Las tres características que hacen atractivo WWW frente a otros sistemas basados en Internet son hipertexto, multimedia y la navegación por la red. Esta última funcionalidad, también conocida como "*net surfing*", consiste simplemente en la utilización de referencias a documentos externos, de forma que un simple clic de ratón nos puede llevar a un servidor situado en el otro extremo del mundo.

Las referencias a documentos HTML externos se construyen siguiendo la máscara siguiente:

```
http://<dirección del servidor>[:<puerto>]/<directo-
rio>/[<página>[<#marca>]]
```

Este formato es el típico de una URL (*Uniform Resource Locator*), la dirección normalizada de documentos en la red.

La primera parte, **http**, indica el protocolo, en este caso es HTTP, el propio del WWW.

A continuación, la dirección del servidor. Aquí caben dos posibilidades: puede tratarse de una dirección simbólica, con dominios, o de un valor numérico. En el primer caso (por ejemplo www-genome.wi.mit.edu) la dirección se lee de derecha a izquierda: el dominio más general (org, centros de enseñanza superior en Estados Unidos) aparece al principio de la dirección, y le siguen dominios cada vez más específicos (mit, del Massachusetts Institute of Technology, wi de uno de sus departamentos, y www-genome de un proyecto). Cuando se trata de un valor numérico (como 130.209.12.75) es una dirección IP que se lee de izquierda a derecha y que identifica todas las máquinas conectadas a la red.

Nota: *Los nombres de los dominios son valores establecidos desde hace mucho. Una serie especial se dedica a sistemas ubicados en Estados Unidos:* ***gov*** *son sistemas del estado,* ***mil*** *del Ejército,* ***edu*** *de universidades,* ***com*** *de empresas privadas,* ***net*** *representa a redes. Estos dominios, denominados internacionales, van a aumentar en breve con la introducción*

de otros dedicados a tiendas, páginas personales u organizaciones relacionadas con el WWW, entre otros.
El resto de los dominios son nacionales y se representan con dos letras: ***es****, España;* ***fr****, Francia;* ***uk****, Reino Unido;* ***au****, Australia;* ***ca****, Canadá;* ***de****, Alemania;* ***it****, Italia;* ***jp****, Japón;* ***za****, Sudáfrica...*

Opcionalmente nos podemos encontrar con el número del puerto de comunicaciones encargado de WWW. Por defecto siempre es 80, y este es el valor que se asume si no se indica otro. Pero hay ocasiones en las que se emplea un puerto distinto (por ejemplo cuando se mantienen dos servidores en una misma máquina) y es preciso indicarlo expresamente: http2.brunel.ac.uk:8080.

Es el momento de dar la referencia del documento dentro del servidor. Normalmente se compondrá de un directorio seguido de un nombre de fichero (utilizando como separador el carácter /) pero hay circunstancias especiales:

- Puede faltar el nombre del fichero. En ese caso el servidor remoto completará la dirección con un nombre de fichero definido por defecto, normalmente "index.html". Si no existiera este nombre, se visualizaría el contenido del directorio y sería posible navegar entre los directorios de la máquina (saltando hacia atrás con .. y entrando en uno nuevo haciendo clic sobre su nombre).
- La mayor parte de los servidores generan iconos especiales que dan una idea sobre la naturaleza de cada fichero. En la figura 5.2 se muestra un ejemplo de visualización de un directorio.
- Una variante de lo anterior: puede faltar nombre de fichero y directorio. Si nos encontramos con una dirección tan simple como **http://www.wapforum.org/**, tendremos que entender que en realidad vamos a obtener el fichero **http://www.wapforum.org/index.html**.
- Nos podemos encontrar con el símbolo ~. Esto quiere decir que nos encontramos ante la referencia a un fichero situado en el espacio privado de un usuario (normalmente el servidor se encuentra sobre un

equipo UNIX). El nombre del usuario se indica a continuación. Esto hace que el directorio raíz sea uno con un nombre predeterminado (normalmente "public_html") en el espacio de almacenamiento del usuario. Así, en el URL **http://www.smli.com/~bwelch/bwelch.html** estamos buscando el fichero "public_html/bwelch.html" en el directorio privado del usuario "bwelch".

- Por último, puede aparecer un indicador de marca (#) que nos lleva a un punto determinado del documento, como hemos visto en la sección anterior.

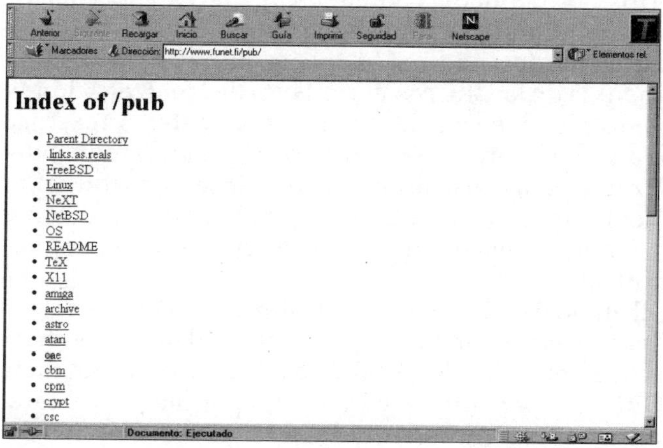

Figura 5.2. Visualización de un directorio

A continuación podemos ver un ejemplo de uso de URL externas, que apuntan a documentos relacionados con HTML:

```
    <LI><B>PERL</B>
      <UL>
      <LI><A href="http://pubweb.nexor.co.uk/public/
perl/perl.html ">The Perl Programming Language</A><BR>
http://pubweb.nexor.co.uk/public/perl/perl.html</LI>
      <LI><A href="http://www.metronet.com/perlinfo/
perl5.html">Perl5 Information, Announcements, and
Discussion - pl5.000</A><BR>http://www.metronet.com/
perlinfo/perl5.html</LI>
      <LI><A href=" http://pubweb.nexor.co.uk/public/
perl/faq/intro.html ">PERL FAQ</A><BR>
```

```
   http://pubweb.nexor.co.uk/public/perl/faq/
intro.html</LI>
      <LI><A href=" http://www.metronet.com/perlinfo/
other-archives.html ">The perl packrats</A><BR> http://
www.metronet.com/perlinfo/other-archives.html</LI>
      </UL>
   </LI>
```

> ***Nota**: Un control de seguridad común a todos los servidores impide mirar en un directorio que se encuentre "por encima" del autorizado (raíz). URL como **http://www.nipumsa.es/../** o **http://www.nipumsa.es/~fulano/../** provocan errores.*

Una URL puede contener caracteres especiales que pueden ser interpretados de una forma especial (por ejemplo la barra de dividir, " / ", que se utiliza para separar los elementos de la URL) en el contexto de la navegación Web. Estos caracteres son de dos tipos: caracteres reservados, que forman parte del conjunto de valores que pueden utilizarse para construir una URL, e inseguros, que aunque no se interpretan en la URL, sí pueden afectar al contexto en el que se encuentre esa dirección (por ejemplo, las comillas).

El envío de estos valores está asociado a la invocación de aplicaciones por medio del protocolo CGI del que se hablará más adelante. En este sistema, la dirección del programa en la URL se separa de sus párametros por medio del carácter interrogación (?) y se sustituyen todos los espacios por el carácter más (+). El resto de las sustituciones se realizan por medio de secuencias de escape en las que un signo de porcentaje antecede a dos dígitos hexadecimales. La tabla 5.1 muestra los caracteres reservados e inseguros aceptados en una URL:

Tabla 5.1. Caracteres especiales dentro de una URL

Carácter	*Descripción*	*Uso*	*Código*
;	Punto y coma	Reservado	%3B
/	Barra de división	Reservado	%2F
?	Interrogación	Reservado	%3F
:	Dos puntos	Reservado	%3A
@	Arroba	Reservado	%40

(Continúa)

Carácter	Descripción	Uso	Código
=	Igual	Reservado	%3D
&	Ampersand	Reservado	%26
<	Menor	Inseguro	%3C
>	Mayor	Inseguro	%3E
“	Comillas	Inseguro	%22
#	Almohadilla	Inseguro	%23
%	Porcentaje	Inseguro	%25
{	Apertura de llaves	Inseguro	%7B
}	Cierre de llaves	Inseguro	%7D
|	Barra vertical	Inseguro	%7C
\	Barra invertida	Inseguro	%5C
^	Acento circunflejo	Inseguro	%5E
~	Signo de usuario	Inseguro	%7E
[	Apertura de corchetes	Inseguro	%5B
]	Cierre de corchetes	Inseguro	%5D
‘	Comilla simple invertida	Inseguro	%60

5.5. Enlaces a otros recursos Internet

Un atractivo especial del uso de URL y, por extensión, de WWW es la posibilidad de acceder a distintas formas de exportar la información propias de Internet sin necesidad de emplear un visualizador diferente. Al margen de que determinados *browsers* permitan tratar con las News o el correo electrónico (como ocurre con Netscape), es posible emplear en un documento HTML referencias a elementos que se apoyan en otros estándares y medios.

Todo depende de la primera parte del URL, el lugar donde se especifica el protocolo. Estos son algunos de sus posibles valores:

- **http://**. Como hemos dicho es el propio de WWW. Los documentos recibidos por esta vía son tratados como ficheros HTML y se descodificarán como tales.
- **ftp://**. Indica servidores y ficheros FTP (*File Transfer Protocol*). Se trata de uno de los servicios más veteranos de Internet, pensado para facilitar la transferencia de ficheros entre máquinas. Por norma general, para acceder a otros sistemas es preciso acreditarse

como usuario, pero el identificador (*login*) especial *anonymous* (que suele tener como *password* la palabra *guest* o la dirección de correo del usuario que accede al sistema) permite entrar en servidores públicos desde los que es posible extraer gran cantidad de software y documentación.

Frente al uso engorroso y lento de la interfaz texto de ftp, el usuario obtiene una visualización más o menos gráfica del contenido del servidor y la posibilidad de navegar en sus directorios, como se ve en la figura 5.3.

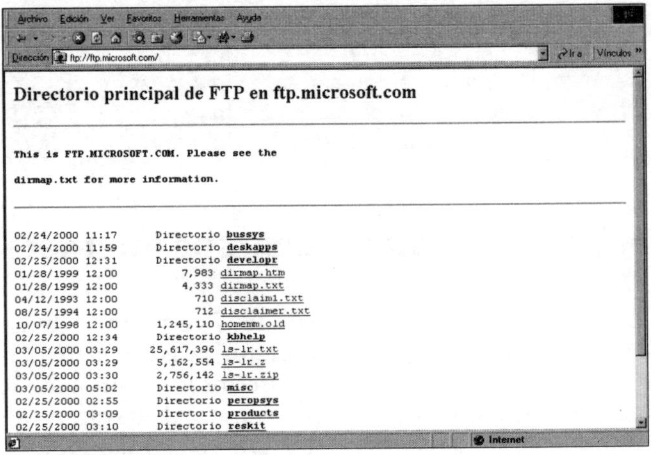

Figura 5.3. Visualización de un directorio FTP

Con sólo hacer clic sobre un fichero se desencadena el proceso de importación sobre su propio disco duro. Su *browser* le pedirá normalmente que confirme la ubicación y nombre del fichero destino.

Las direcciones se pueden escribir de dos formas: sin especificar un fichero, lo que hace que se visualice el contenido del directorio seleccionado, como en **ftp://ftp.aud.alcatel.com/tcl**; o añadiendo el nombre de un fichero, lo que desencadena inmediatamente su carga, como en **ftp://ftp.funet.fi/pub/languages/perl/perlFAQ.tar.gz**.

Una variante de este sistema permite la navegación en ftp identificada. Se trata de anteponer a la dirección del servidor (nombre del dominio DNS, o dirección numérica IP) el nombre del usuario seguido del símbolo arroba (@). Así, la dirección **jfk@cia.gov**, permitiría navegar en los directorios del sistema cia.gov con la identidad y privilegios del usuario identificado como "jfk". En este caso, el *browser* solicita la password del usuario para poder acreditarse ante el servidor.

> ***Nota**: Cuando el* browser *sea capaz de visualizar el fichero seleccionado (si es sólo de texto, o una imagen gif, o código HTML, o cualquier otro tipo soportado) mostrará directamente su contenido en lugar de salvarlo sobre el disco.*

- **file://** o **file:**. Se trata de otra forma de indicar un fichero FTP, aunque se usa habitualmente para identificar la visualización de ficheros locales (por ejemplo cuando se quiere comprobar el resultado de editar un fichero HTML en nuestra propia máquina).
- **gopher://**. Si FTP es un servicio que permite navegar dentro de una misma máquina, Gopher permite navegar entre muchas: un directorio puede ser en realidad un enlace a otro sistema remoto, dando lugar a una red similar a WWW pero sin muchas de sus funcionalidades.

  Normalmente, el visualizador será capaz de mostrar el contenido de un directorio Gopher en una forma parecida a FTP.
- **WAIS**. Se trata de una utilidad de búsqueda de la información que también es soportada desde WWW. Normalmente da lugar a la visualización de una ventana de entrada de datos similar a la producida por **ISINDEX**.
- **telnet:**. Telnet es un protocolo de conexión que permite establecer sesiones en máquinas remotas. Aunque no es muy frecuente encontrarlo en páginas WWW, sigue siendo una forma adecuada para canalizar servicios muy especializados (por ejemplo, muy habitual para acceder a las utilidades de búsqueda en bibliotecas públicas). El enlace desde las páginas WWW es muy simple, se reduce a seguir el formato: **telnet:**<dirección del sistema>. Dependiendo de cómo

esté configurado el *browser*, se invocará a una u otra aplicación y se obtendrá una ventana para soportar la sesión. Debe tenerse en cuenta que en instalaciones apoyadas en *proxy*, las máquinas no suelen estar visibles por razones de seguridad.

- **news:**. Es el enlace al servicio News de USENET. Se especifica el grupo de News (comp.lang.tcl, o es.alt.chistes) y el *browser* activa la utilidad de lectura de News (externa o interna). En ella se muestra la lista de los mensajes disponibles en ese momento. Haciendo clic sobre uno de ellos se obtiene el contenido del mensaje.
- **mailto:**. Seguido de la dirección de correo electrónico de un usuario, es el modo de recoger los posibles mensajes de correo desde el propio *browser*. Activará la utilidad de correo utilizada habitualmente por el usuario (normalmente Netscape Messenger en el caso de Netscape Navigator y Outlook Express en el caso de Internet Explorer).

> ***Truco:*** *Es muy frecuente aprovechar la directiva* ***<ADDRESS>*** *para incluir una llamada a esta función. Por ejemplo:*

```
   <ADDRESS>Ernesto Mate, <A
href="mailto:ermat@nipumsa.es?SUBJECT=Mensaje desde
HTML">ermat@nipumsa.es</A><P>
   NIPUM S.A.<BR>
   c/ Amargura s/n<BR>
   Castroforte del Baralla</ADDRESS>
```

Si se fija con atención en el código anterior podrá ver que tras la dirección de correo electrónico de destino aparece la expresión **¿SUBJECT=Asunto**. Gracias a ella, tanto Netscape Navigator como Internet Explorer (ambos a partir de su versión 4.x) permiten incluir dentro del enlace el asunto del mensaje a enviar.

> ***Nota:*** *En el caso de un PC, la funcionalidad de envío de correo electrónico sólo podrá utilizarse si se dispone realmente de una conexión a Internet que lo permita.*

6 Multimedia

6.1. Introducción

Hasta hace poco tiempo, las funcionalidades multimedia en WWW se limitaban prácticamente a la inclusión de imágenes como parte de los documentos HTML. Sin embargo, la popularidad y difusión del uso de Internet ha propiciado una auténtica explosión en las posibilidades multimedia de WWW: sonidos, vídeos (aunque con escasa calidad), y todo tipo de efectos empiezan a ser habituales en muchas páginas Web, y la cosa no ha hecho más que empezar, sobre todo si consideramos las enormes posibilidades que se vislumbran con la llegada de las redes de alta velocidad.

De todas formas, mientras llegan, las imágenes seguirán siendo uno de los elementos que proporcionen mayor atractivo a los documentos generados en HTML, y a ellas está dedicado este capítulo.

La presentación de imágenes (y, en general, de cualquier elemento multimedia) en un navegador requiere de la existencia de software que sea capaz de manejar los distintos formatos multimedia. Algunos formatos gráficos tienen soporte en "modo nativo" (son visualizados directamente por el *browser*) mientras que otros requieren del concurso de un programa externo para poder ser mostrados al usuario. En el caso de otros formatos (vídeos y sonidos) la segunda forma de operar es muy frecuente, lo que impide a un usuario que carezca de los programas de visualización apropiados acceder a esta información.

6.2. Formatos multimedia

No todos los ficheros que contienen gráficos siguen la misma convención en su almacenamiento. Existen varios formatos que permiten, entre otras cosas, comprimir en distinto grado la información. Los más habituales son GIF (*Graphics Interchange Format*), JPEG (*Joint Photographic Experts Group bitmap*) y su variante JPG, los mapas de bits (BMP, XMP, XBM), PNG (*Portable Network Graphics*), TIFF (*Tagged Image File Format*), EPS (*Encapsulated PostScript*) o PCX (de Paintbrush).

> ***Nota:*** *La mayor parte de estos formatos se hallan asociados a alguna aplicación, pero estos mismos programas suelen disponer de opciones que permiten salvar una imagen en un formato distinto. Asimismo existen bastantes utilidades de conversión de gráficos que realizan esta tarea.*

No todos estos formatos son soportados directamente por los *browsers* WWW. En realidad sólo dos, GIF y JPEG son reconocidos universalmente. También XMP, XBM, y BMP (en sistemas basados en Windows) suelen ser soportados directamente. Los demás necesitan de aplicaciones externas para poder ser visualizados. PNG es un sistema nuevo propuesto como una solución específica para Internet. Aunque los *browsers* más modernos lo soportan, y parece que empieza a extenderse su uso, continúa siendo un formato minoritario con relación a los "clásicos" (GIF y JPEG).

6.2.1. GIF

GIF es un formato creado por Unisys para Compuserve que tras algunas dudas ha permanecido como una utilidad de uso público.

GIF se basa en un sistema de compresión (LZW) muy simple que, por ello, no permite obtener unas tasas de reducción muy altas. Trabaja con un máximo de 256 colores por *pixel*. Para simular colores fuera de la paleta establecida hace uso del mecanismo conocido como *dithering*, que consiste en obtener una aproximación al color combinando los valores de los *pixels* colindantes. La limitación en el número de colores acaba provocando conflictos con otras aplicaciones presentes en el mismo sistema de visualización, disputándose entre ellas los colores de la paleta.

Al ser muy simple el mecanismo de compresión, la recuperación de los ficheros también es muy rápida. Además no hay degradación en la imagen si ésta se ajusta al número de colores disponibles. Esto, unido a que ha sido un temprano estándar en la transferencia de imágenes en red ha contribuido a hacer de GIF el formato más habitual en WWW, y el único soportado universalmente.

Además, GIF permite realizar operaciones especiales:

- **Fondos transparentes**, lo que permite sustituir uno de los colores por una máscara especial que hace que se muestre el fondo sobre el que se apoya la imagen. Esta funcionalidad se usa profusamente en el WWW. En la figura 6.1 se muestra un ejemplo de imágenes con fondo transparente y sin él.
- **Extensiones multimedia**, que permiten, por ejemplo, comprimir varias imágenes a modo de filmación en un mismo fichero, o incorporar extensiones MIDI para sonido. La utilización más habitual es el GIF animado, una colección de varias imágenes que se muestran sucesivamente de acuerdo con un patrón establecido por el creador que indica tiempos de espera entre imágenes, y repeticiones. En la red encontrará muchas colecciones de este tipo de imágenes, aunque también puede construirlas con la ayuda de aplicaciones especializadas.
- **Interlaced o enlazado**, una forma especial de almacenamiento de la imagen que permite visualizarla completamente mientras mejora la definición de forma general. Consiste en distribuir los componentes de la imagen en el fichero formando "capas" o áreas de visualización parcial. El efecto conseguido es de la obtención de un boceto de la imagen que se refina progresivamente hasta obtener el resultado final.

Los ficheros GIF emplean 256 colores, pero a la hora de visualizarlos, los *browsers* no permiten emplear cualquier color. Con relativa frecuencia se experimenta un curioso fenómeno: la diferencia entre los colores empleados al construir la imagen y los que finalmente aparecen en la ventana de visualización.

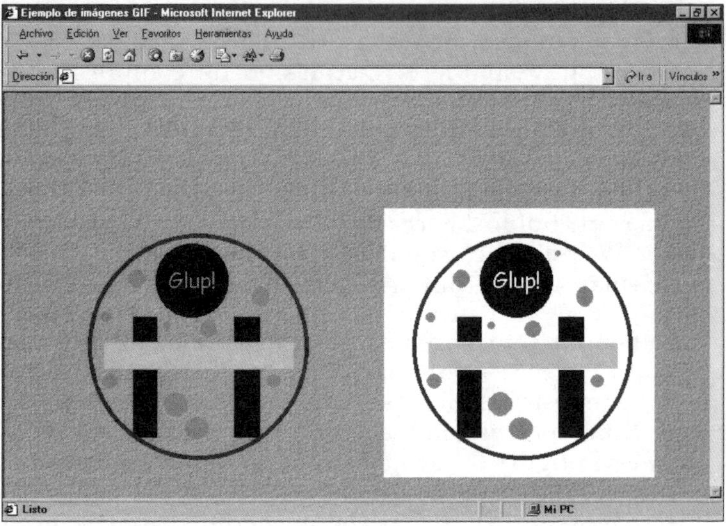

Figura 6.1. GIF con fondo transparente

Navigator de Netscape (y también Internet Explorer) emplean una paleta determinada, es decir, una colección de colores que se toman como referencia a la hora de visualizar las imágenes. Si el color de un pixel determinado de la imagen coincide con alguno de los colores de la paleta no hay problema, pero si no tiene equivalente en ella, el visualizador "aproxima" el color a otro de la paleta, lo que se conoce como *dithering*. De esta forma, las imágenes no se ven en los colores originales sino en una interpretación que hace el visualizador empleando los colores propios de su paleta.

Por si fuera poco, la paleta no contiene exactamente 256 colores. En Windows, los 10 primeros y los 10 últimos están reservados para uso del sistema. Netscape se reserva 13 para su logotipo. Los restantes (223) se reducen a 216 por que es el cubo más cercano: 6 x 6 x 6 colores. Estos colores se forman con los valores 00, 33, 66, cc y ff de los tres componentes RGB de color. Esta paleta existe y puede emplearse en los distintos programas de creación de imágenes (algunas, como Photoshop, ya la incluyen en el sistema).

En Unix la cosa se puede complicar, ya que ante una situación de falta de colores el cubo de posibles valores puede verse reducido a 5 x 5 x 5 o 4 x 4 x 4 (48 colores disponibles). Así que aunque nuestra imagen esté construida con la paleta de 216 colores, en determinados sistemas el visualizador hará una operación adicional de *dithering*.

6.2.2. JPEG

JPEG es un formato de almacenamiento de imágenes cuyo algoritmo de encriptación, más sofisticado que el de GIF, es de dominio público. Esto quiere decir que desarrollar software para trabajar con este formato no implica el pago de derechos a ninguna compañía.

Este algoritmo permite un nivel de compresión mayor, lo que se traduce en ficheros más pequeños, algo que es de gran utilidad cuando trabajamos con redes. Por contra, devolver estos ficheros a su formato original supone un esfuerzo mayor que si trabajáramos con GIF (un esfuerzo, por otra parte, despreciable si consideramos la potencia de cualquier ordenador personal medio de hoy en día).

En el aspecto puramente gráfico, soporta colores de 24 bits por pixel, lo que supone 16,7 millones de colores distintos. El algoritmo de compresión, que se basa en el tratamiento de ciertos aspectos de la imagen, puede producir cierto grado de degradación del gráfico. También soporta un modo especial de almacenamiento para recuperar gradualmente la imagen (*interlaced*).

6.2.3. PNG

El *Portable Network Graphics* es un formato gráfico relativamente reciente (el primer borrador del mismo apareció a principios de 1995). Fue desarrollado conjuntamente por el W3C y Compuserve con el objetivo de reemplazar al GIF y definir un nuevo estándar que resolviese definitivamente los problemas de la transferencia y visualización de imágenes en el WWW.

Las tres características que pretenden marcar distancias entre PNG y los demás formatos son:

- **Fidelidad**, se pretende que los colores de la imagen original se muestren tal como son en cualquier plataforma.

- **Compresión**, comparados con sus equivalentes GIF, las imágenes PNG son un 30% más pequeñas. Ello se debe a la utilización de ZIP como formato de compresión (que es público, con lo que se eliminan posibles problemas futuros de derechos) y a un mecanismo que busca identificar y reducir áreas horizontal y verticalmente (cuando en GIF sólo se hace en el primer sentido).
- **Velocidad**, el mecanismo de *dithering* incorporado permite ver la imagen final cuando se ha cargado tan solo un 1/64 del total del fichero (en GIF es preciso haber obtenido un octavo del fichero).

La difusión de PNG no ha sido tan grande como se esperaba en un principio, aunque empieza a estar presente como formato nativo en los principales navegadores y herramientas de construcción de gráficos.

6.2.4. Elección de formato gráfico

La selección del formato gráfico es una decisión de gran transcendencia. Mientras PNG no acabe de imponerse como una solución universal (lo que no parece cercano), hay que optar entre GIF o JPEG ¿Qué carta hay que jugar en esta apuesta? Tenemos que considerar varios factores:

- Por su carácter de estándar enteramente público, la balanza se inclina hacia JPEG.
- También juegan a favor de JPEG el menor tamaño de sus ficheros, lo que se traduce menor tiempo de transmisión, si bien el complejo mecanismo de descompresión ralentiza la parte final de la transferencia.
- Las imágenes en JPEG son más fieles al original: conservan mejor sus colores sin pasar por el incómodo mecanismo de *dithering* de GIF.
- Sin embargo, GIF es reconocido universalmente por todos los *browsers*, existen muchas herramientas para generar y modificar los ficheros construidos en este formato, y las extensiones multimedia hacen atractivo su uso hasta para los más reticentes a depender de los caprichos de Unisys.

- La solución más habitual consiste en emplear ficheros GIF para la mayor parte de los iconos de las páginas que, por regla general, son pequeños o tienen pocos colores, dejando los JPEG para la transferencia de gráficos de calidad. Esto ha acabado derivando en el uso generalizado de los *thumbnails*, pequeños equivalentes GIF de ficheros más grandes (en JPEG o GIF) que, como muestras, indican al usuario que puede obtener si decide recuperarlos.

En la figura 6.2 se muestra un ejemplo de uso de *thumbnails*.

Figura 6.2. Uso de *thumbnails*

Por defecto, use GIF, pero tenga siempre a mano, sobre todo si quiere hacer transferencia de gráficos grandes o complejos, el equivalente en JPEG. Y un consejo, esté pendiente de las novedades en esta área, dado el gran dinamismo existente (el uso de PNG está aumentando y la incorporación del HTML dinámico ofrece un gran abanico de posibilidades para desarrolladores creativos).

Por último, una vez seleccionado el formato, haga uso de alguno de los mecanismos para reducir el tiempo de espera del usuario y el tamaño de la imagen. Convertir un archivo a su equivalente *interlaced* hace que el usuario obtenga antes una idea del contenido de la imagen, aunque sin reducir el tamaño de ésta. Para este menester hay aplicaciones que analizan la imagen y reducen el número de bits empleados para representar cada color, con lo que se consiguen notables reducciones de tamaño (por ejemplo, Adobe Photoshop o Paint Shop Pro).

6.2.5. Otros formatos. *Plugins*

Sin embargo el mundo no acaba en GIF, JPEG o PNG. Durante los últimos años (y en parte debido al fenómeno de Internet) las capacidades multimedia de los ordenadores en general, y de los personales en particular, han alcanzados cotas inimaginables hace tan sólo una década. Equipos que hasta hace poco eran de acceso exclusivo para estudios profesionales de grabación y montaje están hoy en día al alcance de cualquier usuario medio. Esto ha producido la aparición de multitud de formatos para albergar todo tipo de información multimedia, desde paisajes virtuales y animaciones en dos y tres dimensiones a vídeos y efectos musicales.

Siguiendo esta estela de explosión multimedia, los *browsers* han evolucionado ofreciendo cada vez mayor soporte a todos estos nuevos formatos. Sin embargo, el número de ellos que los navegadores son capaces de manejar de forma nativa, aunque creciente, es pequeño en comparación a la totalidad de los existentes. La forma de solventar este problema es utilizar programas auxiliares, capaces de manejar estos formatos específicos. Estos programas pueden ser externos y se invocan cuando se recibe el fichero, o internos, también conocidos como *plugins*, que actúan como componentes auxiliares del visualizador. Un *plugin* es un bloque de código que, de acuerdo con una especificación emitida por el fabricante del *browser*, incorpora los mecanismos apropiados para que ante la presencia de un formato determinado, el *browser* invoque ese fragmento de código como una parte de su ventana de visualización y presente allí el resultado de interpretar el fichero. En la figura 6.3 se puede ver el efecto de utilizar un *plugin* que interpreta ficheros en formato VRML dentro de un *browser*.

Los *plugins* tienen su origen en la versión 2.0 de Navigator de Netscape, aunque son soportados por Internet Explorer desde la versión 3.0. Resultan un mecanismo muy cómodo para extender la capacidad de visualización multimedia del *browser* sin incrementar el volumen ni la complejidad de éste. El usuario sólo dispone de los *plugins* que necesita, y el visualizador no tiene que tratar de interpretar todos los posibles formatos de información en la red. Más aún, muchos de estos *plugins* son capaces de descargarse e instalarse automáticamente (con la autorización del usuario, por supuesto) cuando se detecta un nuevo formato, con lo que se simplifica aún más su uso[1].

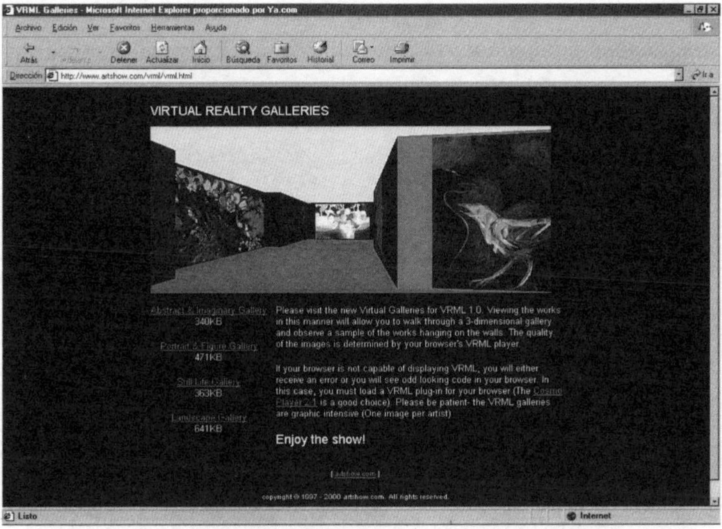

Figura 6.3. Uso de un *plugin* para visualizar un fichero VRML

> ***Nota:*** *Desgraciadamente, la especificaciones sobre cómo deben ser los* plugins *en los dos principales navegadores (Internet Explorer y Netscape Navigator) son distintas entre sí, obligando a los fabricantes a generar una versión específica para cada tipo de navegador.*

Para que todo esto funcione, el navegador debe contar con algún mecanismo que le indique el formato asociado a un determinado fichero, así como la aplicación correspondiente que deberá manejar dicho formato. Este mecanismo es la norma MIME (*Multipurpose Internet Mail Extension*), que es un estándar de Internet creado originalmente para ayudar en la transferencia de ficheros de cualquier tipo como parte de un mensaje de correo electrónico (algunas

[1] En ocasiones, y como resultado de acuerdos comerciales, ciertos *plugins* se proporcionan como parte de la instalación básica de los *browsers*, contribuyendo así a la difusión de un formato determinado.

herramientas de correo son capaces de mostrar imágenes e incluso directivas HTML como parte de un mensaje, como se puede ver en la figura 6.4). Así, los *browsers* reciben de los servidores, junto a cada fichero, una indicación de su tipo de acuerdo a esta norma, facilitando su tratamiento posterior.

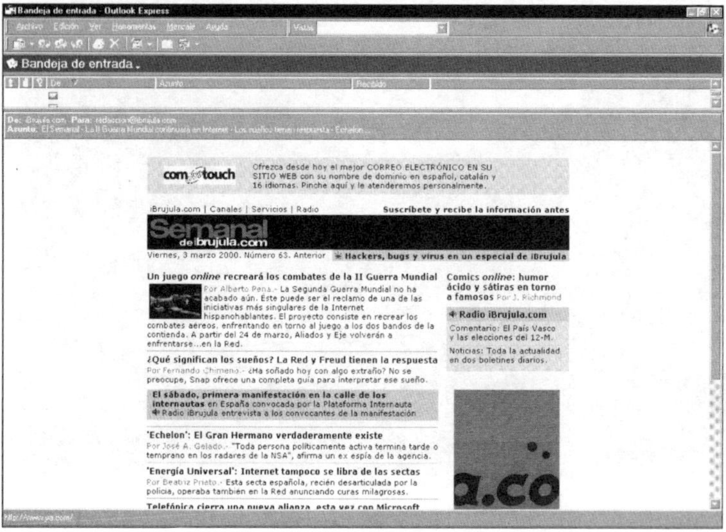

Figura 6.4. Correo MIME

Desde el punto de vista del servidor, por medio de unos ficheros de configuración se asigna a un conjunto de ficheros, determinado por su extensión, un tipo MIME. Por ejemplo, un fichero .html es de tipo "text/html", un fichero .gif es un "image/gif", y una filmación en formato .mov es del tipo "video/quicktime".

Cuando el servidor envía un fichero, identifica su tipo y lo pasa al cliente. Éste, por su parte, tiene también sus propios ficheros de configuración MIME, pero ahora asocian un tipo a una forma de actuar ante el objeto. Por ejemplo, Netscape Navigator para Windows establece tres acciones principales para un tipo MIME: "Navigator" indica que será el visualizador el que se encargue de interpretar el objeto (como ocurre con los ficheros HTML o GIF por ejemplo); "Guardar en disco" indica que no hay ninguna acción predeterminada y que debe preguntarse al usuario dónde salvar el objeto como fichero; "Aplicación" informa al *browser* qué aplicación debe arrancar para mostrar en ellas el objeto (admite valores como "WINWORD" o "MPLAYER"). En la figura 6.4 puede verse la pantalla de configuración de Netscape Navigator 4.5 donde se define el tipo MIME "video/x-ms-asf" (un formato de emisión de audio y vídeo definido por Microsoft).

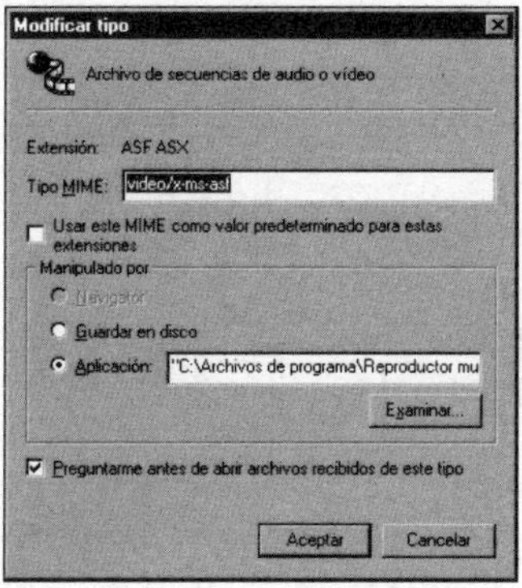

Figura 6.5. Definición de tipos MIME en Netscape Navigator

A la vista de esta situación, tenemos dos formas de operar: podemos hacer que nuestro objeto multimedia se cargue en el momento de visualizar la página, como ocurre con las imágenes manejadas de forma nativa, o dejar que sea el usuario el que guarde el objeto y busque la forma de visualizarlo o hacer el uso que considere más conveniente.

En el primer caso tenemos que hacer uso de la directiva **IMG** o de **EMBED** (esta última se verá con más detalle en el capítulo 12) si va a ser procesado por un *plugin*. No es un inconveniente que el objeto señalado no sea una imagen, dependerá de la configuración del *browser* el que se interprete adecuadamente. Por ejemplo:

```
<IMG src="/sonidos/saludo.au">
```

provoca la carga de un fichero con sonidos en el momento de visualizar la aplicación. Si el ordenador del cliente cuenta con la capacidad (hardware y software) de reproducir adecuadamente los sonidos y el *browser* ha sido configurado para que llame a la aplicación adecuada[2], el usuario oirá el mensaje.

La segunda opción es una variante de la forma de trabajar con *thumbnails*. Un texto puede explicar el contenido del fichero y servir de entrada al enlace:

```
<LI><A href="/filmaciones/
colision.mpeg">Colisi&oacute;n</A> de dos masas
nubosas.</LI>
```

Hace que la página se visualice normalmente y que sólo si el usuario quiere visualizar la filmación haciendo clic sobre el enlace, se cargue el fichero y se invoque a la aplicación visualizadora de archivos MPEG, o en su defecto se grabe en el disco.

No se puede terminar un apartado sobre *plugins* y formatos multimedia sin hacer referencia a dos temas de máxima actualidad. Por un lado, la gran difusión que está teniendo el visualizador Shockwave, de la empresa MacroMedia, cuyo formato asociado permite definir presentaciones multimedia de gran vistosidad, incluyendo imágenes, animaciones, sonidos, enlaces..., todo ello con un tamaño de archivo bastante reducido. No es extraño ver en la actualidad sitios Web cuya primera página contiene una presentación en este formato, como en el ejemplo mostrado en la figura 6.6.

La otra gran protagonista de la actualidad multimedia en Internet es la tecnología conocida como *streaming*. Su principal característica es que permite a los usuarios recibir audio y vídeo a través de Internet, empezando su reproducción inmediatamente, a diferencia de los mecanismos anteriores que obligaban a la descarga completa del recurso. El resultado es similar a la recepción de la señal de televisión o de radio, con la inevitable diferencia de calidad debida principalmente a la poca velocidad del medio de transmisión[3]. En este campo, son tres los competidores que

---

[2] La llamada a una u otra aplicación depende de la extensión del fichero. Cuide de no utilizar extensiones que no estén estandarizadas o que no sean reconocibles.

[3] Mientras no se generalice el uso de redes de alta velocidad serán habituales los conocidos "saltos", producidos en la emisión de *streams* por la pérdida de paquetes intermedios de información.

destacan en la lucha por imponer sus formatos y reproductores respectivos: RealNetworks (RealPlayer), Microsoft (Windows Media Player) y Apple (QuickTime).

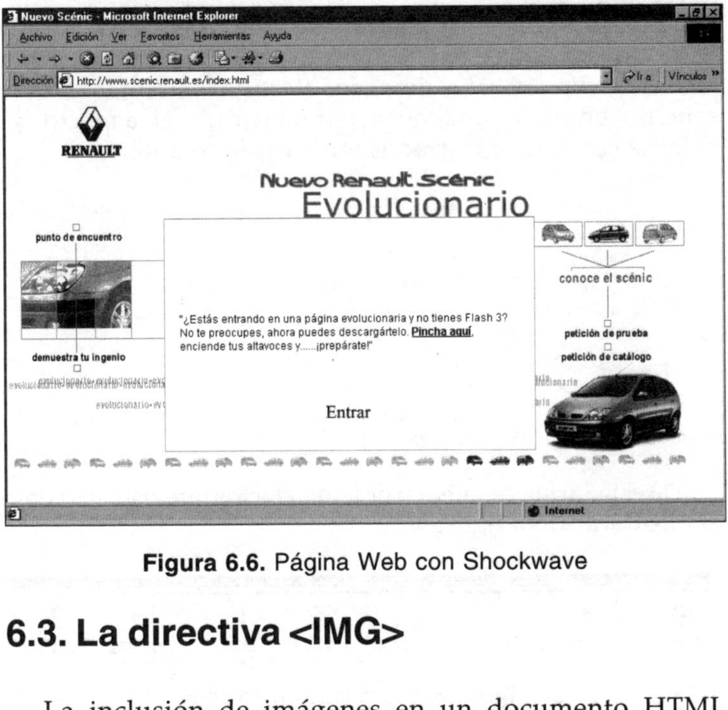

Figura 6.6. Página Web con Shockwave

6.3. La directiva <IMG>

La inclusión de imágenes en un documento HTML precisa de la directiva **<IMG>**. Hace uso esencialmente de un atributo, **src**, que sirve para indicar la dirección de la imagen que se está empleando:

```
<IMG src="/dibujos/flecha.gif">
```

Es una directiva que no precisa cierre y que se puede ubicar en cualquier lugar como un elemento más del texto, incluso se ve afectada por la acción de directivas como **<CENTER>**[4]. Por ejemplo, resulta muy sencillo insertar imágenes dentro de un índice de definiciones:

---

[4] Se recuerda que en HTML 4.0 se desaconseja el uso de directivas que, como **<CENTER>**, describan detalles de visualización, recomendándose en su lugar las hojas de estilo.

```
<DL>
  <DT><IMG src="dibujos/bola_azul.gif"> Primer pun-
to</DT>
  <DL>Aquí se tratan los primeros aspectos ...
```

Una aplicación muy habitual de los gráficos es incluirlos dentro de un enlace para conseguir el efecto de navegación al hacer clic sobre la imagen. Resulta extremadamente sencillo emplear imágenes para mejorar el aspecto de enlaces como los mostrados en el capítulo anterior:

```
<!- Recuerde se ignora el salto de línea como
separador ->
  <A href="../indice.html">
  <IMG src="/dibujos/flechas/arriba.gif">
 Volver al &iacute;ndice de la <B>Casa de Austria</
B></A><P>
  <A href="../../indice.html">
  <IMG src="/dibujos/flechas/retorno.gif">
 Volver al &iacute;ndice general de la <B>Historia de
Espa&ntilde;a</B></A><P>
```

De esta forma se pueden obtener efectos tan vistosos como el mostrado en la figura 6.7.

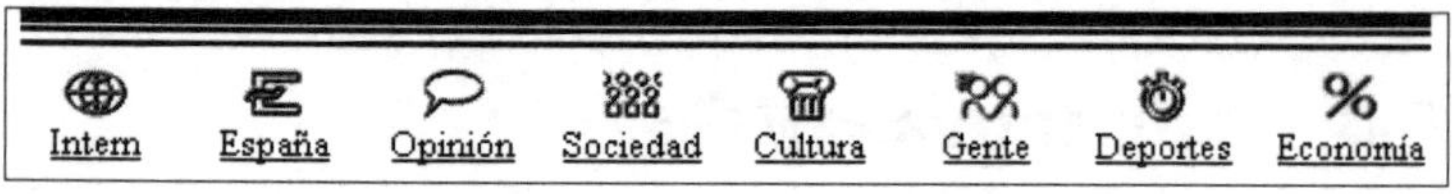

Figura 6.7. Gráficos en enlace

6.3.1. Textos alternativos y barras de comandos

Un signo de cortesía y una medida prudente es tener en cuenta a los usuarios que hagan uso de *browsers* no gráficos. También hay que tener presentes los casos en los que el *browser* cliente no interprete correctamente nuestras imágenes, que éstas lleguen con errores, o que el usuario renuncie a verlas.

En todos estos casos es importante poder dar de una u otra forma la información que queríamos suministrar con las imágenes. Estas circunstancias se aplican, obviamente, a aquellas figuras que tengan un cometido operativo real y no meramente ornamental (como las bolas en una lista). Un caso habitual es el uso de barras de botones.

Se trata de una serie de gráficos, asociados a enlaces, que tienen el mismo tamaño y aspecto, aunque distinto contenido y significado. Suelen presentarse en la parte inferior o superior de la pantalla, y su aparición se repite a lo largo de las páginas del servidor, como un componente que da coherencia al contenido de las páginas. En la figura 6.8 se muestra un ejemplo real de este tipo de elementos:

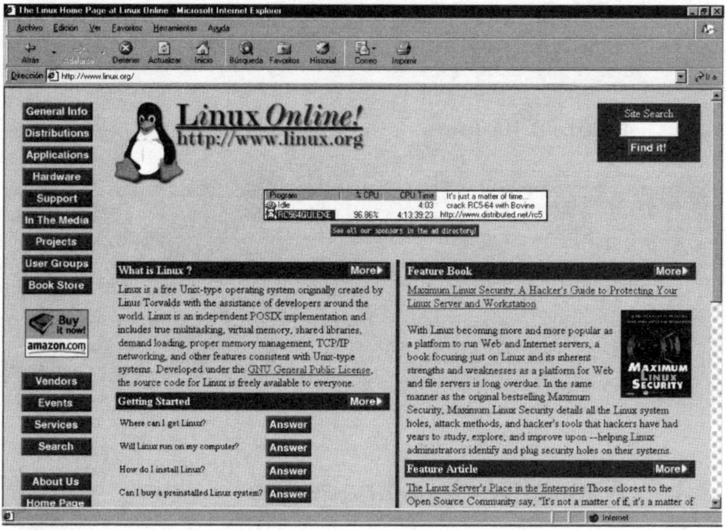

Figura 6.8. Barra de herramientas

Pues bien, si nuestro usuario no quiere o no puede ver estas imágenes, ¿cómo le indicamos la función de cada uno de los iconos? Por medio del atributo **alt**. Podemos indicar un texto explicativo que resuma la función o la información de la imagen y el *browser* lo mostrará cuando haya alguna causa que impida incluir la imagen. Por ejemplo:

```
<IMG src="/figuras/flechas/anterior" alt="[Indice
principal]">
```

hará que se muestre el texto "[Indice principal]" cuando por una u otra causa no sea posible visualizar la figura correspondiente. En las figuras 6.9 y 6.10 se muestra una barra de herramientas con y sin figuras:

Figura 6.9. Barra de herramientas con imágenes

Figura 6.10. Barra de heramientas sin imágenes

> *Nota: En la mayoría de los* browsers, *las imágenes que están pendientes de carga se señalan con un símbolo especial. Ese mismo signo, modificado (generalmente partido), indica que se produjo un error al cargar la imagen. Un símbolo especial, normalmente conteniendo una interrogación, señala que no se pudo hallar la figura en el servidor (un fallo que se produce más veces de las que sería razonable esperar).*

6.3.2. Alinear texto e imágenes

La alineación de la directiva <IMG>, que se define mediante el atributo **align**, se orienta horizontal y verticalmente con respecto al texto. El uso primario de este atributo es el de situar la imagen con respecto a la línea de texto en la que se encuentra. Para ello, toma tres valores distintos:

- **top**: hace que el borde superior de la imagen coincida con el borde superior del elemento más alto del texto. Si no hay otras imágenes en la línea, ese borde será el del texto.
- **middle**: el centro de la imagen se alinea con la línea de base del texto.
- **bottom**: hace que la línea de base del texto (*baseline*) coincida con el borde inferior de la imagen.

La figura 6.11 muestra la forma en que imágenes y texto se alinean en un *browser* WWW.

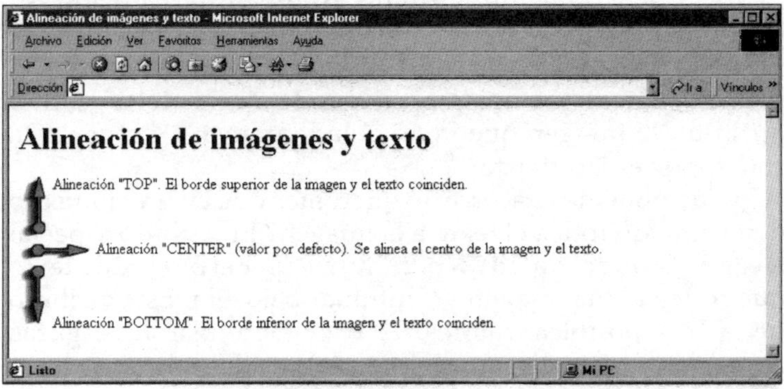

Figura 6.11. Alineación de imágenes

Netscape admite además los valores:

- **texttop**: hace que el borde superior de la imagen coincida con el borde superior del texto, ignorando otros elementos aunque sean más altos que el texto.
- **absmiddle**: se centra la imagen con el eje central del texto.
- **baseline**: tiene el mismo efecto que **bottom**.
- **absbottom**: hace que el borde inferior del texto coincida con el borde inferior de la imagen.

La alineación horizontal es de dos tipos. En primer lugar tenemos la producida por el uso de la directiva **<CENTER>**, **<DIV>**, o del atributo **align** de **<P>**. En este caso, la imagen se ajusta a la alineación de los elementos delimitados por las directivas mencionadas. Así, si quisiéramos mostrar centrada una imagen, podríamos dejarla dentro de un área delimitada por **<CENTER>** o **<DIV align="center">**, como en el siguiente ejemplo:

```
   <CENTER>
   <IMG src="elprado/meninas.jpeg" alt="Las meninas de
Velázquez"><BR>
   </CENTER>
```

El segundo tipo de alineación se debe a la existencia de "imágenes flotantes" que interactúan con el texto. Esto supone también hacer uso de unos atributos no descritos aún en la directiva **
**.

Los dos valores del atributo **align** son **left** y **right**. El primero hace que la figura quede en el lado izquierdo de la pantalla y el texto la rodee (por completo, no sólo la primera línea). Lo mismo se puede decir del segundo atributo: la imagen queda en el lado derecho y el texto la rodea por el izquierdo.

¿Qué podemos hacer si no queremos que en un momento determinado rodee el texto a la imagen? El atributo especial **clear** de la directiva **
** permite romper el bloque de texto que rodea a una imagen y continuar bajo ella. Este atributo tiene tres posibles valores: **left**, evita rodear las figuras alineadas a la izquierda; **right**, las alineadas a la derecha; y **all**, todas.

El ejemplo mostrado en la figura 6.12 explica perfectamente la forma de operar de estos valores.

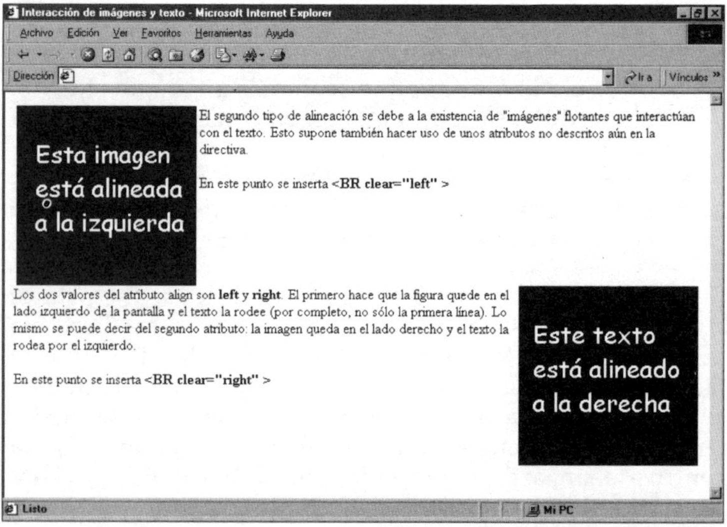

Figura 6.12. Alineación horizontal de las imágenes

6.3.3. Tamaño y disposición de las imágenes

Otra operación muy interesante es la inclusión de las dimensiones de la figura. Esto tiene como objeto acelerar la carga de páginas con imágenes: cuando el *browser* está descodificando la página y se encuentra con una figura puede conocer *a priori* su tamaño, reservar el área adecuada en pantalla y continuar con el resto del contenido de la página mientras se carga la imagen a un ritmo normalmente más lento. De esta forma, el usuario puede ver el contenido (texto) de la página antes de disponer de sus imágenes lo que le permite, dado el caso, saltar a otra página o volver atrás sin necesidad de que se cargue todo su contenido.

Esta operación se realiza por medio de dos atributos especiales: **width** y **height**. Ocurre que no es necesario que contengan las dimensiones reales de la imagen, sino aquellas que crea más conveniente el autor, de tal forma que se puede conseguir algo parecido a los *thumbnails* sin reducir físicamente las imágenes.

En este mismo sentido, también es posible especificar la separación entre imagen y texto con los atributos **vspace** (vertical) y **hspace** (horizontal). Los valores siempre se especifican en pixels. Dado que *a priori* se desconocen las dimensiones de la ventana de visualización y la definición de la pantalla del usuario, conviene ser muy prudente con el uso de estos atributos.

> ***Truco**: Hay una forma muy sencilla de crear "espacio vacío" en nuestras páginas, lo que puede ser muy importante para construir márgenes*[5] *o crear determinados efectos en pantalla. Podemos hacerlo de dos maneras: con **width** y **height** definimos el espacio que deba ocupar la imagen, si ésta es transparente o de un solo color, el efecto será el de un recuadro vacío o sólido, según nuestras necesidades; con **vspace** y **hspace** no cambia el tamaño de la imagen, con lo que podemos definir un gran espacio para ella y visualizarla o no si optamos por hacer de toda ella un fondo transparente.*

También podemos establecer el tamaño del borde de una imagen. Por defecto, las imágenes no tienen borde a menos que se encuentren dentro de un enlace, en ese caso adquieren un borde de tamaño predeterminado y del mismo color que el empleado para señalar un enlace. Y esto es

[5] Cuando se expliquen las hojas de estilo en el capítulo 10, se verá un mecanismo mucho más elegante de definir márgenes de página.

así a menos que se especifique lo contrario con el atributo **border**[6]. Si quisiéramos que una imagen, aun dentro de un enlace, no tuviera borde usaríamos:

```
   <A href="/indice.html"><IMG src="/figuras/home.gif"
border="0"></A>
```

Si para enfatizar la misma imagen, deseamos un borde mucho más grueso, emplearíamos:

```
   <A href="/indice.html"><IMG src="/figuras/home.gif"
border="4"></A>
```

En la figura 6.13 se muestra un ejemplo de trabajo con el atributo **border**:

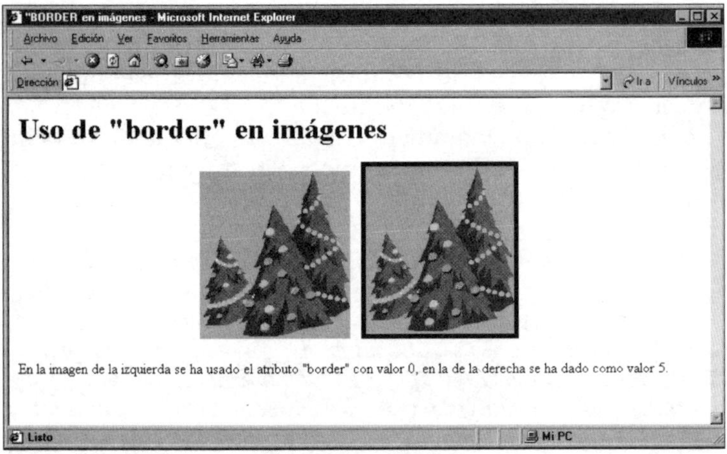

Figura 6.13. Tamaño del borde de una imagen

Antes de terminar este apartado, vamos a comentar un atributo especial introducido en Netscape Navigator a partir de la versión 4. Se trata de **supress**, que puede tomar los valores **true** y **false** y que sirve para indicar al navegador si debe mostrar, durante la carga de imágenes, un icono identificativo de las mismas y el texto definido en el atributo **alt**. El valor por defecto de este atributo es **false.**

---

[6] En la especificación de HTML 4.0 se desaconseja el uso de este atributo, junto con el de **align**, **hspace** y **vspace**, en favor de las hojas de estilo.

> *Nota: El atributo* ***border*** *con valor cero es un elemento muy práctico cuando dentro de un enlace se tiene una imagen con fondo transparente. De otra forma, el borde descubriría el artificio de la transparencia.*

6.4. Extensiones multimedia de Navigator e Internet Explorer

Las últimas versiones de los navegadores más populares (Netscape Navigator 4.x e Internet Explorer 4.x y superior) dan soporte a prácticamente todos los atributos de la directiva **<IMG>** definidos por la especificación HTML 4[7]. Sin embargo, en un intento de experimentar con nuevas técnicas y de diferenciarse de sus competidores, los fabricantes de *browsers* han añadido desde hace varias versiones un conjunto de extensiones, en forma de atributos y directivas especiales, que repasaremos a continuación.

6.4.1. Extensiones en <IMG>

Un atributo interesante, no recogido en la recomendación HTML 4.0 pero que proporcionan tanto Netscape Navigator (que lo introdujo en su versión 3) como Internet Explorer (desde su versión 4), es **lowscr**, que permite especificar una imagen auxiliar. Este gráfico se carga en primer lugar y sólo cuando ha finalizado el visualizador de traerlo, empieza la carga de la imagen definitiva (la apuntada en el atributo **src**). El objetivo de utilizar la primera imagen es suministrar una versión reducida (baja resolución, menos colores...) que se transfiere antes por la red de forma que el usuario disponga lo antes posible del objeto que se quiere enviar. Así, si se quiere acelerar la obtención de una fotografía en color, se puede enviar una versión en grises con menor resolución.

[7] El atributo **longdesc**, que especifica un enlace a una descripción de la imagen más extensa que la indicada por **alt**, no está soportado por ninguno de los principales navegadores.

Este mecanismo tiene otros usos, como puede ser un rudimentario sistema de animación. En ciertas páginas se envía como imagen de baja resolución un detalle general del contenido, y a continuación se envía como definitiva una imagen más detallada, a modo de *zoom*.

6.4.2. Extensiones especiales de Explorer

Internet Explorer acumula la mayor parte de las extensiones especiales multimedia. Este *browser* contiene visualizadores internos de ficheros de vídeo y mundos VRML (*Virtual Reality Modeling Language*[8]). Para incluir este tipo de contenidos se usa dentro de la directiva **<IMG>** el atributo **dynsrc** que apunta al fichero que contiene el fragmento a reproducir. Como alternativa (en los *browsers* que no soporten esos formatos) se puede incluir un atributo **src** que apunte a una imagen en uno de los formatos habituales. Este es un ejemplo de inclusión de un fichero de vídeo en Internet Explorer:

```
<IMG dynsrc="filmaciones/animacion.avi"
src="dibujos/animacion.gif" alt="[Animacion]">
```

El contenido reproducido se muestra dentro de la ventana de visualización dispuesta para la imagen (y que se puede definir con **width** y **height**) tal y como se muestra en la figura 6.14. La visualización se puede complementar con unos controles de visualización mediante la inclusión del atributo **controls** en la directiva. Este atributo no precisa que se le asigne ningún valor.

Otro atributo de **<IMG>** asociado a las secuencias de vídeo es **loop**, que indica el número de veces que se repetirá la secuencia. Si en lugar de utilizar un número se le asigna el valor "**infinite**", la filmación se continuará repitiendo sin fin (al estilo de los gifs animados).

Es posible también determinar el momento en el que comenzará la visualización con el atributo **start**. Si toma el

---

[8] VRML es un lenguaje de especificación de escenarios y objetos en realidad virtual. No es el único ni el mejor, pero sí el más popular y sencillo. Su nacimiento y difusión está íntimamente ligado al del WWW e Internet.

valor **mouseover** la filmación comenzará cada vez que pase el ratón sobre ella. El otro valor válido (el que toma por defecto) es **fileopen**, es decir, la filmación se arranca tan pronto como termina de importarse desde el servidor. Pueden usarse los dos valores combinados (con **start="fileopen,mouseover"**) para que se reinicie la filmación ante los dos eventos: carga del fichero y paso del puntero del ratón sobre la imagen.

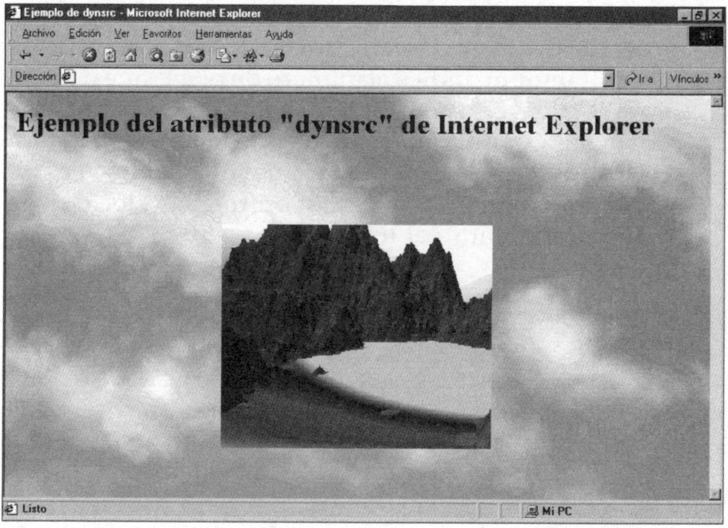

Figura 7.14. Archivo de vídeo en Internet Explorer

Otra curiosa utilidad de este visualizador es la posibilidad de incluir texto activo que puede desplazarse vertical u horizontalmente como si se tratase de un cartel luminoso. Se obtiene a través de la directiva **<MARQUEE>** y tiene una larga lista de atributos que permiten definir comportamientos muy complejos:

- **align**, define la alineación vertical con respecto al texto circundante (similar al usado en las imágenes).
- **bgcolor**, es el color (como identificador o valor RGB) del fondo.
- **height** y **width** definen las dimensiones del objeto.
- **vspace** y **hspace**, son el margen vertical y horizontal, respectivamente.

- **behavior** determina el comportamiento del objeto: **scroll**, que es su valor por defecto, indica que el texto cruza la ventana de visualización (la dirección la determina **direction**); **slide**, el texto cruza el área y luego permanece en ella; **alternate**, el texto se desplaza de un lado a otro de la ventana de visualización. Como hemos dicho, **direction** determina el sentido de desplazamiento del texto, y puede tomar los valor **left** (por defecto) y **right**.
- **loop** indica el número de veces que se repetirá el desfile del texto. Si vale **"infinite"**, no tiene fin.
- **scrollamount**, indica el número de pixels que desplaza el texto en cada interacción. Cuanto mayor sea este valor, a más velocidad se desplazará el texto.
- **scrolldelay** indica el número de milisegundos entre cada interacción, con lo que controla la velocidad de desplazamiento del texto.

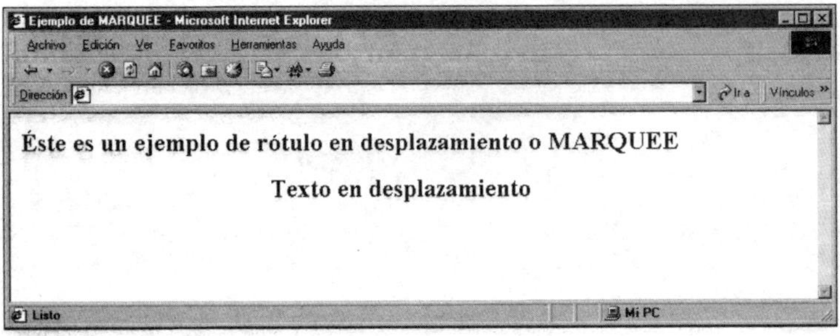

Figura 6.15. Ejemplo de **<MARQUEE>**

La última de estas funcionalidades multimedia de Internet Explorer es el fondo sonoro. A través de la directiva <BGSOUND> (que se coloca en la cabecera del documento), con el atributo **src**, se especifica un fichero de sonido que sonará al cargarse la página. Con el atributo **loop** se puede determinar el número de repeticiones (incluso pueden no tener fin si se le asigna el valor **infinite**) para hacer una verdadera música (o ruido) de fondo.

Internet Explorer añade, además, tres atributos a la directiva <BODY>: con **bgproperties=fixed** se consigue que la imagen de fondo, especificada con **background**, no se muestre en mosaico y aparezca centrada e inmóvil (aunque se desplace el contenido de la ventana); **leftmargin** y **topmargin** definen un margen izquierdo y superior de la página en pixels. De cualquier forma, la existencia de las hojas de estilo (soportadas por los principales navegadores y mejor preparadas para definir estas características de los documentos HTML) desaconseja el uso de estas extensiones propietarias.

6.4.3. <SPACER>

Un problema recurrente en la construcción de páginas con HTML, hasta la generalización en el uso de las hojas de estilo, era la imposibilidad de crear márgenes y espaciados en el texto. Así, durante mucho tiempo (y en bastantes páginas actuales) se han estado empleando tablas, entidades como   o simulación de imágenes vacías (con un solo color tomado como transparente) para conseguir el mismo efecto.

Así estaban las cosas cuando Netscape Navigator, en su versión 3, proporcionó una directiva especial para crear áreas vacías o espaciados entre el texto u otros componentes de la página: **<SPACER>**. La solución utilizada era similar al uso de imágenes sin contenido, aunque con bastantes más funcionalidades y una mayor sencillez de uso. Sus atributos son:

- **align**, alineación del área. Sólo se usa cuando el tipo es **block** y especifica la alineación del texto circundante.
- **right/left** deja el bloque de espacio alineado, rodeado por el texto.
- **top / middle / botton / texttop / absmiddle / baseline / absbottom**, son modos de alineación vertical con respecto a la línea.
- **height**, altura en *pixels* del área de visualización.
- **size**, tamaño en *pixels* si el tipo es **vertical** u **horizontal**.
- **type**, tipo del espaciador: **horizontal**, **vertical** y **block**. En el primero sólo ocupa espacio horizontalmente, en el segundo sólo verticalmente, y en el tercero se define un área de pantalla.
- **width**, anchura del área de visualización, en *pixels*.

El uso de esta directiva está decayendo en la actualidad, gracias principalmente a la existencia de mecanismos alternativos no propietarios como las hojas de estilo. Por tanto, su utilización o no dependerá, como en el caso de las directivas y elementos desaconsejados en HTML 4.0, de si se desea mantener la compatibilidad con *browsers* antiguos.

6.5. Mapas interactivos

Los mapas interactivos son unos componentes a medio camino entre las imágenes y los enlaces. Una imagen, por regla general grande, contiene áreas definidas que, asociadas a URL, actúan como enlaces.

En su forma original se trataba de sistemas que precisaban del concurso de componentes albergados en el servidor. Una mejora incluida a partir de HTML 3.2 eliminó la necesidad de interactuar con el servidor y permite centrar la acción en el *browser* del cliente.

En muy poco tiempo, los mapas interactivos han pasado de ser un elemento más experimental que útil a un ser componente casi imprescindible en cualquier servidor con "ambiciones". De hecho, han desempeñado un papel muy importante en la popularidad del WWW al complementar de manera atractiva su forma de trabajar basada en la selección de enlaces con el ratón. Como consecuencia de ello, hoy parece obligado encabezar una *home-page* con un mapa que detalle como una Guía los componentes del servidor, o poner a los pies de cada página una barra de herramientas simulando botones, iconos activos o cualquier otro elemento propio de una aplicación gráfica moderna.

Nada diferencia externamente a un mapa interactivo (*clickable maps* o *hot maps*) del resto de las imágenes de un servidor. Pueden ser más grandes (a veces no) y tener alrededor textos que advierten sobre su uso (pero suele ser tan evidente que muchas veces se evitan), pero por lo demás en poco se diferencian de un gráfico cualquiera, parecen un gráfico con enlace, pues pueden tener borde y el puntero del cursor adopta la misma forma que cuando se encuentra ante un enlace.

El proceso de construcción de estos elementos varía dependiendo de su naturaleza: activación de funciones en el servidor o en el cliente. Aquí diferenciaremos estos dos sistemas.

6.5.1. Mapas de servidor

El proceso que se sigue desde que el usuario hace clic sobre un mapa interactivo de servidor hasta que alcanza la URL de destino requiere varios pasos:

En primer lugar el cliente hace *clic* sobre un *pixel* concreto de la imagen, ese pixel tiene coordenadas, que es lo que se envía al servidor. Allí, busca la posición del *pixel* en un fichero donde se han definido las áreas y las páginas (o acciones) que les corresponden. Resuelta la referencia, el servidor devuelve la página, si es propia, o la dirección para que el cliente la resuelva.

Ahora iremos viendo cómo alcanzar las condiciones necesarias para alcanzar cada uno de estos pasos.

La directiva IMG

Indicar al cliente que la imagen con la que está tratando es un mapa interactivo es fácil. Por un lado hay que añadir a la directiva **IMG** el atributo **ismap**, aunque esto no acaba de resolver la cuestión.

Toda la imagen debe estar englobada en un enlace y este enlace tiene características especiales. Por ejemplo, veamos el siguiente fragmento de código:

```
   <A href="http://www.nipumsa.es/cgi-bin/imagemap/
esquema_browser">
   <IMG alt="Mapa del browser" src="dibus/
esquema_browser.gif" ismap>
   </A>
```

El documento "**cgi-bin/imagemap/esquema_browser**" no existe, en nuestro servidor habrá definida un área para los ficheros **CGI** (programas), como veremos más adelante, y uno de ellos será efectivamente "**imagemap**", pero no es un directorio del que cuelgue nada parecido a "**esquema_browser**", es un fichero ejecutable, un programa. Pero no debemos preocuparnos, aún queda trabajo por delante.

Creación del fichero de mapa

Vamos a suponer que disponemos ya de la imagen que va a convertirse en nuestro mapa. Los medios por los que hallamos llegado a este punto no nos importan (dibujo digitalizado, creado desde cero, copiado de algún otro sitio...), lo importante es que tengamos un dibujo que sirva como mapa.

El siguiente paso consiste en identificar áreas que asociaremos con determinadas URL. Las delimitaremos con las coordenadas que delimiten las distintas áreas activas. Con esta información construiremos un fichero especial. La sintaxis que se va a emplear es muy simple y responde a la misma regla:

```
<tipo de área> <URL> <coordenadas>
```

Cada tipo de área tiene asociado un número de coordenadas, exceptuando **default**, que sólo tiene URL. Mientras que las demás URL se activarán al hacer clic el usuario sobre una de ellas, la de **default** sólo se activa cuando el punto seleccionado no está recogido en ninguna de las áreas definidas. La siguiente tabla enumera los tipos de áreas, su nombre y las coordenadas que precisan para definirlas.

Tabla 6.1. Áreas definidas en un mapa interactivo

Nombre	Tipo	Coordenadas
Circle	Círculo	2: el centro y un punto del borde.
Oval	Óvalo	2: extremo superior izquierdo e inferior derecho.
Rect	Rectángulo	2: extremo superior izquierdo e inferior derecho.
Poly	Polígono	todos los puntos que delimitan el polígono.
Point	Punto	1: el propio punto.

Un posible ejemplo de fichero de mapa podría ser el siguiente:

```
default /browser/informacion.html
rect /browser/barra_menu.html 4,10 295,24
```

```
rect /browser/botones_basicos.html 7,27 204,46
rect /browser/pagina.html 10,48 259,63
rect /browser/acceso_rapido.html 8,64 237,77
rect /browser/indicador_estado.html 261,33 294,68
rect /browser/area_visualizacion.html 4,81 295,398
rect /browser/ind_carga_estado.html 3,397 295,406
```

En los *browsers* reales se usan, casi exclusivamente, rectángulos y polígonos, el resto de las entidades son mucho más raras.

El fichero anterior está escrito usando el formato imagemap conocido como NCSA (en relación al primer servidor que lo utilizó). Existe además otro formato, utilizado por el servidor del CERN, que presenta ligeros cambios respecto al anterior. Vamos a ver las tres primeras líneas en uno de estos últimos servidores:

```
default /browser/informacion.html
rect (4,10) (295,24) /browser/barra_menu.html
rect (7,27) (204,46) /browser/botones_basicos.html
```

Como se ve, la línea **default** permanece igual. En las restantes se altera el orden de los operadores: en primer lugar aparecen las coordenadas encerradas entre paréntesis, y acaba la línea con el URL con el que se responde.

Mediciones en imágenes. Mapedit

Como puede ver, no hay ninguna dificultad a la hora de construir el fichero de mapa, siempre y cuando se conozcan las coordenadas que delimitan las áreas activas. Ese es realmente el problema más complejo de la elaboración de estos ficheros.

Siempre vamos a estar asistidos en esta tarea por alguna herramienta automática. La mayoría de ellas tiene algún mecanismo para identificar las coordenadas de un punto o incluso de un rectángulo marcado sobre una imagen. **Paint Shop**, una excelente herramienta *shareware* para Windows, muestra de forma permanente las coordenadas del cursor sobre la figura.

Sin embargo, desde hace tiempo existen herramientas construidas específicamente para asistir en la tarea de construir ficheros de mapas. La más aceptada es **Mapedit** (actualmente en su versión 2.61), una herramienta *shareware* para Windows. Con ella se simplifica enormemente el proceso. Cuenta con una interfaz gráfica sobre la que se carga la imagen que se quiere convertir el mapa. A continuación, se seleccionan tipos de área y se definen con el puntero del ratón. Cada vez que se da por válida un área, el programa pide el URL asociado a ella, e incluso deja abierta la opción de incluir algún texto como comentario. También cuenta con una entrada especial para el valor **default**. Una vez se ha completado el proceso, Mapedit genera el fichero de mapa tanto en formato NCSA como en formato CERN.

También es posible probar el mapa interactivamente. En ese modo, cada vez que se hace clic sobre un punto de la imagen, Mapedit devuelve el URL que se ha definido para esa área. La figura 6.16 muestra el aspecto de la interfaz gráfica de Mapedit.

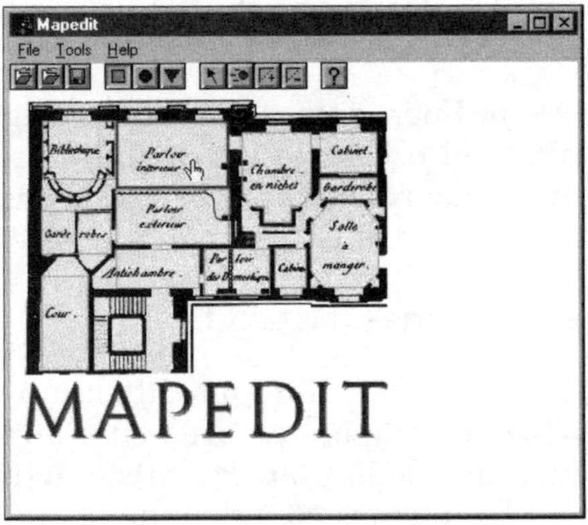

Figura 6.16. Mapedit

imagemap.conf

Ya sólo queda por completar un paso. En el directorio **conf** del servidor (estas cuestiones se estudiarán más detenidamente al tratar la instalación y configuración de servidores) hay un fichero, y si no está debe crearlo, llamado **imagemap.conf**. Este es el lugar donde se relaciona el valor que aparece en el enlace que engloba al mapa (en nuestro ejemplo **esquema_browser**) con el fichero de mapa que resuelve las pulsaciones del usuario en llamadas URL.

La estructura de este fichero es también muy simple, responde al esquema:

```
<nombre de mapa>:<fichero de mapa>
```

En nuestro caso tendríamos que incluir una línea como esta:

```
esquema_browser:/browser/esquema_browser.map
```

Ahora que están todas las piezas, vamos a volver a resumir el funcionamiento de los mapas:

Cuando el usuario hace clic sobre un punto del mapa se activa el enlace definido, como un enlace más. En vez de devolver directamente una página, el servidor llama a un programa cgi, **imagemap**, y le pasa dos parámetros: el nombre del mapa (**esquema_browser**) y las coordenadas del punto sobre el que hizo clic el usuario. **imagemap** busca en el fichero **conf/imagemap.conf** la entrada **esquema_browser** y averigua que sus valores se recogen en el fichero **/browser/esquema_browser.map**. Examina ese fichero y determina qué URL se corresponde con el pixel señalado por el usuario y devuelve esa referencia. El cliente tiene ahora una dirección y dirige la petición de esa página al servidor correspondiente.

En realidad es mucho más simple de lo que parece, y el efecto conseguido es muy vistoso y marca una sensible diferencia entre servidores "profesionales" y páginas de aficionado. De todas formas, y como veremos a continuación, existe un mecanismo bastante más sencillo de conseguir el mismo efecto: los mapas en cliente.

6.5.2. Mapas en cliente

Los mapas en servidor, muy utilizados hasta hace relativamente poco tiempo, han dejado su paso a un mecanismo mucho más eficiente para conseguir el mismo efecto, los mapas en cliente[9]. Estos, reconocidos desde la

[9] La especificación HTML 4 recomienda utilizar los mapas en servidor sólo cuando la complejidad del mapa sea muy grande, en casos en los que introducir las coordenadas en el cliente pueda incrementar significativamente el peso de las páginas Web.

especificación HTML 3.2 y ampliadas sus posibilidades en HTML 4, son soportados en la actualidad por los principales navegadores, y consisten en la inclusión de los comandos propios del fichero de mapa en el propio código HTML de la página. De esta forma se gana en velocidad al evitar todo el proceso descrito anteriormente. Además, con la implementación habitual de los mapas interactivos, sólo se puede operar contra un servidor HTTP, mientras que esta solución universaliza estas funciones.

En los mapas en cliente es el *browser* quien calcula la posición del cursor y el que busca el URL correspondiente, siendo esa la única petición que se hace al servidor, lo que mejora notablemente la velocidad de respuesta.

La sintaxis HTML que soporta esta forma de trabajar se basa en la inclusión del atributo **usemap** dentro de las directivas **<IMG>**, **<OBJECT>** o **<INPUT>** para indicar que se trata un mapa en cliente[10]. En el caso concreto de **<IMG>** este atributo es compatible con **ismap**, de forma que si usamos los dos, cualquier *browser* será capaz de operar correctamente con el mapa: los más avanzados interpretarán que es un mapa en cliente, y el resto que se trata del tipo estándar. Este es un ejemplo de uso de **usemap**:

```
   <A HREF="http://www.nipumsa.es/cgi-bin/imagemap/
esquema_browser">
   <IMG SRC="dibus/esquema_browser.gif"
USEMAP="principal.html#mapa" ISMAP>
   </A>
```

La dirección apuntada por usemap indica el fichero en el que se encuentra la definición del mapa y, separado por **#**, el nombre de ésta.

Una definición de mapa está delimitada por la directiva **<MAP>**, en su atributo **name** se inserta el nombre de la definición. Dentro de esta sección de código pueden aparecer las siguientes directivas:

- **Directivas <AREA>**: define zonas del mapa, mediante un conjunto de coordenadas. Estas directivas son las únicas permitidas en las especificación 3.2 y, por

[10] El significado de las directivas **<INPUT>** y **<OBJECT>** se verá más adelante en los capítulos 11 (Formularios) y 12 (Objetos).

tanto, las únicas reconocidas por ciertas versiones antiguas de navegadores. No son visualizadas por los browsers.

- **Directivas HTML de nivel de bloque**: son la gran novedad de la especificación HTML 4. La única restricción es que deben contener directivas **<A>**, que incluyan las coordenadas del mapa. A diferencia de las directivas **<AREA>**, las directivas de nivel de bloque sí que son visualizadas por el navegador, por lo que ofrecen un mecanismo alternativo de visualización en aquellos casos en los que no funcionen los mapas[11].

> ***Nota:*** *En aquellos casos en que aparezcan mezclados los dos tipos de directivas los navegadores compatibles con HTML 4 deben ignorar las coordenadas de* ***<AREA>****, utilizando sólo las incluidos en directivas* ***<A>****. Este funcionamiento permite que el mismo código sea también accesible para navegadores antiguos (que, por el contrario, sólo reconocerán las coordenadas de* ***<AREA>****).*

Esta es la estructura general de la directiva **<MAP>**:

```
<MAP name="nombre_mapa">
<AREA [shape="tipo"] coords="x,y,..."
[href="referencia"] [nohref] [alt="texto_explicativo"]>
<A href="referencia" shape="tipo" coords="x,y,...">
<!- Contenido del enlace ->
</A>
   .......
</MAP>
```

Entre los tipos de áreas permitidas tenemos **RECT**, **CIRCLE** y **POLY** (o **POLYGON**) pero la sintaxis es lo suficientemente amplia como para admitir otros. El atributo **coords** contiene las coordenadas en la forma <izquierda>,<arriba>,<derecha>,<abajo>, siendo la definición del primer *pixel* del dibujo "0,0" (así, el último *pixel* en una imagen de 100x100 es 99,99).

El atributo **nohref** de **<AREA>** indica que no se tomará ninguna acción cuando se haga clic sobre el área definida.

---

[11] En el capítulo dedicado a los objetos se verá un ejemplo interesante de la utilidad de incluir enlaces dentro de la directiva **<MAP>**.

Esto sí que es una ventaja con respecto a la forma de operar de los mapas interactivos en servidor, pues en estos casos se obligaba siempre a realizar la consulta y a obtener y cargar la página devuelta. Por defecto, las regiones sin definir se las toma como **nohref**.

Al igual que en los mapas en servidor, si dos áreas tienen áreas comunes sólo se tomarán las acciones señaladas en la que aparezca en primer lugar.

> ***Nota:*** *Dado que la directiva* **<AREA>** *no tiene representación visual, se recomienda la inclusión del atributo* ***alt****, que permite visualizar un texto explicativo para el caso de que no se puedan visualizar los elementos gráficos del mapa.*

Para terminar, veamos ahora el ejemplo presentado anteriormente para fichero de mapa en este nuevo formato:

```
   <MAP name="mapa>
   <AREA shape="rect" coords="4,10,295,24" href="/
browser/barra_menu.html" alt="Menú">
   <AREA shape="rect" coords="7,27,204,46" href="/
browser/botones_basicos.html" alt="Botones básicos">
   <AREA shape="rect" coords="10,48,259,63" href="/
browser/pagina.html" alt="Página">
   <AREA shape="rect" coords="8,64,237,77" href="/
browser/acceso_rapido.html" alt="Acceso rápido">
   <AREA shape="rect" coords="261,33,294,68" href="/
browser/indicador_estado.html" alt="Indicador estado">
   <AREA shape="rect" coords="4,81,295,398" href="/
browser/area_visualizacion.html" alt="Área de visuali-
zación">
   <AREA shape="rect" coords="3,397,295,406" href="/
browser/ind_carga_estado.html" alt="Indicador carga">
   <AREA shape="rect" coords="0,0,299,399" href="/
browser/informacion.html" alt="Información">
   <P>
   <A href="/browser/barra_menu.html" shape="rect"
coords="4,10,295,24">Menú</A>
   <A href="/browser/botones_basicos.html" shape="rect"
coords="7,27,204,46">Botones básicos</A>
   <A href="/browser/pagina.html" shape="rect"
coords="10,48,259,63">Página</A>
   <A href="/browser/acceso_rapido.html" shape="rect"
coords="8,64,237,77" >Acceso rápido</A>
   <A href="/browser/indicador_estado.html" shape="rect"
coords="261,33,294,68">Indicador estado</A>
   <A href="/browser/area_visualizacion.html"
```

```
shape="rect" coords="4,81,295,398">Área de visualiza-
ción</A>
   <A href="/browser/ind_carga_estado.html"
shape="rect" coords="3,397,295,406">Indicador carga</A>
   <A href="/browser/informacion.html" shape="rect"
coords="0,0,299,399">Información</A>
   </P>
   </MAP>
```

6.5.3. Ejemplos de mapas

El uso de los mapas interactivos no tiene más límite que la imaginación de los desarrolladores. Esencialmente son una alternativa a los índices tal y como los hemos visto hasta ahora: como párrafos, como listas, incluso como tablas, con o sin imágenes. El primer ejemplo, mostrado en la figura 6.17, es un mapa, que simula una red de ferrocarriles y permite moverse de forma sencilla por los contenidos del sitio Web.

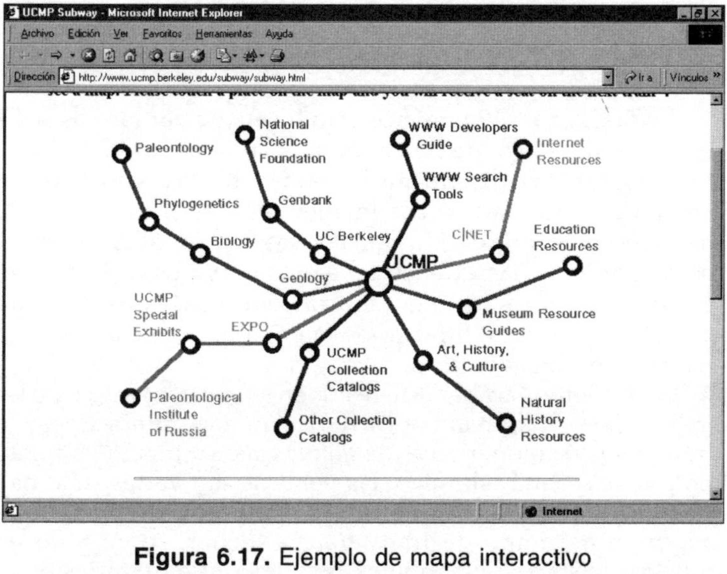

Figura 6.17. Ejemplo de mapa interactivo

Otro tipo muy imitado es el de mostrar una imagen (la portada de un edificio, el plano de una urbanización) en la que se accede a distintas partes del servidor relacionadas (muchas veces de forma muy oscura) con la sección del mapa activada. La figura 6.18 muestra uno de estos mapas.

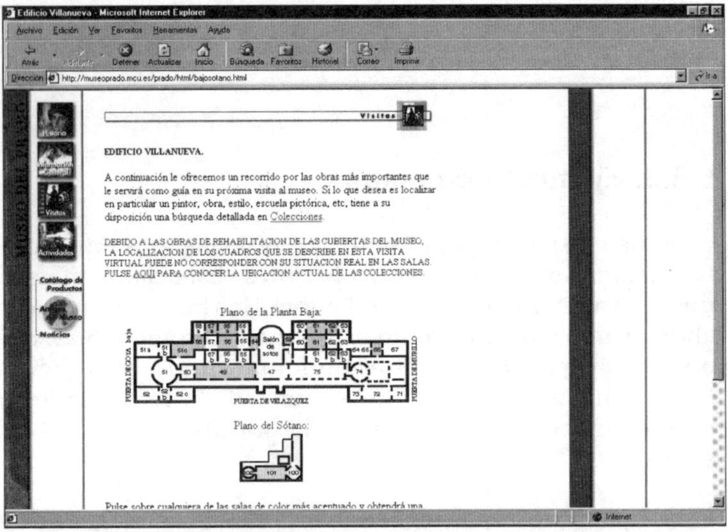

Figura 6.18. Mapa interactivo correspondiente a un plano

En la figura 6.19 tenemos otra forma de ver las cosas. Se trata de una barra de herramientas vertical. Al margen de los elementos de diseño que hacen posible la disposición de elementos mostrada en la imagen, este tipo de barras de herramientas, que casi lindan con las funcionalidades ofrecidas por los *frames*, tienen un efecto muy positivo sobre el usuario. Su permanencia casi constante en pantalla, al no hallarse en la parte inferior de la página, es una ayuda a la navegación muy valiosa.

No podemos acabar este resumen sin presentar una de las aplicaciones más habituales de los mapas interactivos: se trata del uso como índices de *thumbnails*. Su funcionamiento no puede ser más simple y las ventajas son varias: sólo hay una carga de fichero y no una por cada *thumbnail* (lo que supone un tiempo de transferencia menor, sobre todo en muchos *browsers*), los dibujos permanecen agrupados en el formato que prefiera el usuario, y es posible aplicar algún formato especial en la imagen (*interlaced*...) para minimizar la espera. Al mismo tiempo, se trata de operar con un enorme gráfico, lo que en determinadas situaciones es un serio inconveniente (un pequeño error puede estropear la mayor parte de la imagen), no es posible (o no tiene mucho sentido) añadir un texto explicativo suficientemente amplio a la imagen, y construir estas imágenes supone un serio esfuerzo de tratamiento gráfico.

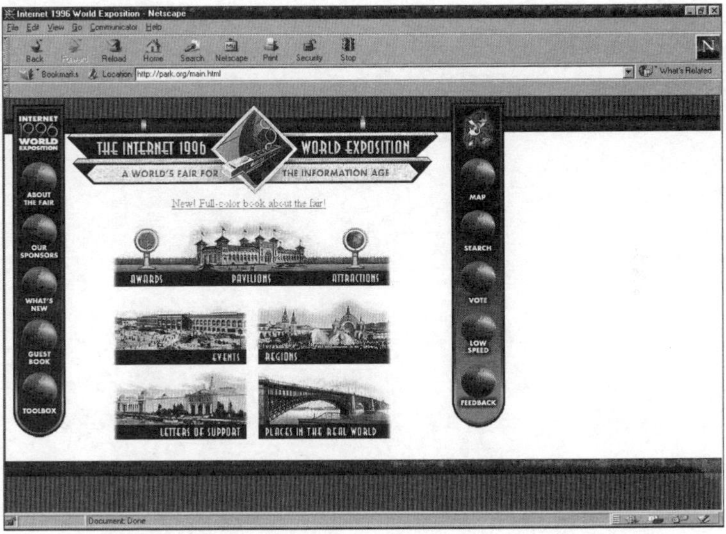

Figura 6.19. Barra de herramientas vertical

7 Tablas

7.1. Introducción

Las tablas son, como las listas, componentes dedicados fundamentalmente a mejorar la visualización de los documentos en formato electrónico. Se trata de una funcionalidad básica de la inmensa mayoría de los programas de tratamiento de textos y una forma habitual de presentar la información, especialmente numérica, desde la introducción de las hojas de cálculo.

A pesar de estos precedentes, HTML arrastró la carencia de tablas hasta la especificación de la versión 3.0; sin embargo, la mayoría de los constructores de *browsers* no esperan a la publicación definitiva del estándar e incorporaron el tratamiento de tablas en mayor o medida en sus aplicaciones. HTML 4 recoge la propuesta inicial de la versión 3.0 complementada con mejoras procedentes de los visualizadores comerciales (especialmente Explorer).

Como veremos, las tablas en HTML son una utilidad mucho más potente que su equivalente en otros sistemas, permitiendo la inclusión de enlaces, imágenes, y su empleo como utilidades para dar formato avanzado a los documentos exportados a la red.

7.2. Tablas básicas

La directiva dedicada a tablas es **<TABLE>** y delimita el conjunto de una tabla. No es preciso determinar al comienzo el número de filas o columnas, el *browser* se encargará de averiguarlo a medida que profundice en su contenido.

Cada celda se delimita con **<TD>**, y cada fila con **<TR>**. Vamos a ver un primer ejemplo:

La siguiente tabla:

1,1	1,2	1,3	1,4
2,1	2,2	2,3	2,4
3,1	3,2	3,3	3,4

Se expresaría así:

```
<TABLE>
<TR><TD>1,1</TD><TD>1,2</TD><TD>1,3</TD><TD>1,4</
TD></TR>
<TR><TD>2,1</TD><TD>2,2</TD><TD>2,3</TD><TD>2,4</
TD></TR>
<TR><TD>3,1</TD><TD>3,2</TD><TD>3,3</TD><TD>3,4</
TD></TR>
</TABLE>
```

Con todo, la tabla anterior no resulta aún muy completa, faltan elementos tan básicos como el borde, el título y las cabeceras de columna.

La presencia de borde se indica con el atributo **border** de la directiva **<TABLE>**. Si no hay un valor asociado se aplica el valor por defecto (por lo general 1); si el atributo no está presente se suele dejar la tabla sin borde. La forma más segura de controlar el funcionamiento de este atributo es asignarle un contenido, ése será el número de pixels[1] del borde. Cuando este borde se muestra como una línea, el significado está claro, en aquellos *browsers* en los que se visualiza tridimensionalmente (la mayoría), este valor sólo afecta al elemento "central", excluyendo las "pendientes" o "sombras" del borde.

Si quisiera una tabla con un borde excepcionalmente grueso, por ejemplo de cinco pixels, debería utilizar la siguiente directiva:

```
<TABLE border="5">
```

El título, que es opcional, es un literal delimitado por la directiva **<CAPTION>** dentro de la especificación de la

[1] Un pixel es una unidad que representa un punto de pantalla. El tamaño real de este punto depende de la definición del equipo sobre el que se visualice: en un monitor de 640x480 cada pixel será mayor que en otro de 1024x768.

tabla. El atributo **align** tiene en esta directiva dos posibles valores, **top** y **bottom**, que indican al *browser* que se desea situar el título por encima o por debajo de la tabla, respectivamente. El estándar reconoce además la posibilidad de alinear horizontalmente el título (por defecto está centrado), aunque Netscape ignora esta funcionalidad.

Internet Explorer presenta una particularidad en esta directiva: la alineación definida en **align** puede ser vertical u horizontal, es decir, que puede tomar además los valores **left**, **center**, y **right**; la alineación vertical se expresa mejor por medio del atributo **valign** que el que puede tomar los valores **top** y **bottom**.

Tampoco hay definido un tipo especial de texto, sólo una alineación determinada. Es posible que esta sea la razón por la que se tiende a utilizar cualquier otra forma (una cabecera, un párrafo externo) para asegurar una determinada visualización del título de la tabla. Algunos visualizadores admiten la inclusión de directivas de formato, aunque el estándar no recoge explícitamente esta funcionalidad.

Por último, cada elemento de cabecera (celda) estará delimitado por la directiva **<TH>**, en este caso sí suele utilizarse un texto especial, generalmente negrita, y se centra el contenido (aunque estas celdas especiales no tienen porqué estar precisamente en la primera fila).

> ***Nota**: No tiene por qué haber un número determinado de elementos por fila, el* browser *se encarga de averiguar la longitud de la fila más larga y la aplica al conjunto de la tabla. Los elementos vacíos se interpretan de varias formas dependiendo del programa de visualización: en Mosaic son "recuadros vacíos"; en Netscape o Explorer, que utiliza una visualización "tridimensional", se presentan como áreas sin "bajorrelieve" (véase la figura 7.2), lo que es más una carencia que una verdadera funcionalidad especial del* browser.

La siguiente tabla es una mejora del ejemplo anterior:

Ejemplo de tabla HTML

1ª columna	*2ª columna*	*3ª columna*	*4ª columna*
1,1	1,2	1,3	1,4
2,1	2,2	2,3	2,4
3,1	3,2	3,3	3,4

Se describiría así:

```
<TABLE border>
<CAPTION>Ejemplo de tabla HTML:</CAPTION>
<TR>
<TH>Primera columna</TH><TH>Segunda columna</TH>
<TH>Tercera columna</TH><TH>Cuarta columna</TH>
</TR>
<TR>
<TD>1,1</TD><TD>1,2</TD><TD>1,3</TD><TD>1,4</TD>
</TR>
<TR>
<TD>2,1</TD><TD>2,2</TD><TD>2,3</TD><TD>2,4</TD>
</TR>
<TR>
<TD>3,1</TD><TD>3,2</TD><TD>3,3</TD><TD>3,4</TD>
</TR>
</TABLE>
```

A este código se le ha dado un indentado totalmente innecesario pero que puede mejorar su legibilidad, sobre todo cuando se trabaja con tablas muy grandes. También habrá observado que el contenido de la primera fila se ha distribuido en dos líneas; esto no tiene mayor importancia ya que son las directivas quienes delimitan los contenidos de cada fila o celda, no los saltos línea, espacios y otros separadores del texto.

La visualización de las tablas varía de un *browser* a otro, y dentro de un mismo programa, las preferencias del usuario son determinantes. En la figura 7.1 se muestra la tabla anterior en Mosaic, en la figura 7.2 en Explorer. Se ha eliminado el elemento 2,4 para mostrar la distinta forma de tratar los valores inexistentes en ambos visualizadores.

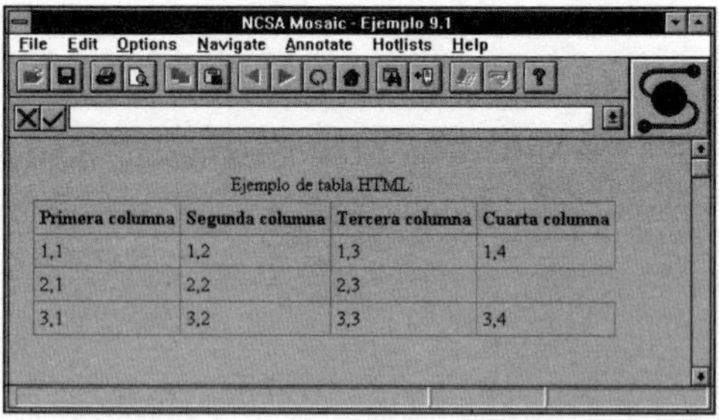

Figura 7.1. Tabla en Mosaic

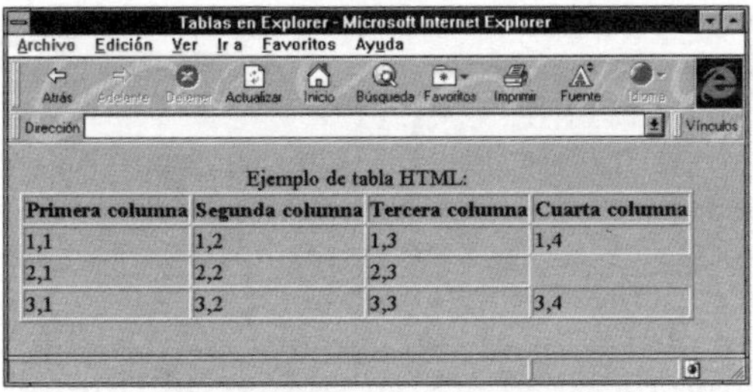

Figura 7.2. Tabla en Explorer

> ***Nota:** Las distintas directivas relacionadas con las tablas sólo tienen validez dentro de un bloque <TABLE>, fuera de él no se interpretarán de ningún modo.*

> ***Truco:** Hay una forma de evitar que una celda vacía aparezca con el relieve aplicado en el resto de la tabla. Se trata de dar algún contenido a la celda pero que no sea visible. Emplear varios blancos no sirve, pues los visualizadores los ignoran, la única solución es emplear la entidad ** ,** que tiene un valor distinto del espacio pero que no se visualiza. Una celda con uno o varios de estos caracteres se visualiza como las demás (con el mismo relieve) pero sin contenido aparente.*

7.3. Tablas avanzadas

La sección anterior ha mostrado la forma más simple de operar con tablas. Sin embargo, hay muchas posibles mejoras.

En lo que respecta a la tabla en su conjunto, la directiva <TABLE> admite varias directivas (en los apéndices encontrará una referencia completa con todos los atributos de esta directiva):

- **align** determina la alineación horizontal del conjunto de la tabla. Sus tres posibles valores son: **left**, **center** y **right**, que hacen que la tabla aparezca alineada a la izquierda, a la derecha o centrada respectivamente. Con todo, algunos visualizadores ignoran este atributo, aunque siempre se dispone del recurso de incluir la tabla dentro de una directiva **<CENTER>** o **<DIV>**.

- **cellspacing** indica, en pixels, el espacio entre celdas, este espacio se inserta entre los bordes de las celdas. Un valor alto en este parámetro hace que el borde entre elementos sea muy grueso.
- **cellpadding** es el espacio que media entre el borde interno de la celda y su contenido. Tanto este valor como el anterior se expresan en pixels.

Es posible especificar la anchura total de la tabla, en el momento de cargar su contenido. Será el *browser* quien se encargue de distribuir ese espacio entre las columnas que forman la tabla.

Este valor se indica con el atributo **width** y puede ser un valor absoluto, expresado en pixels, o relativo como el porcentaje ocupado de la anchura total de la ventana de visualización. Así,

```
<TABLE border="0" width="300">
```

describe una tabla que debe ocupar 300 pixels de la pantalla. Si las dimensiones de la ventana fueran menores, el visualizador dispondría barras de desplazamiento (*scroll*) para que pudiera desplazarse horizontalmente el contenido y se accediera a éste.

Pero la segunda modalidad, dimensiones relativas, es la más utilizada. Por defecto, los visualizadores ajustan el tamaño de cada columna al mayor de sus componentes y suman todas las columnas para obtener el ancho total de la tabla. Si la suma de las columnas fuera superior al espacio disponible, el *browser* utilizaría un algoritmo especial para repartir las columnas y asignarles un ancho.

Si indicamos que la tabla debe tener necesariamente el 50% de la anchura de la ventana de visualización, esta situación cambia, y el visualizador debe hacer el esfuerzo de conseguir que en todo momento sea esa la dimensión, relativa, de la tabla.

Hay otros atributos para especificar el fondo de la tabla:

- **bgcolor** indica el color de fondo del conjunto de la tabla y está recogido en el estándar e interpretado por Navigator y Explorer. Este mismo atributo se puede emplear en Explorer (y forma parte del estándar) para variar el color de una única celda.

- **background**, utilizado por Explorer y Netscape, contiene la URL de una imagen que se utilizará como fondo de la tabla (este atributo y el anterior son equivalentes a los del mismo nombre de **<BODY>**).

Las funcionalidades más impactantes, y que se usan con más frecuencia, son las referidas al tamaño de columnas y a su "expansión". Hay dos formas de definición del tamaño de una columna: relativa y absoluta.

En el primer caso se indica el porcentaje de tabla que ocupará una columna dada. El atributo **width** recibe como valor el tanto por ciento de tabla ocupada. Por ejemplo:

```
<TD width=50%>
```

indica que la columna ocupará la mitad del espacio disponible para la tabla. La figura 7.3 muestra la tabla de la 7.2 con la primera columna ocupando el 50% del espacio total de la tabla. El aspecto final, de todas formas, está siempre determinado por la especial forma de calcular las dimensiones de una tabla que tiene cada *browser*.

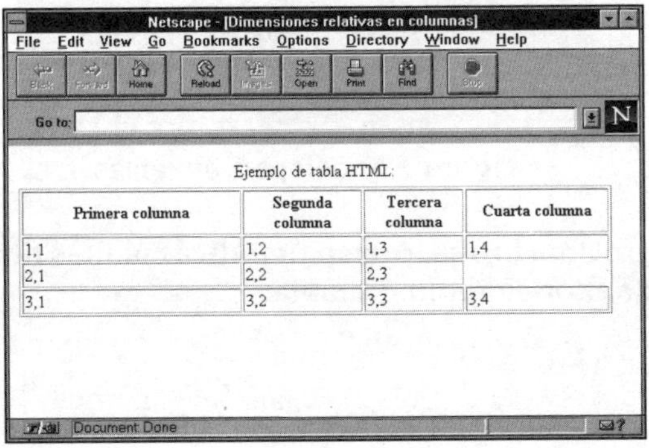

Figura 7.3. Uso de **width** con valores relativos

En el caso de usar un valor absoluto, el visualizador toma la cantidad como *pixels* de pantalla. Así:

```
<TD width=150>
```

supone que la columna en cuestión ocupará 150 *pixels*. En general se desaconseja el uso de valores absolutos (aunque son habitualmente empleados para componer páginas de aspecto "profesional").

La segunda funcionalidad especial en tablas usada habitualmente determina la expansión de celdas a lo largo de filas y columnas. Se trata de permitir que una celda ocupe, por ejemplo, dos filas o tres columnas. Para ello se hace uso de dos atributos especiales de las directivas **<TD>** y **<TH>**: **colspan** y **rowspan; colspan** indica cuántas columnas ocupará una celda. Por ejemplo, la tabla:

```
<TABLE border>
<CAPTION>Ejemplo con colspan=2</CAPTION>
<TD colspan=2>Dos columnas</TD><TR>
<TD>primera columna</TD><TD>Segunda columna</TD>
</TABLE>
```

Se visualizaría como se muestra en la figura 7.4:

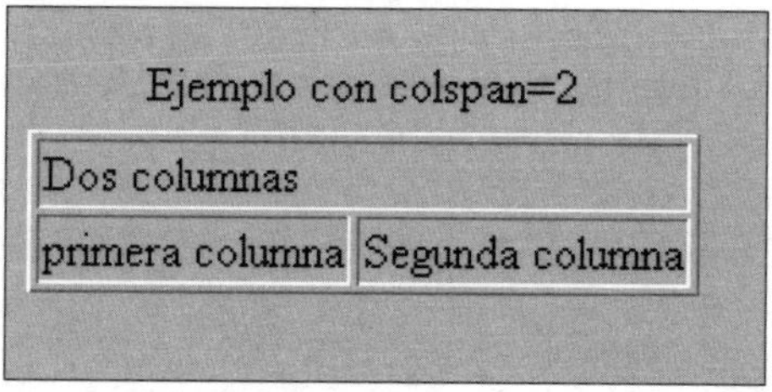

Figura 7.4. colspan en tablas

De la misma forma, **rowspan** indica cuántas filas ocupará una celda. Por ejemplo, la tabla:

```
<TABLE border>
<CAPTION>Ejemplo con rowspan=2</CAPTION>
<TD colspan=2>Dos filas</TD>
<TD>primera fila</TD><TR>
<TD>Segunda fila</TD>
</TABLE>
```

Se visualizaría como se muestra en la figura 7.5:

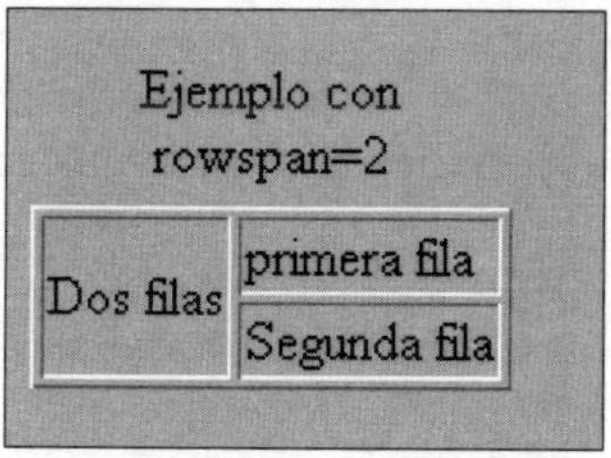

Ejemplo con rowspan=2

Dos filas	primera fila
	Segunda fila

Figura 7.5. rowspan en tablas

Ambos atributos se pueden combinar, como en el siguiente código que se visualiza en la figura 7.6:

```
   <TABLE border>
   <CAPTION>Comparaci&oacute;n de dos modelos:</
CAPTION>
   <TH rowspan=2></TH><TH colspan=2>Valores</TH>
   <TH rowspan=2>Precio</TH><TR>
   <TH>Peso</TH><TH>Potencia</TH><TR>
   <TD>Modelo 1</TD><TD>890</TD><TD>70</
TD><TD>995.000</TD><TR>
   <TD>Modelo 2</TD><TD>1.200</TD><TD>110</
TD><TD>2.245.000</TD><TR>
   </TABLE>
```

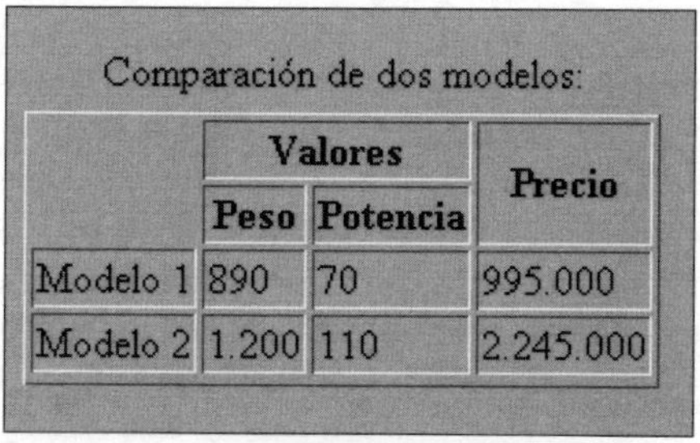

Comparación de dos modelos:

	Valores		**Precio**
	Peso	**Potencia**	
Modelo 1	890	70	995.000
Modelo 2	1.200	110	2.245.000

Figura 7.6. Tabla con variaciones en filas y columnas

La alineación de las celdas se puede hacer a tres niveles:

- Dentro de la propia celda, con las directivas y atributos ya conocidos como **<CENTER>**, **<DIV >**, o **<P align=...>**. Esta alineación es sólo horizontal.
- En la definición de la celda. Para ello se dispone del atributo **align** para la alineación horizonal (que puede

tomar los valores **left**, que es el valor por defecto, **center** y **right**) y **valign** que se encarga de la alineación vertical (**top**, **middle**, valor por defecto, y **bottom**).

- En la definición de fila, donde se pueden utilizar los atributos **align** y **valign** cuyo se efecto se aplica a todas las celdas (a menos que se utilice uno de los mecanismos anteriores, que se imponen sobre la definición de fila).

7.4. Opciones especiales de formato

Partiendo de una propuesta de Microsoft, el estándar ha acabado incluyendo una serie de extensiones de Internet Explorer que permiten dar un aspecto más profesional a nuestras páginas aumentando el control sobre la visualización.

En primer lugar, la directiva <TABLE> tiene varios atributos adicionales:

- **bordercolor**, **bordercolordark** y **bordercolorlight**, son exclusivas de Explorer y se dedican a definir el color del borde. El primer atributo define el color de base del borde, en su interpretación tridimensional su "cima". Si no indica nada más, la vertiente iluminada (izquierda y superior) y la oscura (derecha e inferior) se crean en pantalla con colores relacionados con el primero de forma que se obtenga el efecto de relieve. Los dos últimos atributos se utilizan para especificar colores especiales para esas áreas de la imagen: **bordercolordark** la vertiente oscura, y **bordercolorlight** la iluminada o clara.
- **frame** es un atributo que permite definir qué bordes externos se van a mostrar. Toma los siguientes valores: **none**, indica que no se va a mostrar ninguno; **above**, sólo el superior; **below**, sólo el inferior; **hsides**, el superior e inferior; **lhs**, el borde izquierdo; **rhs**, el derecho; **vsides**, los dos laterales; **box** y **border** que muestra todos los exteriores.
- **rules** es, al igual que el anterior, parte del estándar, pero sólo reconocido por Internet Explorer, y su cometido es definir los bordes internos de la tabla que se van a mostrar. Estos son sus posibles valores:

none, no se mostrará ningún borde interno (de filas o columnas); **groups**, se visualizarán los bordes entre agrupaciones de celdas (lo que se verá a continuación); **rows**, sólo se mostrarán los bordes de filas (horizontales); **cols**, sólo se mostrarán los bordes de columnas; **all**, se visualizarán todos los bordes internos (valor por defecto).

En el ejemplo de la figura 7.7 se ha modificado la tabla de la figura 7.3 para que sólo se vean los bordes verticales (derecho, izquierdo y de columnas) con la siguiente definición:

```
<TABLE border="2" frame="vsides" rules="cols">
```

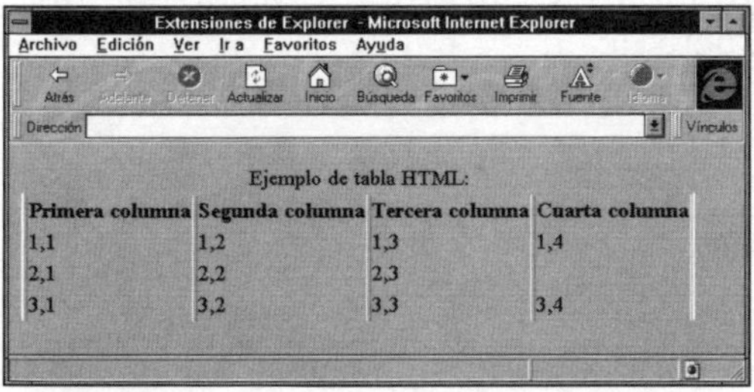

Figura 7.7. Tabla con bordes definidos

7.4.1. Agrupaciones de filas y columnas

El estándar recoge una serie de extensiones implementadas originalmente por Explorer (que es, además, el único visualizador que las reconoce) y permite tener mayor control sobre la visualización de las tablas.

Las filas pueden agruparse utilizando las directivas <THEAD>, <TBODY> y <TFOOT> que agrupan a las filas de cabecera, cuerpo y pie de la tabla respectivamente. En estas directivas se pueden especificar atributos cuyo efecto se aplica a las filas delimitadas:

- **align** y **valign** para la alineación horizontal y vertical.
- **bgcolor** para especificar un color de fondo.
- **style** para aplicar propiedades de estilo propias (ver el capítulo dedicado a las hojas de estilo).

El estándar contiene un sistema similar –aunque sólo reconocido por Explorer– para agrupar columnas y aplicar formatos específicos para esos grupos. Inmediatamente tras la directiva <TABLE> y antes de empezar a especificar de qué filas y celdas se compone, se deben incluir las directivas apropiadas: <COL> y <COLGROUP>.

<COL> hace referencia a tantas columnas como el atributo **span** indique (por defecto, una). Permite especificar los valores de alineación (**align** y **valign**) y estilo (**style**) correspondientes.

Si se quisiera agrupar varias columnas (a efectos de aplicar el mismo estilo, o para aprovechar las opciones de delimitación del atributo **rules** de <TABLE>) hay que delimitar la definición de columnas por <COLGROUP>. El siguiente ejemplo crea un grupo formado por tres columnas, más otra fuera de él:

```
<COLGRUP>
<COL span="2" align="left">
<COL>
</COLGROUP>
<COL valign="top>
```

La figura 7.8 muestra el efecto de una combinación de atributos de formato especiales y definición de grupos de columnas:

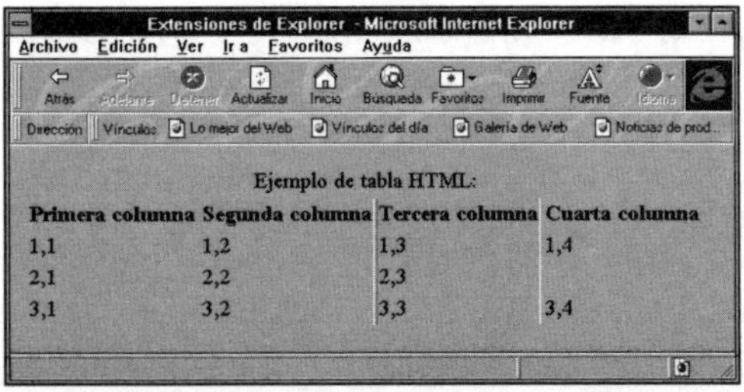

Figura 7.8. Formato de grupos de columnas

7.5. Aplicaciones de las tablas

Un elemento de una celda puede ser cualquier componente HTML, esto permite sacar un enorme partido al trabajo con tablas aprovechándose de sus peculiaridades para saltarse las limitaciones del lenguaje. A continuación se presentan varias formas de utilizar las tablas para algo más que albergar números.

7.5.1. Tablas de imágenes y enlaces

Como se ve en la figura 7.9, tomada de un servidor real, se ha construido un índice con una tabla que contiene enlaces e imágenes.

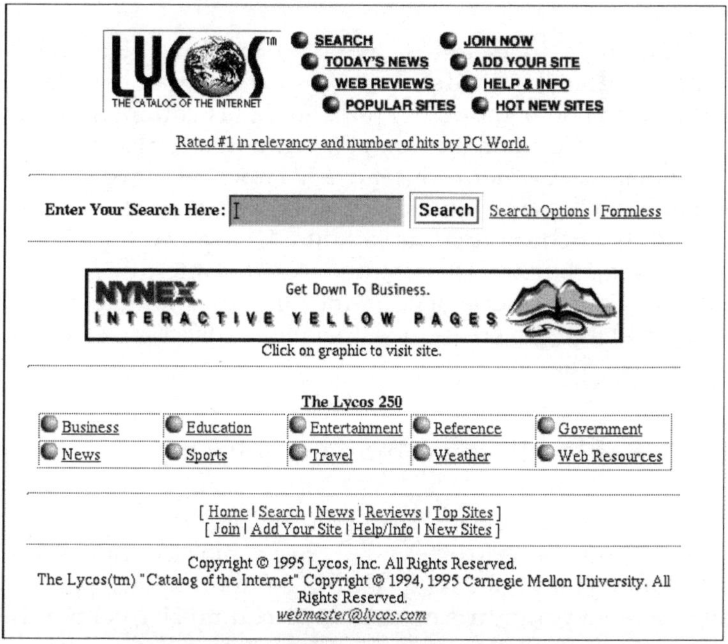

Figura 7.9. Tabla de iconos con enlaces

Una forma muy simple de construir una barra de herramientas sin necesidad de emplear iconos es la mostrada en el siguiente fragmento de código:

```
<TABLE border=3>
<TH><A href="/indice.html">Indice general</a></TH>
```

```
<TH><A href="/Internet/
indice.html">Introducci&oacute;n a Internet</a></TH>
<TH><A href="/HTML_bas/indice.html">HTML
b&aacute;sico</a></TH>
<TH><A href="/HTML_av/indice.html">HTML avanzado</
a></TH>
<TH><A href="/Servidores/indice.html">Servidores</
a></TH>
<TH><A href="/Apendices/
indice.html">Ap&eacute;ndices</a></TH>
</TABLE>
```

7.5.2. Notas al margen

Simular la inclusión de notas al margen, bien como texto, bien en forma de iconos, es extremadamente fácil pero exige poder reducir el tamaño de las columnas.

Se trata simplemente de construir una tabla con dos columnas. La primera contendrá las notas al margen y su tamaño será menor que la segunda, por ejemplo sólo el 10% de la anchura total de la tabla. La segunda columna contendrá el texto (o cualquier otro contenido) de la página. Cada vez que necesitemos incluir una nota o una imagen al margen crearemos una nueva fila, como se ve en la figura 7.10.

7.5.3. Texto en dos o más columnas

Una consecuencia lógica del punto anterior. Si quisiéramos disponer nuestro texto en dos o más columnas no tendríamos más que incluir todo el contenido de la página en una tabla y dividirla en dos o más columnas en el punto que consideremos se encuentra la mitad, tercera parte... del contenido.

Se trata de una forma de trabajar con HTML, que estuvo muy "de moda" pero que ahora ha caído en desuso. La figura 7.11 muestra un ejemplo de página real con dos columnas

La alternativa al uso de tablas, al menos en el caso de Navigator de Netscape, está en el uso de la directiva **<MULTICOL>**.

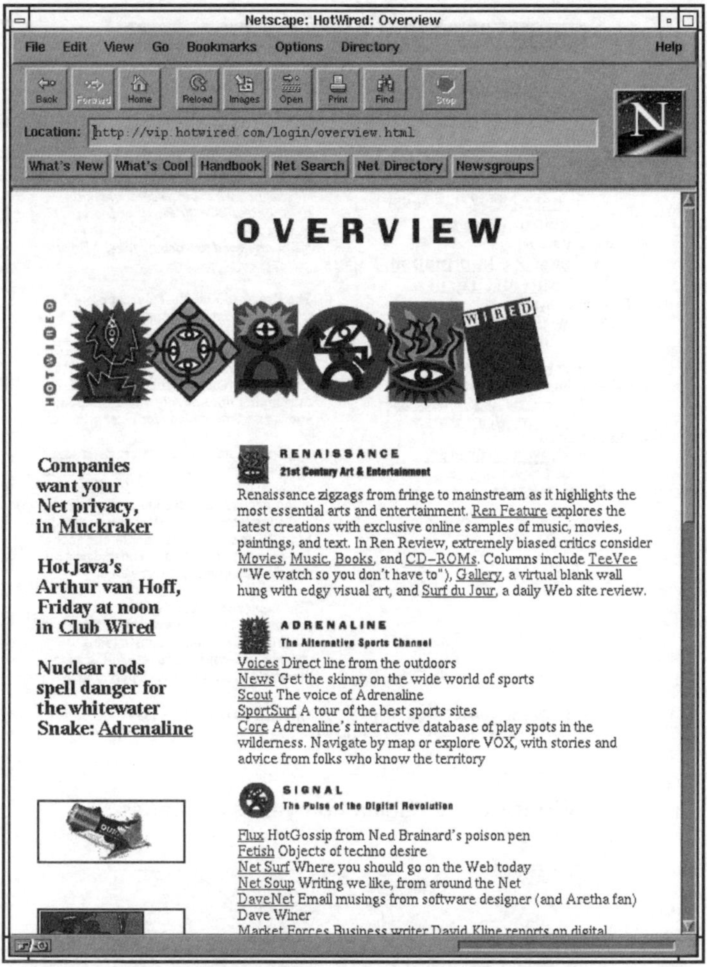

Figura 7.10. Notas e iconos al margen

7.5.4. Tabulación

La posibilidad de presentar determinados datos en formato tabular resulta muy interesante, pero aún lo es más la lectura de estos datos en ese formato. Aunque aún no hemos visto cómo construir y trabajar con formularios, no está de más ver un ejemplo de su adaptación a tablas, como se puede apreciar en la figura 7.12.

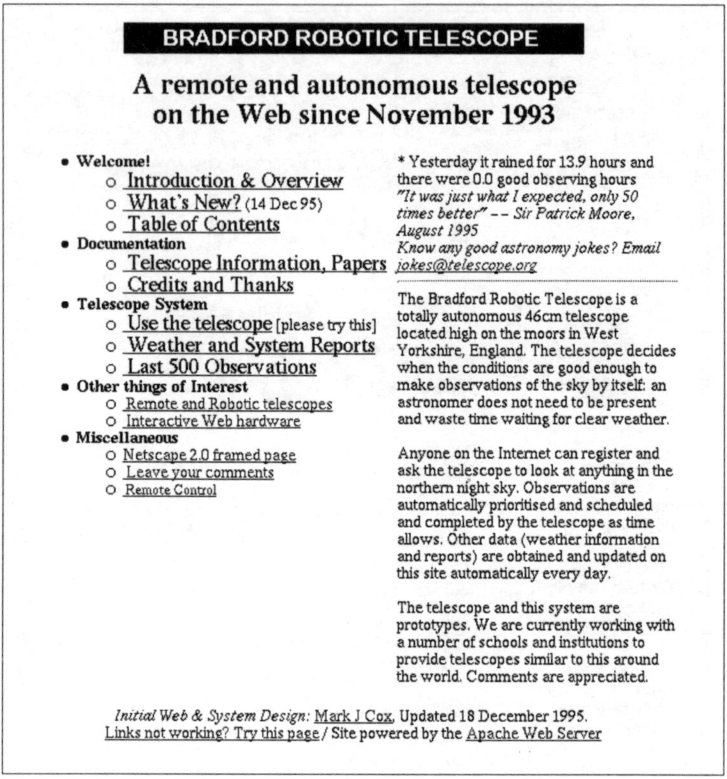

Figura 7.11. Página con varias columnas

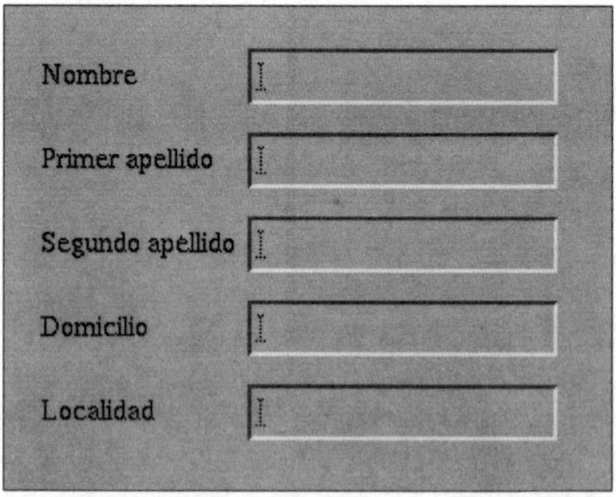

Figura 7.12. Tablas y entradas de formulario

Como se ve, las tablas tienen enormes posibilidades que van más allá de la que se les asigna al trabajar con aplicaciones como hojas de cálculo o tratamientos de textos. Lo mismo se puede decir de muchos de los componentes del lenguaje HTML, a los que se puede sacar mucho partido con trucos muy simples pero que dan un resultado excelente y que resultan muy vistosos.

8 Frames

8.1. Introducción

Este capítulo está dedicado a las entidades conocidas como *frames*[1], a explicar qué son, cómo se construyen y cómo aprovechar lo mejor posible las posibilidades que ofrecen, evitando errores comunes. También se dedicará un apartado a explicar cuáles son los motivos que han hecho del uso de *frames* una de las decisiones de diseño más polémicas de la historia del HTML.

8.2. ¿Qué son los *frames*?

Para empezar una breve definición: los *frames* son entidades que permiten ofrecer distintas vistas de documentos dentro de la misma pantalla de visualización. Gracias a ellos se pueden conseguir efectos como los conocidos menús (superiores o laterales) que facilitan el acceso rápido a las distintas zonas de un documento o sitio Web. Una particularidad de los *frames* es que cada uno de ellos se comporta como si fuese un *browser* independiente, con su propio contenido e historial de navegación[2].

---

[1] Suele ser habitual encontrar este término traducido directamente como *marco*.

[2] La dificultad de volver atrás en un documento con *frames* es uno de los principales motivos de crítica sobre el uso de estas estructuras.

En la figura 8.1 se puede observar un ejemplo real del uso de *frames*: cada una de las partes en las que aparece dividida la pantalla es un *frame*, conteniendo cada uno de ellos un documento HTML.

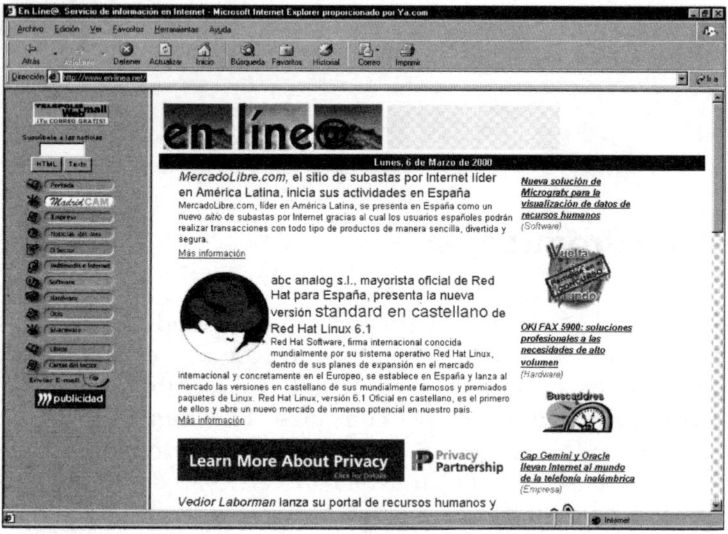

Figura 8.1. Ejemplo del uso de *frames*

Los *frames* aparecieron por primera vez en la versión 2 de Netscape Navigator, llegando a alcanzar su uso una gran popularidad (Internet Explorer los empezó a reconocer a partir de su versión 3). Finalmente, tras varios años de indecisión sobre si debían incorporarse o no a la recomendación estándar, los *frames* forman parte del lenguaje desde la versión HTML 4.0. Aún así, y en un reconocimiento explícito de su singularidad, los documentos que contienen estas entidades tienen asignado un **DOCTYPE** específico que los diferencia del resto de los documentos HTML:

```
<!DOCTYPE HTML PUBLIC "-//W3C//DTD HTML 4.0
Frameset//EN">
```

Seguidamente se explicará cómo se construyen los *frames*.

8.3. Estructura de un documento con *frames*: <FRAMESET>

Los documentos HTML que contienen *frames* se diferencian del resto (además de en el tipo de documento) en que tienen la directiva **<FRAMESET>** en lugar de **<BODY>**. Esta directiva se utiliza para definir los *frames* que compondrán el documento y su disposición en pantalla. Así, por ejemplo, un documento semejante al mostrado en la figura 8.1 tendría una estructura similar a la siguiente:

```
   <!DOCTYPE HTML PUBLIC "-//W3C//DTD HTML 4.0
Frameset//EN">
   <HTML>
      <HEAD>
         <TITLE>Ejemplo de frames</TITLE>
      </HEAD>
      <FRAMESET cols="20%,80%">
         <!—Definición de los frames—>
         ...
      </FRAMESET>
   </HTML>
```

Con la directiva anterior se está estableciendo una división de la pantalla de visualización en dos *frames* verticales (atributo **cols**), donde el primero (se consideran de izquierda a derecha) ocuparía el 20% de la pantalla y el segundo el 80% restante. En el caso de querer dividir la pantalla horizontalmente se podría haber utilizado la siguiente definición, cuyo aspecto final es el ofrecido en la figura 8.2:

```
   <FRAMESET rows="100,*">
```

En este caso, la distribución de los *frames* es de 100 pixels el *frame* superior (se consideran de arriba abajo) y el resto de pixels disponibles para el inferior. En este caso no se han utilizado porcentajes, sino directamente un número que se corresponde con el tamaño en pixels, así como un asterisco, que deja al navegador la responsabilidad de calcular el espacio correspondiente al segundo *frame*.

En general se pueden distinguir las siguientes formas de definir las dimensiones de los *frames*: con un valor absoluto en pixels (por ejemplo 100); con un valor relativo como porcentaje (por ejemplo 30%); o utilizando el asterisco (*) para dejar al navegador que calcule las dimensiones. Adicionalmente, se admiten expresiones como la siguiente:

```
<FRAMESET cols="200,*,2*">
```

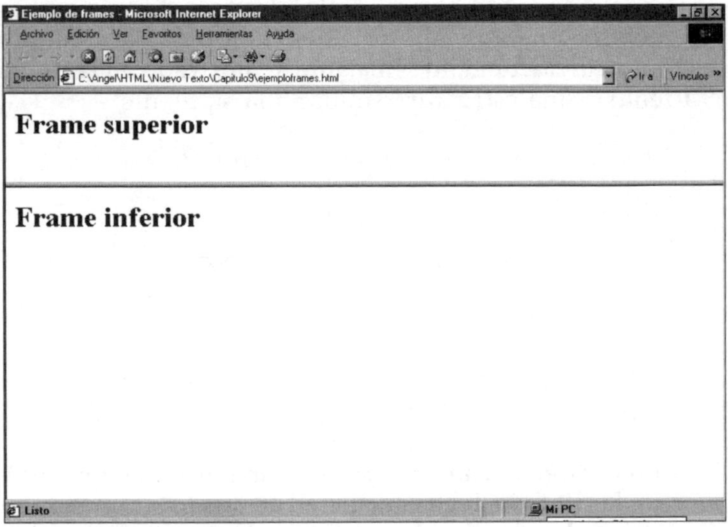

Figura 8.2. Pantalla dividida en dos *frames* horizontales

En ella se divide la pantalla en tres *frames* verticales, teniendo el primero 200 pixels de ancho y repartiéndose los dos restantes el resto, con el tercero de tamaño doble que el segundo.

Los atributos **cols** y **rows** también pueden combinarse, dando lugar a estructuras similares a la mostrada en la figura 8.3.

Para finalizar con las posibilidades existentes para distribuir *frames*, hay que decir que las directivas **<FRAMESET>** pueden anidarse, permitiendo una mayor flexibilidad en la organización de la pantalla (se permite organizar el espacio asignado a un *frame* como si se tratase de la ventana completa). El siguiente código muestra un ejemplo de directivas **<FRAMESET>** anidadas:

```
   <FRAMESET rows="20,80">
      <!—Definición del frame superior—>
      ...
      <FRAMESET cols="20,80">
         <!—Definición de los frames de la parte infe-
rior—>
      </FRAMESET>
   </FRAMESET>
```

Figura 8.3. Pantalla con *frames* verticales y horizontales

> ***Nota:*** *El ejemplo anterior es muy típico de sitios que combinan un menú general, situado en la parte superior de la pantalla, con un menú lateral, que va variando a medida que el usuario se mueve por distintas zonas del sitio Web. Como norma general no es muy recomendable establecer varios niveles de* frames *por las dificultades que ofrece tanto a la navegación como al desarrollo de las páginas. Más adelante se profundizará en la descripción de los problemas que plantea el uso indiscriminado de* frames.

Hasta aquí hemos visto cómo dividir la pantalla en diferentes zonas de visualización, pero no se ha comentado nada del contenido de esas zonas. De ello se encarga la directiva **<FRAME>**, que se describe en el siguiente apartado.

8.4. La directiva <FRAME>

La directiva **<FRAME>** es la que se encarga de definir el contenido de las distintas zonas de pantalla establecidas con **<FRAMESET>**. Así, podríamos completar el código del apartado anterior de la forma siguiente:

```
   <FRAMESET cols="20%,80%">
      <FRAME name="frame_lateral"
src="menu_lateral.html">
      <FRAME name="frame_principal"
src="contenido_principal.html">
   </FRAMESET>
```

En este código se definen dos *frames*, con tamaños del 20% y el 80% de la pantalla, y mostrando, respectivamente, los documentos "menu_lateral.html" (a la izquierda) y "contenido_principal.html" (en el resto de la pantalla). La asignación se realiza gracias al atributo **scr**, que puede tomar cualquier identificador de documento válido. Además, a cada *frame* se le ha asignado un nombre, por medio del atributo **name**[3].

> **Nota**: *Ahora que se ha visto la manera de asignar documentos específicos a* frames, *es el momento de comentar la existencia de dos importantes eventos asociados a la directiva* **<FRAMESET>**: ***onload*** *y* ***onunload***, *similares en parte a sus homólogos de la directiva* **<BODY>** *(ver capítulo 4). El primero se genera cuando todos los* frames *definidos en* **<FRAMESET>** *han terminado de cargar sus contenidos, mientras que el segundo lo hace cuando todos han terminado la descarga. Estos eventos se usan en combinación con lenguajes de* scripting, *pues permiten establecer puntos de sincronización entre* frames, *considerando que cada uno de ellos se carga y descarga de forma independiente a los demás (y desconoce en qué estado se encuentra el resto).*

Aparte de **scr**, la directiva **<FRAME>** dispone de un conjunto de atributos que nos van a permitir modificar su aspecto externo, además de sacar el máximo partido a la estructura de vistas.

---

[3] Más adelante se verá la importancia que tiene este nombre para poder sacar partido a los *frames*.

8.4.1. Modificando el aspecto de los *frames*

Podemos definir con más detalle el aspecto general de los *frames*, haciendo uso de varios atributos asociados a la directiva **<FRAME>**. Son los siguientes:

- **frameborder**: Puede tomar los valores 0 ó 1 e indican si el *frame* tiene o no un borde asociado.
- **marginwidth**: Indica el tamaño en pixels que se establecerá entre el contenido del *frame* y los márgenes izquierdo y derecho.
- **marginheight**: Indica el tamaño en pixels que se establecerá entre el contenido del *frame* y los límites superior e inferior del mismo.
- **scrolling**: Indica si se permite o no realizar un scroll sobre el contenido del *frame*. Admite los valores **auto** (depende del tamaño del documento), **no** (deshabilita el scrolling) y **yes** (habilita el scrolling).
- **noresize**: Su existencia determina que el *frame* no puede ser cambiado de tamaño.

Gracias a atributos como los que acabamos de ver, se pueden conseguir efectos visuales muy atractivos, como el que aparece en la figura 8.4.

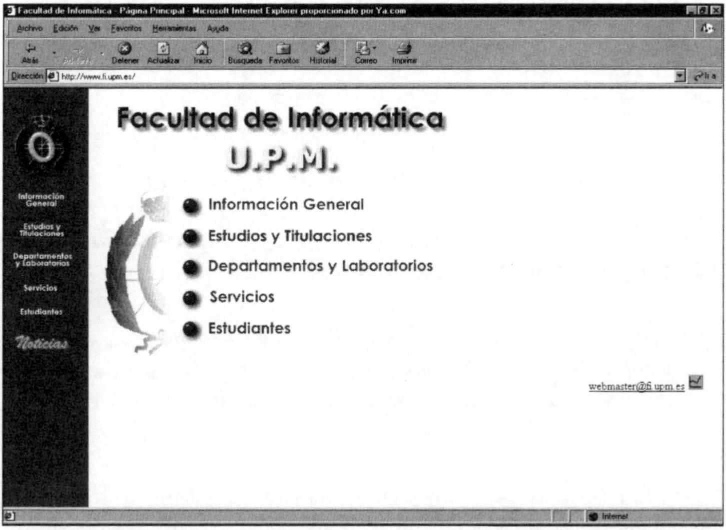

Figura 8.4. Ocultando la existencia de un *frame*

8.4.2. El atributo target

Con lo que sabemos hasta ahora, hemos sido capaces de distribuir la pantalla en distintas zonas y asignar a cada una de ellas un documento concreto. Sin embargo, supongamos que se desea que el contenido de uno de los *frames* pueda modificarse a partir de las acciones realizadas en otro: no es una funcionalidad extraña sino todo lo contrario; estamos hablando de un menú de selección (un *frame* lateral, por ejemplo) donde, seleccionado un determinado enlace, queremos que se muestre el contenido deseado en la zona principal (*frame* central).

Para poder conseguir este efecto hay que utilizar un atributo que ya se comentó anteriormente al hablar de las directivas **<BASE>**, **<LINK>** y **<A>**. Nos estamos refiriendo a **target**, que indica a qué *frame* concreto queremos enviar el documento referenciado por un enlace[4].

Volviendo al ejemplo anterior, la forma de conseguir el efecto deseado sería mediante la inclusión del atributo **target** en los enlaces localizados en el menú lateral, como se muestra a continuación:

```
   <A href="inicial.html"
target="frame_principal">Inicio</A>
   <A href="estadisticas.html"
target="frame_principal">Estadísticas</A>
   <A href="productos.html"
target="frame_principal">Productos</A>
   ...
```

Así, al pulsar en cada uno de los enlaces, el documento correspondiente se mostraría en el *frame* de nombre "frame_principal", simulando el resultado el funcionamiento de un menú de opciones.

> ***Nota:*** *Casos como el del ejemplo, donde todos los enlaces mandan al mismo* frame*, pueden simplificarse mediante la utilización del atributo* ***target*** *dentro de la directiva* ***<BASE>****.*

[4] Más adelante, en el capítulo 11, se verá la otra posible utilización de **target**: indicar a qué *frame* destino mandar el resultado de la evaluación de un formulario.

Bastaría con añadir en la zona de cabecera del documento ***<BASE target="frame_principal">*** *para evitar la repetición del valor de* ***target*** *en todos los enlaces.*

La decisión de qué *frame* usar como destino al activar un enlace se toma de la siguiente manera:

- Si **target** tiene un valor, y éste se corresponde con un nombre de *frame* válido, el documento se cargará en dicho *frame*.
- Si no existe **target**, pero hay un valor del mismo establecido con la directiva <BASE>, entonces se manda el documento a ese *frame*.
- Si no existe **target**, ni tampoco uno por defecto, el documento se cargará en el *frame* en el que se encuentre el enlace activado.
- Si **target** tiene un valor que no se corresponde con ningún *frame* existente, el navegador generará una nueva ventana con su correspondiente *frame* (que tomará el nombre indicado en **target**) y cargará allí el documento.

Nota: *La utilización de ventanas independientes de navegación tiene ciertas ventajas, pero se saca el máximo partido cuando el proceso de creación es controlado (utilizando, por ejemplo, lenguajes de* scripting*), lo que permite la definición de su aspecto y funcionalidades (menús "flotantes", mensajes publicitarios al entrar o salir de un sitio Web...).*

Además de nombres de *frames* ya definidos, el atributo **target** permite utilizar otros especiales:

- **_self**: con este nombre se identifica al *frame* desde el que se hace la referencia. Es el valor por defecto y equivale a no poner nada, es decir, a cargar el documento en el propio *frame*.
- **_top**: identifica al *frame* de nivel superior, sobre el que se ha definido la estructura de *frames*. Usarlo en target equivale a sustituir la estructura definida por <FRAMESET> por el documento indicado.

> ***Truco:*** *Muchas páginas Web lo primero que hacen es colocarse a sí mismas en* ***_top*** *(utilizando lenguajes de* scripting *como JavaScript) para evitar aparecer dentro de un* frame.

- **_parent**: se refiere al *frame* inmediatamente superior. En caso de existir un único nivel de *frames*, **_top** y **_parent** coinciden. Si existe más de un nivel, la utilización de **_parent** como valor de **target** conlleva la desaparición de la división establecida en el nivel inmediatamente superior, que es sustituida por el documento.
- **_blank**: es un valor especial que fuerza la creación de una nueva ventana y envía el fichero allí. Esta ventana no tiene nombre por lo que no es posible hacer nuevas referencias a ella. Cada enlace con este valor en **target** produce una nueva ventana cada vez que se activa.

8.5. <NOFRAMES>

Hasta este punto hemos explicado todos los mecanismos existentes para la creación de *frames*. Pero ¿qué pasa con aquellos agentes que o bien no son capaces de manejar *frames* o bien han sido configurados por los usuarios para no utilizarlos? Para tratar estas situaciones se utiliza la directiva **<NOFRAMES>**. Su funcionamiento se rige por la siguiente regla: el contenido situado entre la directiva **<NOFRAMES>** y su correspondiente cierre (**</NOFRAMES>**) sólo se mostrará si el agente no es capaz de manejar *frames* (o está configurado por el usuario para no utilizarlos). Esta directiva puede colocarse dentro de una sección delimitada por **<FRAMESET>** o directamente en el cuerpo de un documento.

Supongamos que tenemos el siguiente ejemplo:

```
<!DOCTYPE HTML PUBLIC "-//W3C//DTD HTML 4.0
Frameset//EN">
<HTML>
<HEAD>
   <TITLE>Página principal con frames de la empresa
NIPUM S.A.</TITLE>
</HEAD>
```

```
<FRAMESET cols="20%,80%">
   <FRAME name="menu" src="menu.html">
   <FRAME name="central" src="inicial.html">
</FRAMESET>
</HTML>
```

Si un usuario accede a esta página sin un navegador que admita *frames,* no verá absolutamente nada. Si no queremos que esto ocurra, la solución pasa por utilizar **<NOFRAMES>**. En el caso anterior, una posible alternativa sería:

```
<!DOCTYPE HTML PUBLIC "-//W3C//DTD HTML 4.0
Frameset//EN">
<HTML>
<HEAD>
   <TITLE>Página principal con frames de la empresa
NIPUM S.A.</TITLE>
</HEAD>
<FRAMESET cols="20%,80%">
   <FRAME name="menu" src="menu.html">
   <FRAME name="central" src="inicial.html">
   <NOFRAMES>
      <!—contenido de la página como si no hubiese
frames—>
      <!—enlaces del menú —>
      ...
      <!—contenido inicial —>
      ...
   </NOFRAMES>
</FRAMESET>
</HTML>
```

Ahora, un usuario sin *frames* vería el contenido de la página sin ningún problema. Sin embargo, si examinamos el ejemplo anterior, vemos rápidamente un inconveniente. y es que se obliga a los usuarios de *frames* a cargar el contenido de **<NOFRAMES>** a pesar de que no lo van a utilizar. Una solución elegante para este problema puede ser la siguiente:

```
<!DOCTYPE HTML PUBLIC "-//W3C//DTD HTML 4.0
Frameset//EN">
<HTML>
<HEAD>
   <TITLE>Página principal con frames de la empresa
NIPUM S.A.</TITLE>
</HEAD>
```

```
<FRAMESET cols="20%,80%">
   <FRAME name="menu" src="menu.html">
   <FRAME name="central" src="inicial.html">
</FRAMESET>
<NOFRAMES>
   <P>Parece que su navegador no soporta frames.
Para acceder a una versión sin frames pulse <A
href="inicial.html">aquí</A>.
</NOFRAMES>
</HTML>
```

Solución que debería completarse con una pequeña modificación en el código del documento "inicial.html":

```
<BODY>
<NOFRAMES>
   <!—aquí irían los enlaces del menú —>
   ...
</NOFRAMES>
   <!—aquí iría el contenido inicial —>
   ...
</BODY>
```

Ahora, si un usuario utiliza un navegador con *frames*, la página "inicial.html" le mostrará el contenido inicial, ignorándose los enlaces que constituyen el menú (¡ya lo tiene en forma de *frame* a su izquierda!). Sin embargo, si el navegador no admite *frames*, se le mostrará todo de una forma unificada, facilitando su visualización a todo tipo de agentes.

> ***Truco:*** *Algunos diseñadores de páginas Web con* frames *incluyen dentro de la directiva* **<NOFRAME>** *de su página principal no sólo un enlace, como se muestra en el ejemplo anterior, sino también texto descriptivo. Así se ayuda a los indexadores automáticos de páginas, como los buscadores, que en otro caso no podrían clasificar la página inicial del sitio Web por falta de información (aparece la disposición de los* frames, *no su contenido).*

8.6. Frames flotantes

La especificación HTML 4 define otro tipo más de *frame*, conocido como *frame* flotante. Fue introducido por primera vez en la versión 3 de Internet Explorer[5] y consiste en la colocación, en cualquier parte de una página, de una ventana que puede contener otras páginas o cualquier otro objeto exportado a través del Web (al igual que hacen los *frames* "convencionales"). El contenido de estos *frames* tan especiales se ve sometido a las convenciones habituales de nombrado y referencia establecido por los parámetros **target** de otras directivas. La directiva encargada de la definición de *frames* flotantes es **<IFRAME>**. Estos son sus atributos:

- **align**, establece la alineación con el texto circundante al estilo de las imágenes.
- **frameborder**, indica (1 o 0) si el *frame* flotante tiene o no borde.
- **height**, la altura del *frame* en pixels.
- **marginheight** y **marginwidth**, determinan las dimensiones del margen entre el *frame* y los elementos que lo rodean.
- **name**, es el nombre que recibirá el *frame* y que podrá ser utilizado como contenido en referencias target.
- **scrolling**, indica (**yes**, **no**) si habrá o no barras de desplazamiento en el *frame*.
- **scr**, URL del documento que se colocará en el *frame*. Puede ser, a su vez, una nueva definición de *frames*.
- **width**, es la anchura del *frame* en pixels.

La figura 8.5 muestra un ejemplo de *frames* flotantes.

> *Nota: La directiva* ***<IFRAME>*** *es muy utilizada por los sistemas de publicidad en Internet, encargados de insertar anuncios en las páginas Web. Así, en lugar de simples imágenes estos servidores colocan directivas* ***<IFRAME>****, que proporcionan mucha más flexibilidad (dentro puede ir cualquier tipo de contenido Web).*

[5] Desgraciadamente, los *frames* flotantes no son reconocidos por Netscape Navigator, por lo que se puede cuestionar su utilización en aras de la compatibilidad.

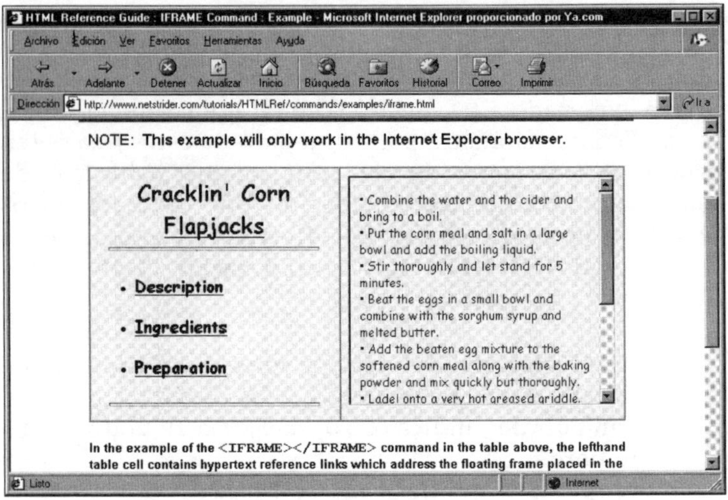

Figura 8.5. Ejemplo de *frames* flotantes

8.7. Ventajas y desventajas de la utilización de *frames*

Desde su aparición en la versión 2 de Netscape Navigator, el uso de *frames* ha sido motivo de polémica por alguno de los problemas que ocasiona su utilización. Por un lado, los "puristas" nunca han sido partidarios de un elemento cuya función principal es definir el aspecto externo de la página, y no sus contenidos (que es para lo que, al menos en teoría, se diseñó HTML). Así, una de las principales premisas del lenguaje, que es poder ser accedido desde cualquier tipo de agente, queda sin efecto ante una directiva cuyo uso presupone la visualización en pantallas de cierto tamaño.

Esta objeción queda en parte rebatida por la existencia de la directiva **<NOFRAMES>**, pero resulta evidente que un documento con *frames*, salvo un gran esfuerzo por parte de los autores, difícilmente será amigable para ciertos visualizadores.

El otro gran problema, y el que más afecta a los usuarios finales (al fin y al cabo, el soporte de *frames* es prácticamente total en los navegadores actuales), es la imposibilidad de conocer en un momento dado el contenido de los distintos *frames*. Tal y como se ha visto en los apartados anteriores, los *frames* definidos dentro de la directiva **<FRAMESET>** tienen asignado inicialmente un documento. Sin embargo, este contenido puede cambiar, como resultado de las acciones del usuario. Si en un momento dado se quiere guardar un enlace a una página, ¿qué debe entender el navegador que se quiere almacenar?, ¿la página que define la estructura de *frames* (lo que supondría guardar el estado inicial) o el contenido de un determinado *frame*?[6].

Este mismo problema se presenta en acciones de navegación tan usuales como el volver atrás. ¿Qué debe hacerse?, ¿volver al documento anterior a los *frames* o retomar el contenido anterior de un determinado *frame* (que es lo que realizan tanto Navigator como Internet Explorer)? Algo similar se produce al imprimir porque, a diferencia de los documentos normales, hay que especificar exactamente qué es lo que se quiere hacer. Actualmente, sólo Internet Explorer, desde su versión 4, permite al usuario elegir cómo imprimir *frames*: tal y como se ve en pantalla, sólo el *frame* seleccionado o todos los *frames* de forma consecutiva. Por su parte, Netscape Navigator 4.x sólo deja imprimir el *frame* seleccionado.

Estas complicaciones han producido algún que otro dolor de cabeza a sufridos usuarios, cuyos hábitos de navegación se ven modificados, de repente, en ciertas páginas (que para más confusión en muchos casos no se distinguen de las demás).

De todas formas, y a pesar de lo dicho hasta ahora, no se puede negar la importancia que han tenido (y tienen) los *frames*. Por un lado, gran parte de los problemas comentados se han ido subsanando en sucesivas versiones de los navegadores. Por otro, aunque el uso actual de los *frames* ha decaído un poco (los lenguajes de *scripting* permiten conseguir efectos similares sin muchos de los inconvenientes asociados a los *frames*), siguen siendo una alternativa válida para similares interfaces de aplicaciones (muchas veces en colaboración con estos mismos lenguajes). Tal vez una

[6] Tanto Netscape Navigator como Internet Explorer (4.x y superior) almacenan la URL del frame seleccionado en ese momento. Sólo en caso de que ninguno lo esté se guarda la URL del documento contenedor.

de las mayores aportaciones de los *frames* al mundo de la programación Web (y de Internet en general) haya sido el dar a conocer las enormes posibilidades de los navegadores Web como clientes ligeros para acceder a aplicaciones. Sólo un pequeño porcentaje de los desarrollos que se inician actualmente utiliza *frames* (son costosos de desarrollar y mantener), pero es seguro que la gran mayoría de estos desarrollos emplean mecanismos de navegación que surgieron y se popularizaron gracias a ellos.

9

Hojas de estilo

9.1. Introducción

Es difícil hablar de grandes avances en un campo como el Web donde éstos se suceden continuamente, pero las hojas de estilo lo son. Se trata de un conjunto de componentes estandarizados (y desde hace mucho por el W3C) que facilitan la disociación de los contenidos y su visualización, un objetivo que está en la mente de todos los desarrolladores del Web desde sus inicios.

Es indudable que HTML es un lenguaje sencillo que facilita la creación rápida de documentos con un aspecto muy atractivo, lo que además se ve mejorado por la utilización de la última generación de editores. Sin embargo, la creación manual de páginas tiene sus límites: hay un valor crítico, dependiente de cada desarrollador y organización, a partir del cual el mantenimiento manual de todos los materiales se vuelve una tarea titánica, incluso en sus aspectos más simples. Poco se puede hacer cuando es necesario modificar una dirección de correo en una masa de 1.000 documentos, pero si lo que se trata es de alguno de los frecuentes cambios en la forma de visualizar las páginas, se puede contar con el uso de las hojas de estilo.

Con ellas es posible definir los detalles de visualización (tipo y tamaño de letra, márgenes, colores, aspecto final) de un conjunto de páginas desde un único fichero. La ventaja con respecto a la modificación manual en toda la estructura de documentos es evidente, en tiempo, esfuerzo y reducción de errores. Además, se puede aproximar más la visualización final a la esperada por el desarrollador, incluso es posible modificar el comportamiento de las directivas estandarizadas y crear clases sobre éstas.

La definición de hojas de estilo del W3C es muy amplia y compleja. Sin embargo, aunque no hubo un apoyo inicial por parte de los navegadores más populares, tanto Internet Explorer como Netscape Navigator han mejorado bastante su soporte a las hojas de estilo desde sus versiones 4.x, lo que ha disparado su uso.

En los siguientes apartados de este capítulo se profundizará en el estudio de las hojas de estilo, explicando qué elementos las componen, cómo se definen y cómo se aplican a los documentos HTML, incluyendo varios consejos prácticos sobre su utilización.

9.2. <STYLE>

Una de las formas más comunes de aplicar estilos en HTML es mediante la directiva **<STYLE>**, que se coloca en la cabecera del documento. Así, por ejemplo, podríamos asignar un determinado color de texto y fondo a un documento mediante el siguiente código:

```
<STYLE type="text/css">
   BODY {color: green;background: black}
</STYLE>
```

En estas pocas líneas ya se pueden identificar elementos importantes en la definición de estilos. Por un lado, vemos el atributo **type**, que se encarga de identificar el lenguaje de hojas de estilo a utilizar[1]. Por otro, tenemos una asignación de valores a unas propiedades de estilo correspondientes a la directiva **BODY**, concretamente **color** (indica el color por defecto de los elementos que aparezcan en el cuerpo del documento) y **background** (que indica el color del fondo).

Dentro de una misma directiva **<STYLE>** se pueden incluir tantas definiciones de estilo como se quiera. Eso sí,

[1] La especificación de HTML 4.0 no define un lenguaje de hojas de estilo por defecto. Sin embargo, a efectos prácticos, prácticamente todos los *browsers* utilizan CCS (*Cascading Style Sheets* u hojas de estilo en cascada), definido por el W3C, que es el que se utilizará en este libro.

dado que no todos los navegadores son capaces de interpretar los estilos, se suele utilizar un pequeño truco para evitar problemas: incluir todas las definiciones dentro de comentarios HTML[2]. Con ello, el ejemplo inicial quedaría de la siguiente forma:

```
<STYLE type="text/css">
<!-
   BODY { color: green;background: black }
->
</STYLE>
```

Si nos fijamos en las definiciones de estilo, vemos que la asignación de valores responde a la siguiente estructura:

```
selector {propiedad1:valor;propiedad2:valor;...;
propiedad n:valor}
```

donde **selector** indica a qué parte del documento se aplica el estilo y el resto de los elementos son las asignaciones de valores a cada unas de las propiedades de estilo, encerradas entre llaves y separadas por punto y coma.

Es posible simplificar la asignación de propiedades utilizando varios selectores separados por comas en la misma línea, y lo mismo ocurre con los valores de las propiedades. Supongamos que queremos ampliar el ejemplo anterior con nuevas definiciones, que determinen el tipo de fuente a utilizar en las cabeceras del documento HTML. Además, y para evitar problemas de visualización en caso de que el navegador del usuario no tenga la fuente de letra indicada, se van a introducir fuentes alternativas. En lugar de incluir una definición para cada elemento, podemos utilizar el siguiente código:

```
H1,H2,H3 {font-family:Arial, Helvetica, sans-serif}
```

A partir de la aplicación de este estilo todas las cabeceras de nivel uno, dos y tres tendrán el tipo de letra asignado. En caso de que no esté disponible la fuente **Arial**, se

[2] Teóricamente no habría problemas en eliminar los comentarios, ya que los *browsers* no muestran lo que aparece en la cabecera de los documentos (localización natural de **<STYLE>**). Sin embargo, se recomienda su uso para evitar problemas.

intentará usar **Helvética** y, si no es así, la fuente genérica **sans-serif**.

Además de **type** la directiva **<STYLE>** tiene otros atributos interesantes:

- **media**: este atributo, al igual que ocurría en el caso de la directiva **<LINK>**, indica el mecanismo de visualización en el cual se debería aplicar el estilo. Desgraciadamente, el soporte de los navegadores más populares a este atributo es mínimo (ver capítulo 4 para obtener más información al respecto).
- **title**: gracias a este atributo es posible identificar las hojas de estilo por un nombre concreto, permitiendo (al menos teóricamente) definir varios estilos distintos y dejar al usuario que decida entre ellos. También permite agrupar dentro de una misma hoja de estilo, definiciones distribuidas entre varias directivas **<STYLE>**, simplemente asignándoles un mismo valor de **title**. En caso de que este atributo no aparezca, los navegadores deben interpretar este estilo como el asignado por defecto para el documento. Sin embargo, y al igual que ocurre con **media**, las implementaciones que de **title** han hecho los navegadores no cumplen todas las especificaciones, y no permiten seleccionar entre distintos estilos.

  El siguiente subapartado está dedicado a enumerar los diferentes tipos de elementos (**selectores**) sobre los que se pueden aplicar los estilos. Más adelante, en el apartado 9.4 se dará una lista detallada de las propiedades de estilo más importantes.

9.2.1. Tipos de selectores

Los estilos se pueden aplicar sobre los siguientes elementos:

- **Cualquier directiva** HTML que pueda tener representación visual y por tanto atributos de estilo asociados. Dentro de este grupo entran todos los ejemplos vistos hasta ahora (**BODY, H1, H2, H3**). En el caso de que se apliquen estilos a directivas HTML que puedan contener a su vez a otras (elementos como **BODY**, **P**, **H1** o **B**) las definiciones se propagan a los elementos contenidos (siempre que tenga sentido su aplicación, ya que hay propiedades que por su misma semántica no se pueden heredar). Un ejemplo típico es definir las fuentes a utilizar en el texto dentro de un estilo aplicado a **<BODY>**, con lo que automáticamente se expande a todos los elementos visibles del documento. Otra posibilidad que brindan las hojas de estilo es que el aspecto de un elemento dependa del contexto (contenedor) en el que se encuentre. Veamos el siguiente ejemplo:

```
H1 EM{font-size:small}
```

Con la definición anterior se está asignando un tamaño de fuente **small** a todo texto situado dentro de la directiva **<EM>**, pero no en todos los casos, sino sólo en aquellos en los que esta aparezca a su vez dentro de **<H1>**.

- **Selector de clase**. Dado un determinado selector, es posible definir distintas clases, cada una de ellas con un estilo diferente. Así, por ejemplo, se podrían definir dos clases de párrafos, correspondientes a contenidos en inglés y español, de forma que su representación fuese distinta. La forma de hacerlo sería con un código similar al siguiente:

```
P.textoingles {text-family:monospace}
P.textoespañol {text-family:Verdana, serif}
```

A partir de este momento se podría cambiar el estilo de un párrafo sin más que asignar al atributo **class** (asociado a la directiva **<P>**) alguno de valores disponibles (**class=textoingles** o **class=textoespañol**). Pero las posibilidades no acaban ahí, puesto que es posible definir una clase no asociada a ninguna directiva concreta, como por ejemplo:

```
.aclaracion {text-color:red}
```

Ahora, bastaría con poner el valor **aclaracion** al atributo **class** de cualquier elemento para cambiar el color del texto. Una de las mayores aplicaciones de los selectores de clase es en combinación con las directivas **<DIV>** y **<SPAN>**. Éstas, como elementos capaces de definir bloques genéricos dentro de un documento HTML, son candidatos ideales para la aplicación de estilos, como veremos más adelante en un ejemplo.

> ***Truco**: Es aconsejable que los nombres de clases se asignen de acuerdo a la función que ocupan en el documento, y no según el aspecto que definan. De esta forma, se facilita su mantenimiento e identificación ante cambios de estilo. ¿Qué pasaría en el ejemplo anterior si en lugar de **.aclaracion** utilizásemos el nombre **textoenrojo** y decidiésemos un cambio de color?*

- **Identificador.** Por medio de identificadores se puede definir el estilo asociado a un elemento concreto. Tienen la siguiente forma:

```
#primerparrafo {text-indent:10em;margin-
left:5em;margin-right:5em}
```

  En este caso, la asignación del estilo al elemento se realizaría a través del atributo **id**. Como norma general, se desaconseja el uso de identificadores en las hojas de estilo ya que dificultan el mantenimiento de las páginas Web (un cambio de estilo obliga a modificar en varios sitios y no en uno sólo, como ocurre con las clases).

Antes de terminar con los selectores, hay que hacer mención a un tipo especial de clases y elementos, predefinidos en CCS, denominados *pseudo-clases* y *pseudo-elementos*. Las *pseudo-clases* permiten distinguir entre distintos tipos de un mismo elemento y tienen la siguiente sintaxis:

```
selector:nombre_pseudo_clase {propiedad:valor}
```

Uno de los ejemplos más conocidos (y utilizados) de *pseudo-clases* son las asociadas a la directiva **<A>**: **link** (enlace no utilizado), **visited** (enlace ya visitado) y **active** (enlace activo). Su uso permite asociar estilos distintos a los diferentes estados de un enlace.

Por su parte, los *pseudo-elementos* identifican partes dentro de un elemento (por ejemplo la primera letra –**first-letter**– o la primera línea –**first-line**– de un párrafo). Su sintaxis es igual a la de las *pseudo-clases*.

9.2.2. Ejemplo de aplicación de hojas de estilo

Este apartado veremos, mediante un pequeño ejemplo, los efectos tan vistosos que se pueden conseguir sobre un documento HTML mediante la aplicación de estilos.

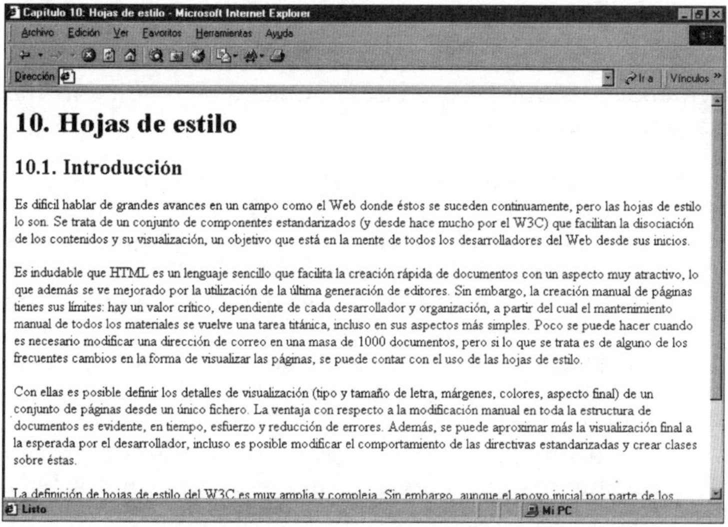

Figura 9.1. Ejemplo de documento "sin estilo"

Se partirá inicialmente del documento mostrado en la figura 9.1, sobre el que queremos efectuar los siguientes cambios:

- Asociar una imagen de fondo al documento sobre la que resalte el espacio dedicado al texto.
- Definir un tipo de letra concreto (Arial o, en su defecto, sans-serif).

- Definir márgenes y un borde alrededor del texto, que den aspecto de "página de libro".
- Resaltar la cabecera principal de forma que aparezca subrayada.
- Justificar los párrafos del documento.

Un posible ejemplo de código que consiga estos efectos es el siguiente:

```
<STYLE type="/text/css">
   BODY {background-image:url("arena.gif");font-
family:Arial,sans-serif; text-align:justify}
   DIV.textolibro{background:yellow;color:black
;margin:2em,10em,2em,10em;border:solid; padding:2em}
   H1 {text-decoration: underline}
</STYLE>
```

Aunque la mayoría de las definiciones utilizadas son evidente a simple vista, hay algunas que requieren una pequeña explicación:

- **"margin:2em,10em,2em,10em"**: con esta sentencia se están asignando valores respectivamente a los márgenes superior, derecho, inferior e izquierdo (en ese orden) del elemento asociado al estilo. La unidad de longitud utilizada (**em**) es relativa, y equivalente a la altura de la fuente utilizada. Más adelante, en el apartado dedicado a las propiedades de estilo, se comentarán los distintos tipos de unidades de longitud existentes.
- **"padding:2em"**: esta propiedad de estilo se aplica en elementos que puedan tener asociado un borde, y nos permite establecer un determinado espacio entre él y el texto (en este caso un espacio equivalente a dos veces la altura de la fuente de letra utilizada).

Una vez introducido el código anterior en la cabecera del documento, lo único que faltaría sería delimitar la zona de texto por medio de la directiva **<DIV>**, asociando al atributo **class** el valor **textolibro**. El código del documento resultante tendría un aspecto similar al siguiente:

```
<BODY>
   <DIV class="textolibro">
```

```
    <!- Aquí iría el contenido del documento ->
    ...
    </DIV>
</BODY>
```

Finalmente, y una vez aplicados los estilos, el documento definitivo tendría un aspecto similar al de la figura 9.2.

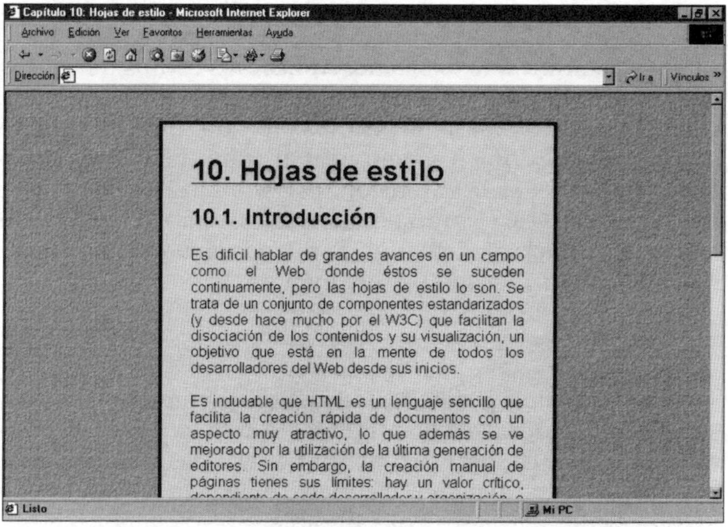

Figura 9.2. Documento con hojas de estilo

9.3. Mecanismos alternativos para asociar estilos a documentos

En este apartado se explicará qué otros mecanismos hay disponibles, aparte de la directiva **<STYLE>**, para enlazar definiciones de estilo a documentos HTML.

9.3.1. Enlace a documentos externos

Tal y como se ha visto en el apartado anterior, gracias a los estilos definidos dentro de la directiva **<STYLE>** es posible conseguir efectos muy vistosos, manteniendo relativamente independientes los contenidos de los documentos de su aspecto externo. Sin embargo, si por cada modificación que se desee hacer en una definición de estilo es necesario modificar todos los documentos donde está contenida, ¿qué se gana en cuestión de mantenibilidad con las hojas de estilo?

La respuesta viene dada por la existencia de un mecanismo adicional para asociar estilos a un documento: ficheros independientes de hojas de estilo enlazados con documentos HTML por medio de la directiva **<LINK>**[3].

Supongamos que deseamos aplicar los estilos definidos en el apartado anterior a más de un documento. En lugar de repetir la definición de los estilos en cada uno de ellos, se puede crear un único fichero donde almacenar los estilos (que deberá tener la extensión **.css**) y enlazarlo luego por medio de **<LINK>**. Suponiendo que el nombre del fichero fuese *"miestilo.css"* deberíamos introducir la siguiente línea en la cabecera de los documentos:

```
<LINK rel=StyleSheet href="miestilo.css">
```

A partir de ese momento, la misma definición de estilos se aplicará a todos los documentos Además, para introducir cualquier cambio en la apariencia bastará con que modifiquemos únicamente el fichero de estilos, con lo que el ahorro de tiempo es considerable.

Dentro de los ficheros de estilo se emplea la misma sintaxis que en la directiva **<STYLE>** aunque sin necesidad de emplear ésta ni ninguna otra directiva HTML (bastaría con incluir únicamente las definiciones de estilo).

9.3.2. Importar estilos

Otro de los mecanismos que se pueden utilizar para enlazar hojas de estilos a documentos HTML es la sentencia **@import**, definida en el lenguaje CSS. Con ella se pueden importar estilos (localizados en ficheros separados) dentro de **<STYLE>** y de ficheros **".css"**.

Seguidamente se muestra un ejemplo de utilización de esta sentencia:

[3] En el capítulo 4 ya se explicó la sintaxis de esta directiva.

```
<STYLE type="text/css">
   @import url("estilo_fuentes.css");
   BODY {color: green;background: black}
</STYLE>
```

El código anterior permite aplicar sobre el documento los estilos incluido en el fichero **"estilo_fuentes.css"**. Las sentencias **@import** deberán colocarse siempre antes que cualquier otra definición de estilo que aparezca dentro de **<STYLE>**. Además, si se produce un conflicto entre definiciones contradictorias, siempre se aplicarán las últimas (según el orden de lectura)[4].

La utilización de **@import** favorece la modularidad, ya que permite la distribución de estilos entre diferentes ficheros (por tipo selectores, por propiedades...). Todo esto redunda en un mantenimiento más sencillo de nuestras páginas Web.

9.3.3. El atributo *style*

La última forma que veremos para asociar estilos en HTML es la utilización del atributo **style**. Este atributo se puede aplicar a cualquier elemento que pueda aparecer dentro del cuerpo de un documento (excepto **BASEFONT**, **PARAM** y **SCRIPT**), y tiene como posibles valores una lista de declaraciones de estilo, separadas por punto y coma. El siguiente código muestra un ejemplo de aplicación de **style**:

```
<BODY style="color:green;background:black">
```

La aplicación de estilos mediante **style** presenta varios inconvenientes, que desaconsejan su utilización:

- Dificultan el mantenimiento de los documentos, ya que las definiciones de estilo aparecen dispersas por los mismos.

[4] Existe un mecanismo para dar máxima prioridad a una definición con respecto a todas las demás: añadir al final de la misma la sentencia **!important**. Sin embargo, hay que tener cuidado con su uso, pues puede causar problemas a usuarios que tengan definidos estilos por defecto (los estilos con **!important** tienen prioridad sobre los del usuario).

- Los estilos se aplican de igual manera a todos los mecanismos de visualización (no tiene asociado un atributo **media**[5]).
- Obliga a declarar un único lenguaje de hojas de estilo para todo el documento (se recuerda que tanto la directiva **LINK**, como **STYLE** permitían definir un lenguaje específico para las definiciones y ficheros incluidos en ellas). La forma de declarar este lenguaje es mediante el siguiente código, localizado en la cabecera del documento:

```
<META HTTP-EQUIV="Content-Style-Type"
CONTENT="text/css">
```

9.4. Propiedades de las hojas de estilo

En este apartado se presentan algunas de las principales propiedades disponibles para la definición de hojas de estilo, incluyendo además una pequeña explicación de las unidades de longitud que se pueden utilizar.

9.4.1. Unidades de longitud

Las unidades de longitud tienen una gran utilidad cuando se trabaja con hojas de estilo, permitiendo asignar valores a propiedades tan importantes como los márgenes o la separación entre párrafos. Las unidades de longitud pueden ser absolutas o relativas y se componen de un signo (+ o –, siendo el primero opcional) y un número seguido de la unidad de medida, sin ningún espacio entre ellos. Seguidamente se muestran las unidades absolutas disponibles:

- **in**: pulgadas (*inches*). Una pulgada equivale a 2,54 centímetros.
- **cm**: centímetros.

[5] Considerando el poco soporte que el atributo **media** tiene en los navegadores actuales este inconveniente es más teórico que real.

- **mm**: milímetros.
- **pt**: puntos. Un punto equivale 1/72 pulgadas.

Y a continuación las relativas

- **em**: tamaño equivalente a la altura de la fuente asociada al elemento.
- **ex**: tamaño equivalente a la altura de la letra "x" correspondiente a la fuente asociada al elemento
- **px**: *pixels,* relativo a la resolución del área de visualización.

Ejemplos de valores de longitud válidos serían: **-2em, 3.2em, 2cm, 40px**

9.4.2. Propiedades asociadas a fuentes de letra

Las principales propiedades asociadas a fuentes de letra son:

- **font-family**: determina la fuente de letra a utilizar, permitiendo especificar más de una. Se recomienda colocar al final de la lista fuentes genéricas para asegurar que el navegador es capaz de elegir al menos una fuente similar en ausencia de las primeras. Los tipos genéricos de letra que se pueden utilizar son **serif, sans-serif, cursive, fantasy** o **monospace**.
- **font-style**: determina el estilo de la fuente de letra. Puede tomar los valores **normal, italic** u **oblique**.
- **font-weight**: determina el grosor de la fuente. Valores permitidos son **normal, bold, bolder, lighter, 100, 200, 300, 400, 500, 600, 700, 800, 900.**
- **font-size**: permite definir el tamaño de la fuente. Admite distintos tipos de medida: valores absolutos (**xx-small, x-small, small, medium, large, x-large, xx-large**), relativos (**larger, smaller**), unidades de longitud o porcentajes (con relación a la fuente del elemento contenedor).

9.4.3. Propiedades asociadas a colores y fondos

Cuando se trata de definir el color de texto y fondo de elementos HTML, algunas de las principales propiedades disponibles son:

- **color**: permite especificar el color del elemento asociado. Son valores válidos tanto los nombres de colores (**black**, **red**, **white**...) como la notación RGB (**#000983**, **#101010**...).
- **background**: establece el color de fondo del elemento al que se aplica[6]. Admite los mismos valores que **color**.
- **background-image**: determina la imagen de fondo del elemento. Admite como valor cualquier URL en el formato **url (dirección_url_válida)**.
- **background-attachment**: permite indicar si la imagen de fondo se mueve o permanece fija al hacer *scroll* del texto. Admite los valores **scroll** y **fixed**.
- **background-repeat**: determina cómo debe repetirse una imagen de fondo: **repeat** (valor por defecto), **repeat-x** (repetir horizontalmente), **repeat-y** (repetir verticalmente) y **no-repeat** (no repetir la imagen).
- **background-position**: define la posición inicial de la imagen de fondo. Sólo es aplicable en elementos contenedores y en elementos "reemplazables" (aquellos cuyas dimensiones son conocidas como **IMG** u **OBJECT**). Entre los valores permitidos se encuentran longitudes, porcentajes (respecto al tamaño del elemento al que se aplica el estilo) y las siguientes palabras clave: **left**, **center**, **right**, **top**, **center**, **bottom**.
- **background**: permite definir en un único lugar todas propiedades asociadas al fondo, simplemente incluyendo sus valores (sin importar el orden) separados por un espacio (por ejemplo: **background: black url("fondo.jpg") fixed, center**).

---

[6] Es recomendable definir siempre de forma conjunta color y fondo de los elementos, para evitar malas combinaciones de colores si el usuario ha definido valores por defecto.

9.4.4. Propiedades asociadas al texto

Las propiedades disponibles para dar estilo al texto son:

- **word-spacing**: define un espacio adicional a establecer entre las palabras del texto. Admite valores de longitud.
- **letter-spacing**: define un espacio adicional a establecer entre las letras del texto. Admite valores de longitud[7].
- **text-decoration**: permite aplicar estilos especiales al texto: **none** (valor por defecto), **underline**, **overline**, **line-through** y **blink**.
- **vertical-align**: se aplica exclusivamente sobre elementos *inline* y determina la colocación vertical del texto en relación con el elemento contenedor o la línea del elemento. Admite como valores porcentajes, y las palabras clave **baseline** (valor por defecto), **sub**, **super**, **top**, **text-top**, **middle**, **bottom** y **text-bottom**.
- **text-transformation**: permite efectuar distintas transformaciones en el texto. Valores admitidos son: **none** (valor por defecto), **capitalize**, **uppercase** y **lowercase**.
- **text-align**: esta propiedad se aplica exclusivamente sobre elementos contenedores, que de esta forma determinan el alineamiento del texto que contienen. Admite como valores **left**, **right**, **center** y **justify**.
- **text-indent**: al igual que la propiedad anterior, se aplica exclusivamente sobre elementos contenedores, y determina la indentación de la primera línea de texto. Admite longitudes y porcentajes (respecto a la anchura del elemento).
- **line-height**: permite determinar el espacio entre las líneas de texto. Valores permitidos son un número positivo (que se multiplicará por el tamaño de la fuente de letra del elemento), longitudes, porcentajes y la palabra clave **normal** (por defecto).

[7] Si el espacio adicional se fija en 0, el texto no admitirá justificación.

9.4.5. Propiedades asociadas a cajas de texto

Las principales propiedades de que disponemos para dar formato a las todos los elementos HTML que contengan texto son:

- **margin-top**, **margin-right**, **margin-bottom**, **margin-left**: estas propiedades especifican, respectivamente, los márgenes superior, derecha, inferior e izquierda de un elemento. Admiten como valores válidos porcentajes y longitudes.
- **margin**: permite definir en un único sitio todos los márgenes del texto. Admite uno, dos o cuatro valores. En el primer caso representa el tamaño a aplicar a todos los márgenes. En el segundo caso, el primer número indica los márgenes superior e inferior, y el segundo los márgenes izquierda y derecha. Finalmente, el último caso representa los márgenes superior, derecha, inferior e izquierda respectivamente.
- **padding-top**, **padding-right**, **padding-bottom**, **padding-left**: estas propiedades especifican, respectivamente, el espacio entre el contenido del elemento y los bordes superior, derecha, inferior e izquierda respectivamente. Admiten como valores válidos porcentajes y longitudes no negativos.
- **padding**: permite definir en un único sitio todos los espacios entre el contenido del elemento y los bordes. Admite uno, dos o cuatro valores. En el primer caso representa el espacio a aplicar a todos los bordes. En el segundo caso, el primer número indica los espacios hasta los bordes superior e inferior, y el segundo los espacios hasta los bordes izquierdo y derecho. Finalmente, el último caso representa los espacios hasta los bordes superior, derecho, inferior e izquierdo respectivamente.
- **border-top-width**, **border-right-width**, **border-bottom-width** y **border-left-width**: estas propiedades especifican, respectivamente, la anchura de los elementos **top-border, right-border**, **bottom-border** y **left-border**. Valores admitidos son longitudes no negativas y las palabras clave **thin**, **medium** (valor por defecto) y **thick**.

- **border-width**: permite definir en un único sitio todas las anchuras de los borders. Admite uno, dos o cuatro valores. En el primer caso, representa la anchura a aplicar a todos los bordes. En el segundo caso, el primer número indica la anchura de los bordes superior e inferior, y el segundo las anchuras de los bordes derecho e izquierdo. Finalmente, el último caso representa la anchura de los bordes superior, derecho, inferior e izquierdo respectivamente.
- **border-color**: permite establecer el color de los bordes del elemento. Los valores permitidos son los correspondientes a colores y admite uno, dos o cuatro. En el primer caso, representa el color a aplicar a todos los bordes. En el segundo caso, el primer número indica el color de los bordes superior e inferior, y el segundo el color de los bordes derecho e izquierdo. Finalmente, el último caso representa el color de los bordes superior, derecho, inferior e izquierdo respectivamente.
- **border-style**: permite determinar los distintos estilos de los bordes de un elemento. Valores admitidos son **none** (valor por defecto), **dotted**, **dashed**, **solid**, **double**, **groove**, **ridge**, **inset** y **outset**, y admite uno, dos o cuatro. En el primer caso, representa el estilo a aplicar a todos los bordes. En el segundo caso, el primer número indica el estilo de los bordes superior e inferior, y el segundo el estilo de los bordes derecho e izquierdo. Finalmente, el último caso representa el estilo de los bordes superior, derecho, inferior e izquierdo respectivamente.
- **border-top**, **border-right**, **border-bottom**, **border-left**: estas propiedades permiten definir de una sola vez todas las características (anchura, estilo y color) de los bordes superior, derecha, inferior e izquierda respectivamente. Valores admitidos son los correspondientes a las propiedades **border-width**, **border-style** y **border-color**.
- **border**: permite asignar de una sola vez todas las características asociadas al borde de un elemento: anchura, estilo y color. A diferencia de las propiedades anteriores, cualquier asignación que se haga con border, se aplicara simultáneamente a los cuatro

bordes del elemento. Valores admitidos son los correspondientes a las propiedades **border-width**, **border-style** y **border-color**.

- **width, height**: establecen respectivamente la anchura y altura del elemento asociado. Sólo son aplicables con elementos contenedores y con elementos "reemplazables" (aquellos cuyas dimensiones son conocidas como **IMG** u **OBJECT**). Valores admitidos son longitudes no negativas y la palabra clave **auto** (valor por defecto).
- **float**: permite indicar cómo flota el texto alrededor del elemento. Valores permitidos son **left**, **right** y **none** (valor por defecto).
- **clear**: determina si un elemento quiere o no que otros elementos floten a su lado. Valores permitidos son **none** (valor por defecto, que obliga a que el elemento se coloque debajo de cualquier elemento que flote a izquierda o derecha), **left** (obliga al elemento a colocarse debajo de aquellos elementos que floten a su izquierda), **right** (obliga al elemento a colocarse debajo de aquellos elementos que floten a su derecha) y **both** (permite que floten elementos a izquierda y derecha).

9.5. Algunos consejos sobre la utilización de hojas de estilo

Las hojas de estilo, a pesar de no ser muy complicadas de usar, requieren de unos cuantos consejos para poder sacarles el máximo beneficio. No hay que olvidar que, a pesar del relativo soporte de los navegadores a las hojas de estilo, conseguir los efectos deseados no siempre es fácil, y mucho menos cuando nos enfrentamos a entornos muy variados: diferentes *browsers* y versiones, diferentes pantallas, diferentes personalizaciones de usuario.... Algunos de los consejos ya se han sugerido a lo largo del capítulo, con motivo de explicaciones a problemas concretos. El interés de recogerlos aquí es que este apartado sirva de referencia rápida antes de empezar a plantearse un proyecto completo que incluya hojas de estilo:

- **Separar apariencia y contenido**: aunque parezca un contrasentido, la utilización de hojas de estilo puede generar un montón de dependencias en el documento con relación a su apariencia. No se debe olvidar que las hojas de estilo proporcionan los mecanismos necesarios para poder conseguir la ansiada separación entre contenido y aspecto externo, pero no la aseguran. Es perfectamente posible realizar un documento que emplee estilos, válido sintácticamente, y que al mismo tiempo presente muchas dificultades de mantenimiento y de visualización. Para evitarlo, hay que ser especialmente cuidadoso en algunos detalles como la utilización del atributo **style**, la separación de los estilos en ficheros independientes, el cuidado en la utilización de los colores o el uso de longitudes absolutas (que pueden dar lugar a resultados totalmente inesperados en ciertas resoluciones de pantalla). Como norma, se puede hablar de una buena separación apariencia-contenido cuando al desactivar los estilos (basta con seleccionar la opción apropiada dentro de los navegadores) no se vea afectada la legibilidad del documento.
- **Cuidado con los navegadores**: el soporte de los principales navegadores a las hojas de estilo no es ni mucho menos completo (aunque mayor en Internet Explorer 4.x y versiones superiores que en Netscape Navigator 4.x). Resulta casi imposible saber de antemano qué funciona y qué no en cada uno por lo que es una buena práctica desarrollar los documentos con al menos dos navegadores abiertos, probando en ambos los estilos introducidos. Con un poco de cuidado es posible generar páginas con la misma buena apariencia en los todos ellos. En otros casos, no quedará más remedio que acudir a mecanismos adicionales, como los proporcionados por los lenguajes de *scripting* – JavaScript, VBScript...

***Truco:** Netscape Navigator 4 suele ser bastante más sensible a los problemas sintácticos de las hojas de estilo que Internet Explorer (4.x y superior), llegando a ignorar todas las definiciones de un fichero por un simple error (un punto y coma, o un espacio incorrecto). Por tanto, y en caso de tener* *que elegir un único navegador para utilizar durante el desarrollo, se recomienda Netscape Navigator, ya que permite detectar rápidamente cualquier tipo de error. Una vez realizado el diseño, existen bastantes posibilidades de que el resultado se visualice correctamente en Internet Explorer (al revés la cosa no sería tan fácil).*

- **Agrupar estilos:** es una buena práctica de diseño agrupar las definiciones de estilo, bien por elementos (contenedores, elementos *inline,*) o bien por propiedades (colores, texto, fuentes...). Así se facilita el mantenimiento y modificación posterior, gracias a una rápida localización de los elementos. Distribuir estos grupos en ficheros independientes y aplicarlos mediante **@import** puede ser una buena estrategia. De todas formas, es una decisión que deberá tomarse según cada caso y dependiendo del número de páginas a mantener ya que, inicialmente, estas soluciones implican un mayor esfuerzo que muchas veces no se compensan con los beneficios obtenidos.

10

La entrada de usuario. Formularios

10.1. Introducción

El WWW es un medio utilizado tanto para difundir información como aplicaciones. Al margen de la ejecución de pequeños programas en cliente con JavaScript, Java, o Active X, las verdaderas aplicaciones utilizan al WWW como una interfaz de usuario y realizan el proceso en los sistemas servidores. Hasta ahora hemos visto formas de representar información, lo que puede ser perfectamente válido para mostrar los resultados de esas aplicaciones, pero aún carecemos de un medio para hacerles llegar los datos de entrada de usuario.

En HTML, esto es responsabilidad de los formularios, unas entidades cuyo único propósito es recoger información del usuario. La información obtenida de esos formularios se remite a las aplicaciones, generalmente en forma de CGI, pero su tratamiento excede el propósito de este libro.

10.2. Formularios

En HTML un formulario es un área de código comprendida en el espacio delimitado por la directiva **<FORM>** y su cierre. Cada formulario tiene asociado una acción distinta, lo que permite la inclusión de varias áreas dedicadas a este fin en una misma página.

La estructura de un formulario es muy simple: comienza con **<FORM>** y finaliza con **</FORM>**. La directiva tiene dos parámetros que deben aparecer obligatoriamente: **action** y **method**, aunque su valor pueda ser modificado dinámicamente con aplicaciones JavaScript.

El primero, **action**, contiene la acción que debe emprenderse con los datos, generalmente es la URL del programa CGI encargado de interpretar la entrada del usuario y generar los resultados oportunos; **method** tiene un significado más complejo. En principio puede tomar como valor cualquiera de los métodos de transferencia de datos reconocidos por HTTP, pero en la práctica sólo se usan dos: **GET**, que añade los argumentos del formulario al URL recogido en **action** (usando como separador **?**), lo que da lugar a que el programa los reciba como parámetros de entrada, y **POST**, que envía los datos como parte de la entrada estándar.

Estos son dos posibles ejemplos de uso de la directiva **FORM**:

```
<FORM method="GET" action="/cgi-bin/envio-correo.pl">

<FORM method="POST" action="http://www.service.com/cgi-bin/suscribe.cgi">
```

> ***Nota:*** *La extensión de los programas* ***cgi*** *no es obligatoria y no tiene que identificar necesariamente el lenguaje empleado en su construcción. Aunque puedan aparecer extensiones como* ***pl, .tcl*** *o* ***.sh*** *para indicar programas escritos en* ***Perl, Tcl*** *o la shell de Unix, es igualmente válida la extensión* ***.cgi*** *o su ausencia (habitual en programas compilados).*

El método GET es el utilizado por los *browsers* para solicitar una página al servidor. El servidor recibe una URL que debe resolver: extrae el nombre de la página o programa y en ese último caso lo activo tomando como parámetros de llamada el resto de la URL. Esto quiere decir que en el momento de enviar el formulario se compone una URL especial formada por la referencia al programa y los parámetros leídos en el formulario precedidos por el carácter interrogación ('?'). Los distintos parámetros se presentan en la forma *nombre=valor* y se separa cada par por el carácter *ampersand* ('&').

Si el método es POST, el *browser* contacta con el servidor y envía los datos al margen de la URL. Esto que la llamada sea más "limpia", no tenemos los parámetros a la vista.

El aspecto de un formulario depende fuertemente del *browser* que use cada cliente. En las figuras 10.1 y 10.2 se muestra el mismo formulario según Netscape para Windows y el mismo visualizador en su versión X Windows.

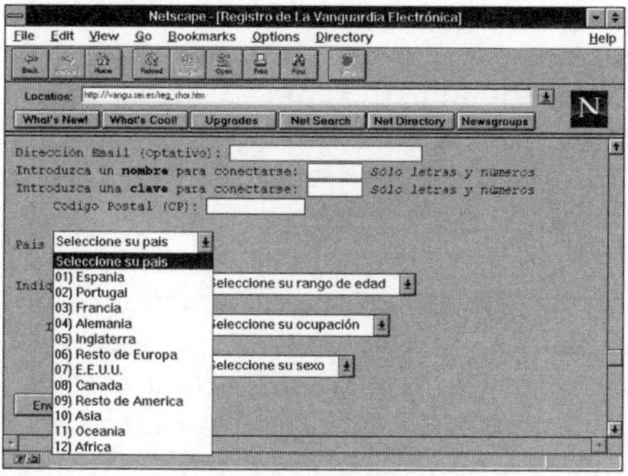

Figura 10.1. Versión Windows de un formulario

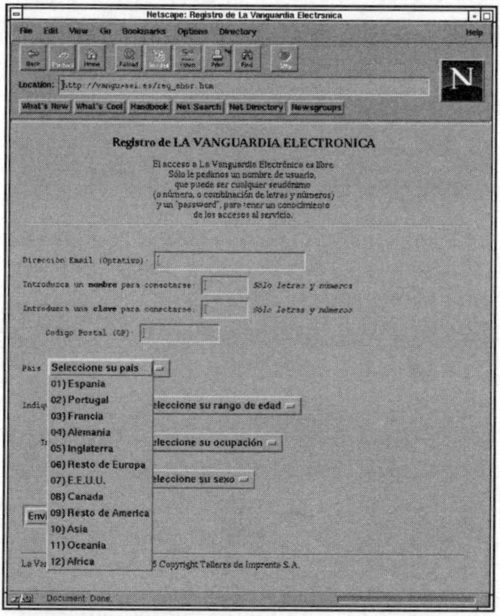

Figura 10.2. Versión X Windows de un formulario

Un tercer atributo, **enctype**, describe el mecanismo utilizado para codificar el contenido del formulario. Por defecto su valor es "application/x-www-form-urlenconded". Sólo se utiliza con un valor diferente en entradas de tipo fichero, como se verá más adelante.

La forma habitual de codificar el formulario convierte cada espacio en un signo más ('+'), los valores no alfanuméricos pasan a ser secuencias de escape formadas por el carácter porcentaje ('%') seguido de dos números hexadecimales que representan el código ASCII[1]. Cada parámetro pasado al programa CGI se convierte en un par *nombre=valor*.

El atributo **name** permite identificar a cada formulario del documento HTML con un nombre simbólico, lo que simplifica el trabajo con aplicaciones JavaScript.

Por último, y para operar con *frames*, es posible incluir el atributo **target**, lo que permite enviar el resultado de evaluar un formulario a una ventana o *frame* distinto de aquel en el que se introdujeron los datos.

Una página puede contener varios formularios, pero éstos, al contrario que las tablas, por ejemplo, no se pueden anidar.

Las directivas incluidas dentro de formularios son las encargadas de recoger los datos del usuario. En el resto de la sección se enumeran los distintos elementos aceptados por la mayoría de los *browsers*.

10.2.1. La directiva INPUT

Es la directiva de formulario más usada y la que tiene más opciones y funcionalidades

Dependiendo del atributo **type** se distinguen varias clases de entradas:

TEXT. Es el valor por defecto de **type** (el que se asume si se omite este parámetro) e indica que se trata de una entrada de datos formada por una línea de texto. El atributo **name** contiene el nombre que recibe la variable en la que se

[1] Los saltos de línea, en los formularios que admiten este tipo de entrada, se sustituyen por %0D%0A.

almacenará la entrada; **size** es el tamaño en caracteres de la entrada de visualización, y **maxlength** la longitud máxima del valor en caracteres.

Estos son ejemplos de este tipo de entradas:

```
   Escriba su nombre: <INPUT type="text" name="nombre"
size="20">
   C&oacute;digo postal: <INPUT type="text" name="CP"
size="6" maxlength="5">
```

Se puede dar un valor inicial al contenido del campo con el atributo **value**.

PASSWORD. Se trata de una entrada de tipo texto en la que se enmascaran los datos, normalmente escribiendo asteriscos en vez de letras, para evitar que otra persona pueda ver qué valores se introducen en ella. Tiene los mismos atributos que el tipo **text**. Resulta muy adecuada para recoger *passwords* o palabras-clave:

```
   Su <I>password</I>: <INPUT type="password"
name="clave" size=10>
```

> ***Nota**: No suponga que por el hecho de camuflar el texto a medida que se escribe en un campo **password** este garantizada la seguridad de esa información. En ningún momento se cifra, codifica o enmascara. Puede obtener una prueba de ello utilizando un campo de este tipo dentro de un formulario que utilice el método GET: la URL resultante mostrará, perfectamente legible, el contenido del campo.*
> *Establecer mecanismos de seguridad fiables en el WWW es una tarea muy compleja y que va mucho más lejos que la construcción de páginas HTML.*

HIDDEN. Es simplemente un almacén interno de datos. El visualizador no muestra el contenido, recogido en el atributo **value**, pero si se lo pasa al programa CGI. Resulta un componente muy adecuado para guardar información que se mantiene estable en la página. Por ejemplo, si en un momento dado ha leído el nombre del usuario, éste puede pasar de una llamada a otra a través de este tipo de entrada, en vez de agrandar la lista de parámetros añadidos al URL:

```
   <INPUT type="hidden" name="browser" value="Arena">
```

El usuario no podrá modificar el valor de este campo, aunque sí puede conocerlo visualizando el código fuente de la página.

> ***Truco:*** *Lo anterior no es completamente cierto. Siempre puede variar la información asociada a un formulario: no tiene más que guardar la página original localmente, modificarla a su antojo (por ejemplo variando el contenido de un campo* ***hidden****), y visualizarla en su* browser *enviando los datos desde su página alterada.*

CHECKBOX. Se trata de una casilla de selección, un componente que sólo tiene dos valores: seleccionado o ignorado. **value** recoge el valor cuando se le selecciona, si no es así se devuelve una cadena vacía. Si se incluye **checked** se indica que inicialmente la casilla aparecerá seleccionada. Las siguientes instrucciones se visualizarían de una forma similar a la mostrada en la figura 10.3.

```
   <INPUT type="checkbox" name="preg"
value=1>&#191;Papel de regalo?<P>
   <INPUT type="checkbox" name="corar" value=1
checked>&#191;Correo a&eacute;reo?<P>
```

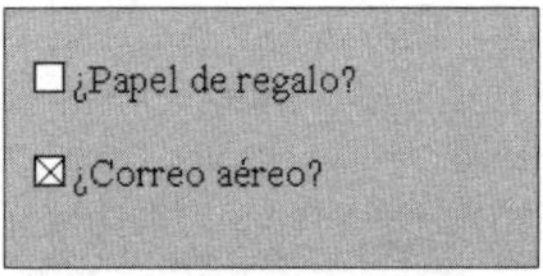

Figura 10.3. Checkbox

RADIO. Botones de radio. Una misma variable asociada a varios elementos, cada con un valor distinto. Al igual que ocurría con el componente anterior, si no hay ningún valor seleccionado se devuelve una cadena vacía, y el atributo **checked** señala la opción seleccionada. Los siguientes ejemplos se visualizan en la figura 10.4:

```
   <INPUT type="radio" name="sino" value=1 checked>
S&iacute;
   <INPUT type="radio" name="sino" value=2> No
   <P>
   <INPUT type="radio" name="SO" value=unix checked>
Unix<P>
```

```
   <INPUT type="radio" name="SO" value=mac>
Macintosh<P>
   <INPUT type="radio" name="SO" value=doswin> Dos/
Windows 3.1<P>
   <INPUT type="radio" name="SO" value=win95> Windows
95<P>
   <INPUT type="radio" name="SO" value=nt> Windows
NT<P>
   <INPUT type="radio" name="SO" value=vms> VMS<P>
   <INPUT type="radio" name="SO" value=X> Otro<P>
```

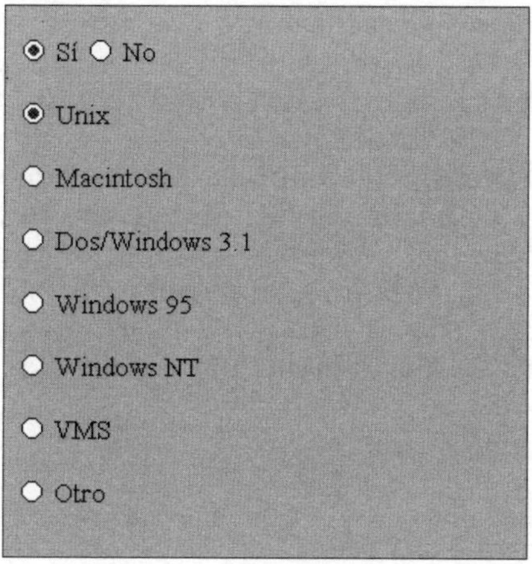

Figura 10.4. Ejemplo de uso del elemento **RADIO**

RESET. Este es un elemento especial que no recibe datos, sólo ejecuta localmente una acción. Tiene el aspecto de un botón y hace que los campos de entrada y todos los componentes del formulario vuelvan a su estado original. El atributo opcional **value** contiene la frase que se mostrará en lugar de "Reset", el texto por defecto.

SUBMIT. Otro botón, en este caso es el que desencadena la acción de enviar los datos al programa **cgi** que los interpreta y activarlo. También, como en **RESET**, el atributo **value** contiene la frase que se mostrará en lugar del valor por defecto, "Submit". Este es un ejemplo de uso de estos componentes, y en la figura 10.5 se muestra su visualización:

```
  <INPUT type="submit" value="Enviar datos"> <INPUT
type="reset" value="Vaciar el formulario">
```

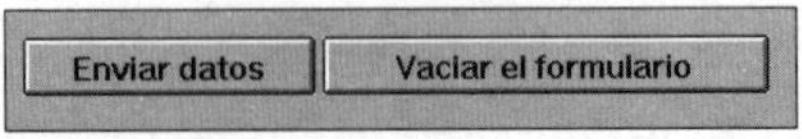

Figura 10.5. Visualización de los tipos de entrada **RESET** y **SUBMIT**

IMAGE. Un tipo especial muy cercano a los mapas interactivos o *imagemaps*. Se visualiza como una imagen cuya ubicación se indica en el atributo **src** y que puede estar alineada con los valores habituales en **align**. Al hacer clic sobre la imagen se desencadena una acción similar a la de **SUBMIT** con la diferencia de que se añade un parámetro más a la llamada identificado con el atributo **name** y cuyo contenido son las coordenadas sobre las que hizo clic el usuario. Se trata de un componente muy adecuado para la construcción de barras de herramientas que pueden estar divididas en varias imágenes (caso en el que no importa sobre qué punto de la imagen se hace clic, sólo se necesita saber qué imagen se seleccionó) o ser un solo gráfico (y hay que analizar las coordenadas para averiguar qué función se está invocando).

Veamos un ejemplo:

```
   <INPUT type=image" src="/dibus/barra.gif"
name="herr" align=middle>
```

FILE. Es un elemento especial que permite enviar ficheros a través de protocolo HTTP. En principio, este protocolo dispone de cuatro comandos: GET y POST, ya mencionados, y DELETE (borrar) y PUT (enviar) que pocos servidores soportan y ninguna instalación autoriza. Netscape añadió este tipo para disponer de un modo controlado para el envío de ficheros apoyado en el método POST.

Para utilizar este tipo de entradas hay que utilizar la directiva **<FORM>** con el atributo **enctype** con el valor '*multipart/form-data*'. Por ejemplo:

```
   <FORM action="/cgi-bin/enviofich" method="POST"
enctype="multipart/form-data">
```

Cuando se utiliza una entrada de este tipo, el *browser* muestra dos elementos: una entrada de texto en la que se puede poner el nombre del fichero (hay que indicar el camino completo) y un botón con la leyenda "*Browse*". Este botón abre una ventana desde la que se puede seleccionar el fichero tal y como se ve en la figura 10.6.

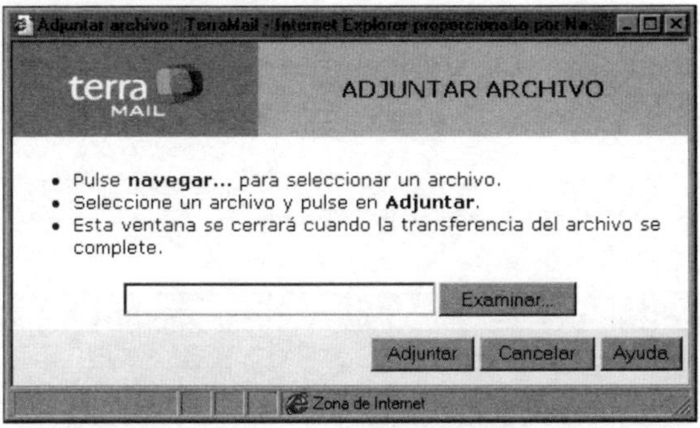

Figura 10.6. Envío de ficheros con **file**.

> ***Nota:*** *Si intercambia información entre sistemas DOS o Windows y Unix, debe tener en cuenta que debe pasar el filtro **dos2unix**, o **unix2dos** para realizar las conversiones oportunas de saltos de línea sin las que codificaciones como las de **uuencode** no funcionarían.*

El estándar HTML 4 indica que, asociado a este tipo de entradas, la directiva <FORM> puede aceptar, además, un parámetro denominado **accept** cuyo contenido es una lista de los tipos MIME (en la que está aceptado el uso de metacaracteres como *) a los que pueden pertenecer los ficheros enviados. La única implementación disponible de este tipo de entradas, la de Netscape, no utiliza ese componente.

En todas sus variantes, y de acuerdo con el estándar (y soportado por Explorer), INPUT dispone de dos atributos: disabled, para indicar que el elemento está desactivado; y readonly, que impide modificar el contenido del elemento de entrada.

10.2.2. TEXTAREA

Se trata de una variante de tipo **TEXT** de la directiva **INPUT**. Aquí se define un cuadro de entrada de texto con varias líneas y columnas. **TEXTAREA** es un delimitador que asume que el texto contenido en él es el valor por defecto, el contenido inicial del elemento. Las dimensiones del área de entrada de texto se definen con los atributos **rows** (número de filas) y **cols** (anchura de cada una en caracteres). Veamos un ejemplo y su visualización en la figura 10.7:

```
<TEXTAREA name="texto" cols=50 rows=10>Texto inicial,
que puede tener varias líneas.
</TEXTAREA>
```

> ***Nota:*** *En el texto por defecto puede incluirse cualquier contenido, incluso directivas HTML, pero su interpretación se ignora hasta la aparición de* ***</TEXTAREA>****.*

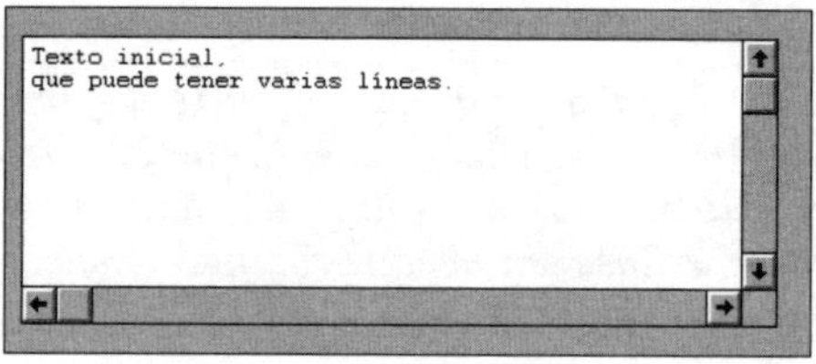

Figura 10.7. TEXTAREA

Esta directiva admite el atributo disabled para indicar que está desactivado su uso.

10.2.3. SELECT

Se trata de un componente habitual (en realidad dos) de los entornos de ventanas. Esta misma directiva permite construir una lista de selección recogida en una ventana que puede tener barras de desplazamiento (*scroll*) y una lista desplegable similar a un menú. Todo depende del valor del atributo **size** y de la aparición de **multiple**.

Vayamos por partes, en primer lugar vamos a ver la lista desplegable. Para ello necesitamos omitir **size** o hacer que ese valor sea igual a 1, que es su contenido por defecto, también hay que omitir **multiple**, pues sólo seleccionaremos un elemento. En el código contenido dentro de la directiva **<SELECT>** se insertan, como ocurre con las listas, los distintos elementos, indicados con la directiva **<OPTION>**. En **<SELECT>**, el atributo **name** señala el nombre de la variable que almacenará el valor seleccionado por el usuario; en **<OPTION>** el atributo **value** contiene el valor devuelto si se selecciona ese elemento. El atributo **selected** de **<OPTION>** indica qué elemento aparecerá seleccionado inicialmente.

Un ejemplo ilustrará mejor el uso de este elemento, el resultado se puede ver en la figura 10.8:

```
Direcci&oacute;n:<P>
<SELECT name="via">
<OPTION value="calle"> Calle
<OPTION value="avenida" selected> Avenida
<OPTION value="plaza"> Plaza
<OPTION value="otro"> Otro
</SELECT>
Nombre: <INPUT type="text" size="30">
```

Figura 10.8. Lista desplegable

Si queremos utilizar una lista de selección hay que realizar algunos cambios. En primer lugar el atributo **size** debe tener necesariamente un valor igual o superior a 2, o debe aparecer el atributo **multiple** que indica que se van a poder escoger varios elementos. En el caso de permitir la selección de varios elementos también es posible incluir en más de uno el atributo **selected**.

Vamos a ver dos ejemplos de uso, en el primero se utiliza una ventana que visualiza tres elementos y que permite la selección de varios, a continuación otra ventana con cinco elementos visualizables y sólo uno seleccionable:

```
<H2>Encuesta <B>Viaje Fin de Carrera</B></H2>
Medios de transporte preferidos:<BR>
<SELECT multiple size=3 value="mediot">
<OPTION value="avion"> Avi&oacute;n
<OPTION value="tren" selected> Tren
```

```
<OPTION value="barco"> Barco
<OPTION value="autobus" selected> Autob&uacute;s
<OPTION value="furgo"> Furgonetas alquiladas
</SELECT>
<P>
Destino:<BR>
<SELECT size=5 value="destino">
<OPTION value="atenas"> Atenas
<OPTION value="dublin"> Dubl&iacute;n
<OPTION value="estambul"> Estambul
<OPTION value="lisboa"> Lisboa
<OPTION value="londres" selected> Londres
<OPTION value="oslo"> Oslo
<OPTION value="paris"> Par&iacute;s
<OPTION value="roma"> Roma
</SELECT>
```

En la figura 10.9 se puede ver el resultado de visualizar el código anterior:

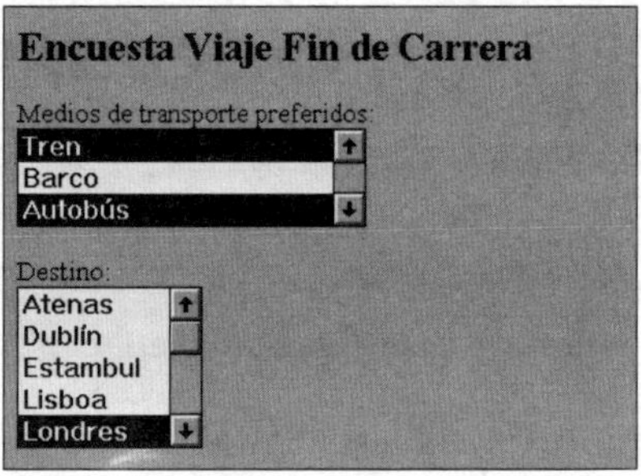

Figura 10.9. Lista de selección

Esta directiva admite el atributo disabled para indicar que está desactivado su uso.

10.2.4. BUTTON

Se trata de un elemento aparecido en HTML 4 cuyo propósito es agrupar todas las funcionalidades asociadas a botones. Recibe los siguientes atributos:

- **name**, con idéntica función que en el resto de las directivas de formulario.
- **value**, contiene el valor asociado al botón.

- **type**, tipo del botón. Están reconocidos tres: submit y reset permiten obtener un botón con esas mismas funciones; button crea un botón sin una función específica (aunque al pulsarlo se desencadena el envío del formulario).
- **disabled**, sin valor indica que el botón está desactivado.
- **usemap**, para poder utilizarlo como un mapa de usuario.

BUTTON delimita un fragmento de texto que es el que se muestra en el interior del botón. Si se delimita una imagen, ésta se mostrará dentro del botón. En este caso actúa de forma similar al tipo "image" de INPUT, la diferencia estriba en que se aplica tratamiento de botón: aspecto tridimensional...

10.2.5. FIELDSET y LEGEND

Estas directivas, recogidas en el estándar pero interpretadas exclusivamente por Explorer, permiten crear agrupaciones lógicas de entradas de datos. El propósito es proporcionar información adicional al usuario (por ejemplo separando los datos personales de los profesionales), o dispositivos auxiliares (como sintetizadores de voz).

FIELDSET delimita al conjunto de directivas que se quiere destacar. LEGEND actúa de forma similar a CAPTION en las tablas: debe estar incluido dentro del texto delimitado por FIELDSET y tiene un atributo align que determina su presencia vertical y horizantalmente.

10.3. Estilo y formularios

Dentro del área delimitada por un formulario, esto es, la comprendida entre **<FORM>** y su cierre, es posible emplear todas las directivas y elementos HTML que hemos visto hasta ahora. De hecho suele resultar muy recomendable hacer uso de ellos para facilitar el formato de los campos de entrada y sus etiqùetas y mejorar la visualización de nuestras páginas.

10.3.1. "Tabulaciones"

Para ilustrar la forma de organizar los formularios como si dispusiéramos de marcas de tabulación, veremos varias formas de tratar un mismo fragmento de código. Se trata de una entrada de datos personales, uno de los tipos más habituales y comunes en todas las aplicaciones, con el que se recoge el nombre y apellidos, dirección, sexo y estado civil.

En primer lugar vamos a separar cada entrada en una línea. Para esta tarea normalmente resulta más indicado **
** que **<P>**, a menos que se quiera destacar una mayor distancia entre entradas si es que tienen cometidos muy distintos.

```
   <FORM>
   Introduzca sus datos:<BR>
   Nombre: <INPUT name="nombre" size=20
maxlength=30><BR>
   Apellidos: <INPUT   name="apel1"   size=20
maxlength=40><BR>
   <INPUT  size=20  name="apel2"  maxlength=40><BR>
   Direcci&oacute;n: <INPUT name="dir" size=30
maxlength=50><BR>
   Localidad:     <INPUT name="local" size=30
maxlength=40><BR>
   Provincia: <INPUT name="prov" size=20
maxlength=30><BR>
   C&oacute;digo Postal: <INPUT name="cp" size=5
maxlength=5><P>
   Tel&eacute;fono: <INPUT name="telf" size=20
maxlength=12><P>
   Sexo: <INPUT type="radio" name="sex" value="h"
checked>Hombre
   <INPUT type="radio" name="sex" value="m"
checked>Mujer<BR>
   Estado Civil:
   <SELECT name="ec">
   <OPTION value="solt" selected> Soltero/a
   <OPTION value="cas"> Casado/a
   <OPTION value="viud"> Viudo/a
   <OPTION value="sep"> Separado/a
   <OPTION value="div"> Divorciado/a
   </SELECT>
   <P><P>
   <CENTER><INPUT type="submit" value="Aceptar"><INPUT
type="reset" value="Vaciar el formulario"></CENTER>
   </FORM>
```

En la figura 10.10 se muestra la visualización de este fragmento de código.

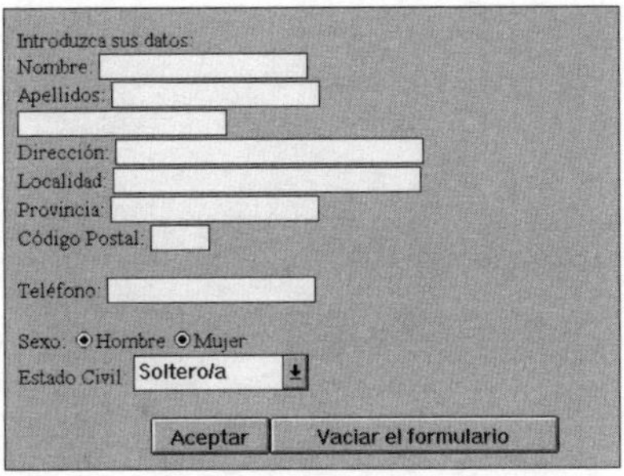

Figura 10.10. Visualización de un formulario sin formato

Posiblemente no sea esta la mejor de las formas posibles de visualizar ese formulario. Podemos intentar una mejora con la directiva **<PRE>** que, como se recordará, respetaba los espacios, tabuladores y saltos de línea del código:

```
   <FORM>
   Introduzca sus datos:<BR>
   <PRE>
   Nombre:              <INPUT name="nombre" size=20
maxlength=30><BR>
   Apellidos:             <INPUT name="apel1" size=20
maxlength=40><BR>
                          <INPUT size=20 name="apel2"
maxlength=40><BR>
   Direcci&oacute;n:     <INPUT name="dir" size=30
maxlength=50><BR>
   Localidad:             <INPUT name="local" size=30
maxlength=40><BR>
   Provincia:             <INPUT name="prov" size=20
maxlength=30><BR>
   C&oacute;digo Postal: <INPUT name="cp" size=5
maxlength=5><P>
   Tel&eacute;fono:      <INPUT name="telf" size=20
maxlength=12><P>
   Sexo:                  <INPUT type="radio" name="sex"
value="h" checked>Hombre <INPUT type="radio" name="sex"
value="m" checked>Mujer
   Estado Civil:          <SELECT name="ec">
   <OPTION value="solt" selected> Soltero/a
   <OPTION value="cas"> Casado/a
   <OPTION value="viud"> Viudo/a
```

```
<OPTION value="sep"> Separado/a
<OPTION value="div"> Divorciado/a
</SELECT>

</PRE>
<CENTER><INPUT type="submit" value="Aceptar"><INPUT
type="reset" value="Vaciar el formulario"></CENTER>
</FORM>
```

El resultado se muestra en la figura 10.11

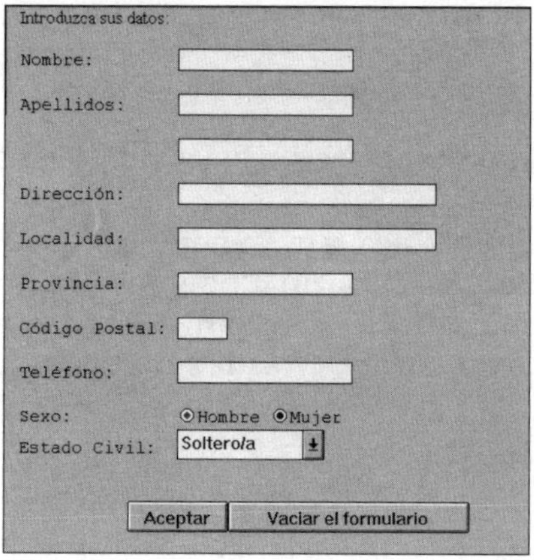

Figura 10.11. Visualización de un formulario formateado con <PRE>

Aún podemos refinar más el resultado usando tablas, un componente muy recomendable en estos menesteres y en cualquier tarea que implique simular tabulaciones o columnas de texto:

```
<FORM>
Introduzca sus datos:<BR>
<TABLE border=0>
<TD>Nombre: </TD>
<TD><INPUT        name="nombre"     size=20
maxlength=30></TD><TR>
<TD>Apellidos: </TD>
 <TD><INPUT name="apel1" size=20 maxlength=40></
TD><TR>
<TD></TD>
<TD><INPUT size=20 name="apel2" maxlength=40></
TD><TR>
```

```
<TD>Direcci&oacute;n: </TD>
<TD><INPUT name="dir" size=30 maxlength=50></TD><TR>
<TD>Localidad: </TD>
<TD><INPUT name="local" size=30 maxlength=40></
TD><TR>
<TD>Provincia: </TD>
<TD><INPUT name="prov" size=20 maxlength=30></
TD><TR>
<TD>C&oacute;digo Postal: </TD>
<TD><INPUT name="cp" size=5 maxlength=5></TD></TR>
<TD>Tel&eacute;fono: </TD>
<TD><INPUT name="telf" size=20 maxlength=12></
TD><TR>
<TD>Sexo: </TD>
<TD><INPUT type="radio" name="sex" value="h"
checked>Hombre</TD></TR>
<TD></TD>
<TD><INPUT type="radio" name="sex" value="m">Mujer</
TD><TR>
<TD>Estado Civil: </TD>
<TD><SELECT name="ec">
<OPTION value="solt" selected> Soltero/a
<OPTION value="cas"> Casado/a
<OPTION value="viud"> Viudo/a
<OPTION value="sep"> Separado/a
<OPTION value="div"> Divorciado/a
</SELECT></TD></TR>
</TABLE>
<P><P>
<CENTER><INPUT type="submit" value="Aceptar"><INPUT
type="reset"  value="Vaciar el formulario"></CENTER>
</FORM>
```

La figura 10.12 muestra el resultado final.

Por último, podemos apoyarnos en alguno de los nuevos mecanismos disponibles para formatear y organizar el texto. Por ejemplo, puede utilizar secuencias de caracteres ** ** para construir un margen, si bien no podrá utilizar este mecanismo (ni el resto de los presentados en este parte del texto) para establecer marcas intermedias de tabulación.

Otra posibilidad es utilizar la directiva **<SPACER>**, exclusiva de Navigator de Netscape, que permite crear un bloque vacío a modo de espaciado o tabulación.

Por último, los mecanismos asociados a las hojas de estilo (exclusivas de la Internet Explorer hasta la versión 4.0 del *browser* de Netscape) permiten construir párrafos y otras entidades con características especiales como un margen o sangrado inicial distinto del utilizado por defecto.

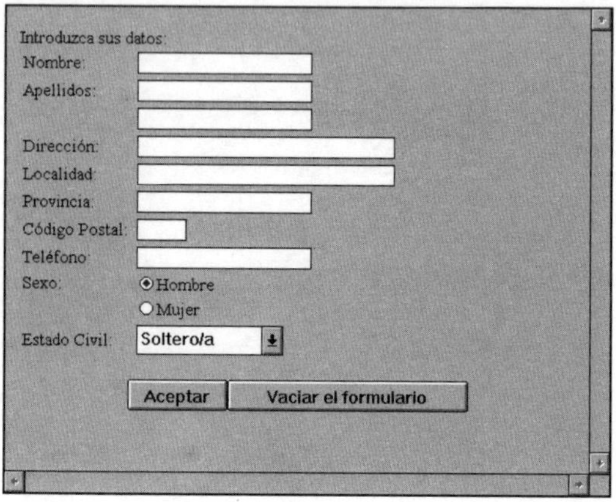

Figura 10.12. Visualización de un formulario con tablas

10.3.2. Formularios y listas

Otros elementos HTML muy adecuados para el trabajo con formularios son las listas. Podemos conseguir que una serie de botones de radio adquieran un aspecto muy similar al de una aplicación "de verdad" aprovechando, por ejemplo, las listas de definición. El código siguiente recoge formas de pago y se visualiza en la figura 10.13:

```
   <H2>Elija la forma de pago:</H2>
   <P>
   <FORM>
   <DL>
   <DT><INPUT type="radio" name="fpago" value="cheq">
Cheque
   <DT><INPUT type="radio" name="fpago" value="giro">
Giro postal n&uacute;mero: <INPUT type="text"
name="ngiro" size=20>
   <DT><INPUT type="radio" name="fpago" value="creem">
Contra reembolso
   <DT><INPUT type="radio" name="fpago" value="tarj">
Tarjeta de cr&eacute;dito
   <DD><DL>
      <DT><INPUT type="radio" name="tarj" value="visa">
Visa
      <DT><INPUT type="radio" name="tarj" value="amex">
American Express
      <DT><INPUT type="radio" name="tarj" value="4b">
4B
```

```
      <DT><INPUT type="radio" name="tarj" value="sred">
Servired
      <DT><INPUT type="radio" name="tarj"
value="r6000"> Red 6000
      </DL>
    </DL>
    </FORM>
```

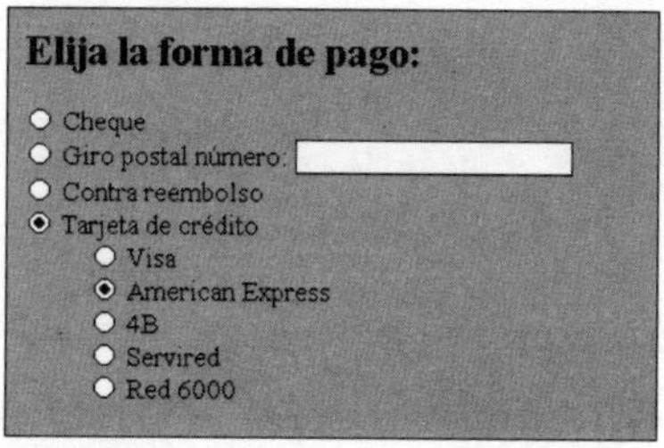

Figura 10.13. Botones de radio en listas

10.3.3. Matrices de selección

Por último, hay una forma muy simple de construir una pequeña "matriz de selección", es decir, un área donde los cuadros *checkbox* se distribuyen ordenadamente aprovechando el uso de tablas, como se ve en la figura 10.14.

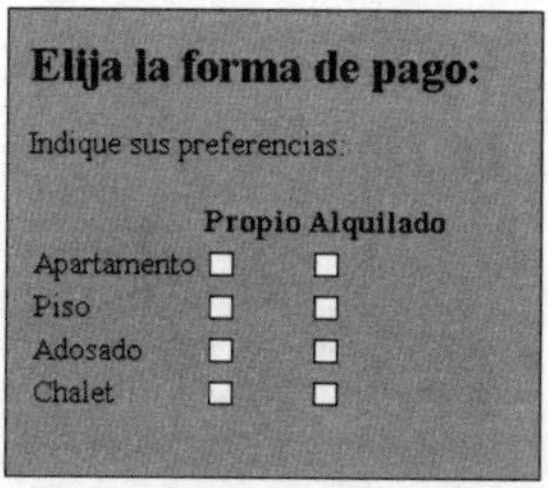

Figura 10.14. Matriz de selección

Esto se consigue utilizando el siguiente fragmento de código:

```
<FORM>
Indique sus preferencias:<P>
<TABLE border=0>
<TD></TD><TD><B>Propio</B></TD><TD><B>Alquilado</
```

```
B></TD><TR>
   <TD>Apartamento</TD><TD><INPUT type="checkbox"
name="ap"></TD><INPUT type="checkbox" name="aa"></
TD><TR>
   <TD>Piso</TD><TD><INPUT type="checkbox" name="pp"></
TD><INPUT type="checkbox" name="pa"></TD><TR>
   <TD>Adosado</TD><TD><INPUT type="checkbox"
name="dp"></TD><INPUT type="checkbox" name="da"></
TD><TR>
   <TD>Chalet</TD><TD><INPUT type="checkbox"
name="cp"></TD><INPUT type="checkbox" name="ca"></
TD><TR>
   </TABLE>
   </FORM>
```

10.4. Botones de varias funciones

Normalmente se encontrará con que al final de cada formulario aparecen siempre dos botones: uno para enviar el contenido de tipo **submit** y otro para vaciar el contenido del formulario de tipo **reset**. Sin embargo, y como muestra la figura 10.15, no son estas las únicas posibilidades.

Figura 10.15. Documento con botones de varias funciones

¿En qué se basa esta forma de operar? Los botones, como los restantes componentes de tipo INPUT, disponen de parámetros **name** y **value**. El primero puede usarse para apuntar a una variable cualquiera (por ejemplo "comando") y el segundo para dar un valor a ésta (como "anterior", "posterior", "ayuda").

Cuando se hace clic sobre cualquiera de estos botones, se activa el programa cgi correspondiente donde se estudia el contenido de la variable asociada a los botones (por ejemplo "comando") y se obra en función de su valor. El siguiente fragmento de código HTML recoge la definición de los botones de la figura 10.15:

```
   <FORM METHOD=POST ACTION=http://www.cnw.com/~drclue/
Formula_One.cgi/HTML/CGI/CGI.html>
   </TD>
   </TR><TR>
   <TD>
   <INPUT  TYPE ="SUBMIT"  VALUE="EXIT"  NAME
="COMMAND" >
   <INPUT  TYPE ="SUBMIT"  VALUE="PREV"  NAME
="COMMAND" >
   <INPUT  TYPE ="SUBMIT"  VALUE="NEXT"  NAME
="COMMAND" >
   <INPUT  TYPE ="SUBMIT"  VALUE="GO&gt;&gt;"  NAME
="NULLCOMMAND" >
   <SELECT  NAME ="PAGE_NO" >
   <OPTION  VALUE="1" >1 Intro To CGI Programming
   <OPTION  VALUE="2" >2 Intro For CGI NEWBIES I
   <OPTION  VALUE="3" >3 Intro For CGI NEWBIES II
   <OPTION  VALUE="4" >4 C++ Source Code For CGI
   <OPTION  VALUE="5" >5 Running a CGI program.
   <OPTION  VALUE="6" >6 CGI Enviromental Variables
   </SELECT>
   </TD>
   </TR></TABLE>
   </FORM>
```

11 Objetos

11.1. Introducción

Esta sección continua con el tema iniciado en el capítulo 7 (Multimedia) y presenta el resto de posibilidades que proporciona el lenguaje HTML 4 para incluir elementos multimedia en los documentos. Ya se ha visto cómo introducir imágenes y enlaces a ficheros multimedia no nativos al *browser*, y la forma de asociar programas externos capaces de visualizarlos. Ahora continuaremos con la incorporación de *applets* y *plugins*, para finalizar explicando un mecanismo genérico para incluir objetos multimedia, así como los problemas que se derivan de su utilización.

11.2. La directiva <APPLET>

La directiva **<APPLET>** permite introducir programas Java (concretamente *applets*) dentro de una página Web. Pero ¿qué es un *applet*? Un *applet* es una pequeña aplicación escrita en lenguaje Java, y desarrollada específicamente para ser ejecutada desde un *browser*. Estas aplicaciones aúnan las ventajas de la tecnología Java (portabilidad de código, relativa sencillez del lenguaje, posibilidades multimedia...) con las derivadas de la gran difusión de los navegadores e Internet (basta un *browser* compatible Java –todos los navegadores más populares lo son– para poder descargarse el código de un *applet* y ejecutarlo en la máquina del usuario). Queda fuera del alcance de este libro entrar en detalles sobre el lenguaje Java y cómo se construyen *applets*[1]. Sin embargo, sí es importante resaltar el gran avance que ha experimentado esta tecnología, en gran parte debido el desarrollo de Internet, y cómo los *applets* se han convertido en el mecanismo ideal para distribuir aplicaciones en red, en aquellos casos en los que no son suficientes las posibilidades (no desdeñables) de los lenguajes de *scripting* (JavaScript, VBScript...). Algunas de las utilidades típicas para las que se han empleado los *applets* son la inclusión de efectos gráficos en páginas Web, interfaces de usuario avanzadas, funcionalidad cliente en aplicaciones cliente-servidor y juegos[2], entre otras.

La directiva **<APPLET>** tiene la siguiente sintaxis:

```
   <APPLET atributo1=valor1 atributo2=valor2 ...
atributon=valorn>
   <PARAM ...>
   <PARAM ...>
   <!— Aquí iría el código para browsers que no reco-
nozcan applets—>
   ...
   </APPLET>
```

Los navegadores que no admitan *applets*, ignoran todo lo que aparece entre la directiva **<APPLET>** y su cierre, a excepción de los elementos **<PARAM>** (que permiten el paso de parámetros). Por este motivo se recomienda incluir al menos un mensaje explicativo.

> ***Nota**: La especificación HTML 4 desaconseja el uso de la directiva* ***<APPLET>****. La razón es la existencia de una directiva alternativa,* ***<OBJECT>****, que proporciona un mecanismo genérico de introducción de elementos multimedia en las páginas Web. De todas formas, como veremos en el apartado correspondiente a esta última directiva, el soporte por parte de los navegadores no es lo suficientemente bueno como para prescindir, a día de hoy, de la utilización de* ***<APPLET>****.*

---

[1] En http://www.java.sun/docs/books/tutorial se puede encontrar abundante información sobre este tema.

[2] Un buen ejemplo del empleo lúdico de los applets se puede ver en páginas como http://www.javagamepark.com.

11.2.1. <PARAM>

<PARAM> es una directiva que se utiliza para definir parámetros y es utilizada tanto por *applets* como por objetos (como veremos más adelante). Tiene los siguientes atributos:

- **name**: define el nombre del parámetro, a través del cual será identificado dentro del *applet*.
- **value**: almacena el valor concreto del parámetro. Su significado concreto es dependiente del *applet* u objeto concreto que lo utilice.
- **valuetype**: se utiliza para indicar el tipo del atributo **value**. Su uso es optativo y admite los siguientes valores: **data** (es el valor por defecto y hace que **value** se mande al *applet* u objeto como un *string*), **ref** (**value** contiene la URL donde se pueden localizar los valores en tiempo de ejecución) y **object** (indica que **value** contiene un identificador correspondiente a una declaración de **<OBJECT>** en el mismo documento).
- **type**: indica el tipo de contenido del recurso apuntado por **value** en el caso de que **valuetype** sea **ref**.

Desgraciadamente, los únicos atributos de **<PARAM>** que están soportados por todos los navegadores son los dos primeros. Por tanto, la forma habitual de trabajar es utilizar valores de tipo *string* y efectuar las correspondientes conversiones de tipo dentro de cada *applet* y objeto, de acuerdo al significado de cada parámetro.

11.2.2. Atributos de <APPLET>

La directiva **<APPLET>** tiene los siguientes atributos:

- **codebase**: especifica la URL donde está localizado tanto el *applet* como todos los recursos (clases Java, imágenes, ficheros multimedia...) que éste necesite para su ejecución. En caso de no especificarse un valor para **codebase** se tomará como base la dirección correspondiente al documento actual.

- **code**: especifica el nombre de la clase Java que contiene el *applet*, o bien el *path* completo (incluyendo el nombre de la clase). Se interpreta a partir del valor de **codebase**.
- **name**: indica un nombre para la instancia concreta del *applet*. Este valor puede ser utilizados por los *applets* de una misma página para comunicarse entre sí.
- **alt**: indica un nombre alternativo que le aparecerá al usuario que tenga desactivada la ejecución de *applets* en su navegador.

> **Nota**: *Es importante no confundir la desactivación voluntaria de los* applets *por parte de un usuario de la carencia de funcionalidad Java por parte de un navegador. En el primer caso, el usuario debería ver el texto del atributo* **alt** *en el lugar que debería ocupar el* applet. *En el segundo caso, el* browser *ignorará la directiva* **<APPLET>** *(y por tanto el texto en* **alt**) *y sólo interpretará lo que aparezca entre la directiva y su cierre.*

- **archive**: este atributo consiste en una lista de archivos separados por coma, conteniendo clases Java y recursos necesarios para la ejecución del *applet*, que son precargados por el navegador. Su principal utilidad reside en que, al precargar estos datos, se acelera el proceso general de ejecución de los *applets* (no es necesario establecer conexiones posteriores con el servidor para traer recursos en mitad de la ejecución). Desgraciadamente este atributo no es reconocido por Internet Explorer, que utiliza mecanismos propietarios para incluir recursos de los *applets*.
- **object**: este atributo especifica un archivo de recursos donde se encuentra la imagen serializada[3] del estado *applet*. Esta imagen es utilizada para cargar la implementación del *applet* y poder ejecutarlo normalmente. Este atributo no puede usarse simultáneamente con **code**. Desgraciadamente, este atributo no es

[3] La serialización de las clases es una de las características más destacadas de Java, y consisten en la existencia de facilidades para volcar el estado de una clase en un archivo, y así poder ser recuperado más tarde (o enviado a través de una red).

soportado actualmente ni por Internet Explorer ni por Netscape Navigator por lo que no se recomienda su utilización.

- **width**, **height**: indican, respectivamente, la anchura y altura inicial del área de visualización del *applet*.
- **align**: indica la alineación del *applet*. Valores permitidos son **bottom** (es el valor por defecto e indica que el *applet* se alineará verticalmente con la línea base del texto), **middle** (el centro del *applet* se alineará verticalmente con la base del texto), **top** (la parte superior del *applet* se alineará con la parte superior de la línea de texto), **left** (desplaza al *applet* hacia el margen izquierdo) y **right** (desplaza al margen hacia el margen derecho). Netscape Navigator (desde la versión 3.0) también admite como valores posibles **absmiddle** (el punto medio del *applet* se alinea con el punto medio de otros contenidos en la misma línea), **absbottom** (la parte inferior del *applet* se alinea con la parte inferior de otros elementos en la misma línea) y **texttop** (alinea la parte superior del *applet* con la parte superior del texto más alto de la misma línea; si no hay texto, lo hará con el punto medio de otros contenidos).
- **hspace**, **vspace**: determinan, respectivamente, el espacio horizontal y vertical, medido en *pixels,* entre el *applet* y el texto que lo rodea. La especificación de HTML 4 desaconseja la utilización de estos atributos, así como del anterior **align**, pues es posible conseguir efectos similares empleando hojas de estilo[4].
- **mayscript**: este atributo sólo está presente en Netscape Navigator (desde la versión 3.0) y sirve para permitir al *applet* acceder a funcionalidades JavaScript del documento. Un ejemplo habitual son los casos donde el código JavaScript se encarga de validar los datos de los formularios y el *applet* Java establece la comunicación con un servidor remoto para enviar la información ya validada.

[4] No todos los navegadores son capaces de aplicar correctamente los estilos (como se ha visto en el capítulo 10) por lo que, en la práctica, estos atributos se siguen utilizando habitualmente.

El siguiente código muestra un ejemplo de introducción de un *applet* dentro de una página Web:

```
   <applet code="NervousText.class" width=210
height=50>
      <param name=text value="HTML 4 & Java">
      Lo siento, pero tu navegador no permite ejecutar
applets de Java.
   </applet>
```

En la figura 11.1. se muestra el aspecto que presenta la página Web con el *applet* incorporado.

Figura 11.1. Página Web con un *applet*

11.3. La directiva <EMBED>

Como ya se comentó en el capítulo dedicado a las extensiones multimedia, los *plugins* son unos programas auxiliares capaces de manejar formatos especiales de ficheros, que se incorporan al navegador y se ejecutan dentro de la ventana de visualización. La forma de incluir estos ficheros en las páginas HTML es mediante la directiva **<EMBED>**, localizada siempre en el cuerpo del documento y que permite indicar no sólo dónde se encuentran los ficheros sino también parámetros de visualización y de ejecución. Esta directiva no está incluida en la especificación HTML 4, siendo una extensión propietaria. Sin embargo, y a pesar de las diferencias inevitables, está soportada tanto por Netscape Navigator como por Internet Explorer por lo que es interesante conocer su funcionamiento.

Los principales atributos asociados a **EMBED** son los siguientes:

- **name**: nombre del objeto contenido en el *plugin*.
- **src**: localización del fichero a reproducir por el *plugin*.
- **pluginspage**: este atributo contiene la URL donde el usuario encontrará instrucciones sobre cómo instalar el *plugin*.
- **height**, **width**: altura y la anchura de la ventana de visualización, en las unidades especificadas (por defecto *pixels*).
- **units**: indica qué unidad de medida se utiliza en los atributos height y width. Valores admisibles son **pixels** (valor por defecto) y **en** (tamaño equivalente a la mitad de un punto).
- **align**: alineación a aplicar sobre el contenido visualizado. Puede tomar los valores **left** (valor por defecto), **right**, **top**, **middle** y **bottom**.

Los atributos anteriores son reconocidos tanto por Netscape Navigator como por Internet Explorer y su empleo es relativamente seguro, si se busca máxima compatibilidad en las páginas Web. Sin embargo, los que vienen a continuación no funcionan en alguno de ellos por lo que se recomienda probar antes de dar por terminada la página:

- **hspace**, **vspace**: son, respectivamente, los márgenes horizontales y verticales (medidos en *pixels*) entre el *plugin* y el contenido que lo rodea.
- **type**: tipo MIME del fichero. Este valor es utilizado por Netscape Navigator para decidir que *plugin* usar. En caso de que este atributo no esté definido, el *browser* intentará utilizar la extensión del fichero, a partir del valor del atributo **scr**.
- **palette**: este atributo sólo es importante en el caso de plataformas Windows, e indica a Netscape Navigator qué paleta de colores deberá utilizar el *plugin*. Los valores permitidos son **foreground** y **background**.
- **pluginurl**: URL de un archivo en formato JAR, que contiene un conjunto de ficheros comprimidos (el *plugin*) y, posiblemente, firmados[5]. Este atributo,

---

[5] Por razones de seguridad los *plugins* suelen ir firmados digitalmente como una garantía de que provienen de una fuente fiable y que, por tanto, no van a realizar acciones perjudiciales sobre el sistema.

introducido en Netscape Navigator en su versión 4.0 (y no soportado por Internet Explorer) permite automatizar el proceso de instalación de los *plugins*, en lugar de redirigir al usuario a una página Web con instrucciones (como ocurriría si se usase **pluginspage**). En caso de aparecer ambos atributos conjuntamente, se dará prioridad al contenido de **pluginurl**.
- **title**: este atributo, sólo reconocido por Internet Explorer, permite asociar un nombre al *plugin*, que será mostrado en forma de *tooltip* cuando el cursor del ratón pase sobre él.

Una particularidad de la directiva **<EMBED>** es que permite la introducción de atributos adicionales, específicos de los diferentes *plugins*. En estos casos, el navegador se limita a pasar estos parámetros al *plugin*, que se encarga de validarlos y utilizarlos apropiadamente. Este mecanismo permite sacar el máximo partido de estos programas externos, sin necesidad de complicar innecesariamente el lenguaje.

Un ejemplo de utilización de **EMBED** sería el siguiente:

```
   <EMBED src="terreno.avi" type="video/x-msvideo"
height="200" width="300">
```

y el resultado final sería similar al mostrado en la figura 11.2.

11.3.1. <NOEMBED>

La directiva **<NOEMBED>** se utiliza para mostrar mensajes en aquellos *browsers* que no puedan mostrar contenidos procedentes de *plugins*. Por su parte, los navegadores que sí lo admitan deberán ignorar todo lo que aparezca entre esta directiva y su cierre.

En el caso del ejemplo anterior, se podría mejorar para que diese una explicación en navegadores sin soporte a *plugins* de la siguiente forma:

```
   <NOEMBED>
   Lo siento, pero para ver esta página deberá utilizar
un navegador capaz de utilizar plugins.
   </NOEMBED>
   <EMBED src="terreno.avi" height="200" width="300"
controls="TRUE">
```

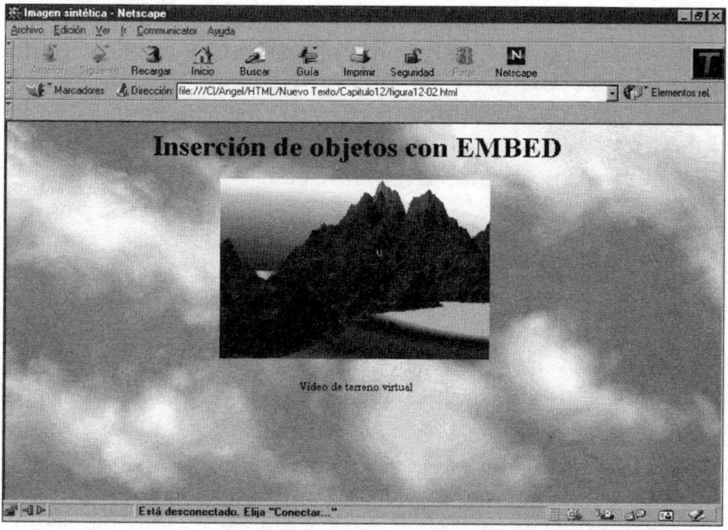

Figura 11.2. Página Web con un *plugin* incorporado

11.4. <OBJECT>

Uno de los principales problemas con los que se han encontrado desde el principio los desarrolladores de páginas Web es la gran variedad de mecanismos existentes para introducir objetos. Ante esta situación el W3C propuso la utilización de una única directiva, **<OBJECT>**, que permitiese la inserción, entre otros objetos, de imágenes, vídeos, *applets* de Java, controles ActiveX[6], *plugins* y mundos VRML. Se pretendía así reducir la complejidad del lenguaje, ofreciendo una alternativa tanto a directivas específicas (**<IMG>**, **<APPLET>**) como a extensiones propietarias (**<EMBED>**), facilitando además la incorporación futura de nuevos formatos.

Desgraciadamente, estos buenos deseos no se han visto acompañados de unas implementaciones completas por

[6] Los controles ActiveX son pequeños programas que se insertan en páginas Web (como los *plugins*) y en otras aplicaciones, y que están basados en la arquitectura de objetos de Microsoft (DCOM). En http://www.microsoft.com/com/tech/ActiveX.asp se puede encontrar mucha información sobre Active X.

parte de los navegadores más populares. Tanto Netscape Navigator (que la incluyó en su versión 4) como Internet Explorer (el primero que la utilizó) han realizado sus propias adaptaciones, incompletas y con diferencias de lo definido en la especificación. Así, por ejemplo, ambos navegadores presentan problemas a la inserción de imágenes, visualización de vídeos (mejor funcionamiento en Netscape que en Internet Explorer), inserción de documentos HTML (sólo permitido por Explorer) o ejecución de *applets* (en Netscape no funcionan y en Explorer sólo si se usa un atributo distinto al que indica la especificación...).

Todo esto ha motivado que la gran mayoría de los desarrolladores haya optado por seguir utilizando las "antiguas" pero fiables directivas **<IMG>** y **<APPLET>**, limitando el uso de **<OBJECT>** casi exclusivamente a la introducción de *plugins* y controles ActiveX.

Seguidamente se muestra un ejemplo de código conteniendo **<OBJECT>**:

```
   <OBJECT classid="clsid:D27CDB6E-AE6D-11cf-96B8-
444553540000" codebase="http://active.macromedia.com/
flash2/cabs/swflash.cab#version=3,0,0,0" ID=docflash
WIDTH=640 HEIGHT=144>
   <PARAM NAME=movie VALUE="presentacion.swf">
   <PARAM NAME=quality VALUE=high>
   <PARAM NAME=bgcolor VALUE=#FFFFFF>
   Lo siento pero su navegador no permite visualizar
este objeto.
   </OBJECT>
```

Como puede verse, la estructura es muy similar a la de la directiva **<APPLET>**, con la inclusión entre **<OBJECT>** y su cierre de directivas **<PARAM>** (siempre en primer lugar) y contenido alternativo que se mostrará en navegadores que no puedan manejar el objeto. Hay que llamar la atención sobre la posibilidad de anidar directivas **<OBJECT>**, que permite ofrecer objetos alternativos a los navegadores (de forma que puedan utilizar aquel para el que posean los visualizadores adecuados). El siguiente código muestra un ejemplo de directivas de **<OBJECT>** anidadas donde, si no se puede utilizar Java, se ofrece como alternativa la visualización de una imagen, y en último caso, un mensaje al usuario:

```
<OBJECT data="musica.mov" width="200" height="150"
border="2">
      <OBJECT data="foto.gif" width="200" height="150"
border="2">
      <!- Si lo anterior no funciona se verá el si-
guiente texto ->
      Lo siento, con un navegador más moderno estaría
viendo un vídeo o una imagen de su grupo favorito.
      </OBJECT>
   </OBJECT>
```

11.4.1. Atributos de <OBJECT>

Los atributos más importantes de **<OBJECT>** son:

- **data**: URL de los datos del objeto (imagen, vídeo, documento,...).
- **classid**: URL correspondiente a la implementación del objeto (por ejemplo un control ActiveX, un programa Java[7],...).
- **codebase**: dirección base a partir de la cual resolver las referencias relativas introducidas en **data**, **classid** y **archive**. En caso de no aparecer, el valor por defecto es la dirección base del documento actual.
- **archive**: este atributo (sólo reconocido por Netscape Navigator) permite indicar una lista de ficheros JAR separados por espacios (con direcciones absolutas o relativas al valor de **codebase**). Un fichero JAR, tal y como se explicó anteriormente, se compone de varios ficheros de recursos comprimidos (de utilidad para el objeto o su implementación) y permiten reducir el tiempo de descarga, al requerir una única conexión.
- **type**: indica el tipo MIME del objeto apuntado por **data**. Aunque no es obligatorio se recomienda su utilización ya que evita que los *browsers* que no soporte el tipo indicado descarguen el objeto.
- **codetype**: indica el tipo MIME del objeto apuntado por **classid**, es decir, de la implementación del objeto.

[7] Desgraciadamente, la inserción de *applets* usando **<OBJECT>** no está muy bien soportada en los navegadores actuales: Netscape Navigator permite hacerlo e Internet Explorer, en lugar de utilizar **classid** para apuntar al fichero.class, utiliza **code** (al estilo de los *applets*).

- **align**: indica la alineación del objeto respecto al contenido circundante. Valores permitidos son **top**, **middle**, **bottom**, **left** y **right** (estos dos últimos hacen que el objeto sea "flotante").
- **border**: indica la anchura (en unidades de longitud) del borde del objeto. Un valor de cero equivale a quitar el borde.
- **hspace**, **vspace**: indican, respectivamente, los márgenes horizontales y verticales (en *pixels*) entre el objeto y el contenido que lo rodea. El uso de estos dos atributos y el de los anteriores **align** y **border** es desaconsejado por la especificación HTML 4 que recomienda utilizar en su lugar las hojas de estilo.
- **height**, **width**: representan, respectivamente, la altura y anchura del objeto en *pixels* o en porcentaje (respecto al elemento que contenga al objeto). Prácticamente todos los browsers requieren la utilización de estos dos atributos junto con la directiva **<OBJECT>**.
- **tabindex**: indica un número entre 0 y 32767 que se utiliza para establecer el orden de selección de los objetos en el documento (el orden en el que obtienen el foco al pulsar por ejemplo el tabulador).
- **standby**: representa el mensaje que le aparecerá al usuario durante la carga de los datos y la implementación del objeto.
- **id**: identificador único del objeto dentro del documento, que permite referenciarlo.
- **declare**: este atributo booleano indica que el objeto debe ser simplemente declarado, para ser instanciado (representado o ejecutado) más adelante, como consecuencia de un determinado evento (pulsación de un botón o un enlace, temporizador, acción de otro objeto...). Para poder realizar la correspondiente instanciación del objeto se suele utilizar el atributo **id**, que lo identifica unívocamente.
- **usermap**: este atributo contiene el identificador de un elemento MAP y se utiliza, en conjunción con imágenes, para definir mapas en cliente. La gran ventaja de este método con relación al ya explicado con **<IMG>** es que, al colocar la definición de **<MAP>** (la lista de enlaces) entre **<OBJECT>** y su cierre, cabe

la posibilidad que un *browser* sin imágenes vea, sin embargo, los enlaces del mapa. Así, por ejemplo, en el siguiente código el usuario que no admitiese imágenes en formato **png**, podría ver en su lugar una lista de enlaces:

```
   <OBJECT data="mapa.png" USEMAP="#mimapa" TYPE="/
image/png" WIDHT=400, HEIGHT=300, TITLE="Mapa del
tiempo">
   <MAP NAME="mimapa">
   <UL>
      <LI><A HREF="Alava.html"
COORDS="250,50,300,100">Alava</LI>
      <LI><A HREF="Almeria.html"
OORDS="350,250,370,370">Almeria</LI>
      ...
   </UL>
   </MAP>
   </OBJECT>
```

12 JavaScript

12.1. Introducción

JavaScript (también conocido como JAVASCRIPT) es un sistema desarrollado por Netscape para incorporar un lenguaje de *script* a las páginas HTML de forma que se pueda ejecutar pequeñas aplicaciones de forma simple y rápida. A partir de su éxito inicial Microsoft se apresuró a incluir su propia versión del lenguaje, conocida como JScript.

Primero una aclaración: JavaScript no es Java, ni siquiera está desarrollado por los mismos equipos (Netscape para el primero y SunSoft para el segundo). Es un lenguaje de *script* que está relacionado con Java en cuanto a sus componentes pero ahí acaba toda similitud. El código fuente JavaScript se incluye en las páginas HTML, no como un objeto diferenciado (*bytecode*) que se carga de forma independiente. El propio *browser* es el intérprete y no hay máquinas virtuales externas para ello. Las clases predefinidas en JavaScript no se pueden extender ni definir otras nuevas, lo que puede hacer al lenguaje limitado, aunque la facilidad de uso y la inmediatez de respuesta es una baza a su favor.

JavaScript apareció por primera vez en la versión 2.0 del Navigator de Netscape. La versión 3.0 incorporó un intérprete mejorado que recibió el nombre de JavaScript 1.1 (el anterior era el 1.0). Esta nueva versión mejoró y amplió las funcionalidades disponibles y resolvió los problemas de seguridad que habían venido afectando a las distintas versiones derivadas de la 2.0, en concreto se daba solución a "agujeros" que permitían leer o escribir ficheros en el sistema cliente, enviar correo sin el consentimiento del usuario, o transferir información al servidor (como las páginas visitadas anteriormente o la propia dirección de correo del usuario). En el Explorer 3.0 Microsoft introdujo su propia interpretación de JavaScript que recibió el nombre de JScript y que se corresponde con el JavaScript 1.0 de Netscape. Además añadió un lenguaje más: VBScript, inspirado en Visual Basic, que sólo es interpretado por los *browsers* de Microsoft (esto y el hecho de que se considere un estándar abierto explica que en este libro sólo se hable de JavaScript).

A raíz del éxito alcanzado por JavaScript surgieron movimientos para estandarizar el lenguaje. En este sentido, y mientras la versión JavaScript 1.1 estaba disponible, Netscape empezó a colaborar con una entidad de estandarización, concretamente ECMA (*European Computer Manufacturers Association*), en un intento por definir un lenguaje internacional de programación basado en JavaScript, que recibiría el nombre de ECMAScript. Desgraciadamente, la velocidad de definición del estándar fue menor que la presión del mercado y antes de que saliese la primera versión de ECMAScript[1], Netscape se aventuró con JavaScript 1.2. Así, algunos de los principales objetivos del estándar, relacionados con la internacionalización del lenguaje (manejo de fechas independiente de la plataforma y adopción de UNICODE) quedaron aplazados hasta la aparición de JavaScript 1.3 (disponible a partir de la versión 4.07 de Netscape Navigator). Por su parte, Microsoft no se quedó atrás y con Internet Explorer 4 proporcionó JScript 3.0, una implementación compatible con ECMAScript y que ha evolucionado junto con el estándar (la versión actual es JScript 5.0).

> **Nota:** *Desgraciadamente, la compatibilidad con el estándar no garantiza la ejecución del mismo programa en Netscape Navigator e Internet Explorer. El motivo, como veremos más adelante, no son las sentencias del lenguaje –iguales en su mayoría– sino los objetos que cada navegador pone a disposición de JavaScript, principalmente los que describen los*

1 Especificación ECMA-262.

elementos del documento[2]*. Para solucionar este problema, aunque sea parcialmente, han aparecido librerías de funciones escritas en JavaScript que son capaces de funcionar en ambos navegadores, sin más que detectar inicialmente en cual se están ejecutando y efectuando llamadas a código específico de cada una.*

Pero la utilización de JavaScript no se limita a los clientes. También hay un JavaScript para servidores, llamado LiveWire, utilizado únicamente en el software de Netscape, que permite realizar operaciones más complejas como acceder y procesar ficheros y bases de datos.

El propósito de este tipo de lenguajes es dar algún dinamismo a las páginas HTML sin tener que recurrir a elementos externos más o menos exóticos. De esta forma, ciertas tareas simples pueden implementarse directamente sobre la página, aunque eso no impide que se puedan construir aplicaciones tan complejas y elaboradas como el juego que se muestra en la figura 12.1.

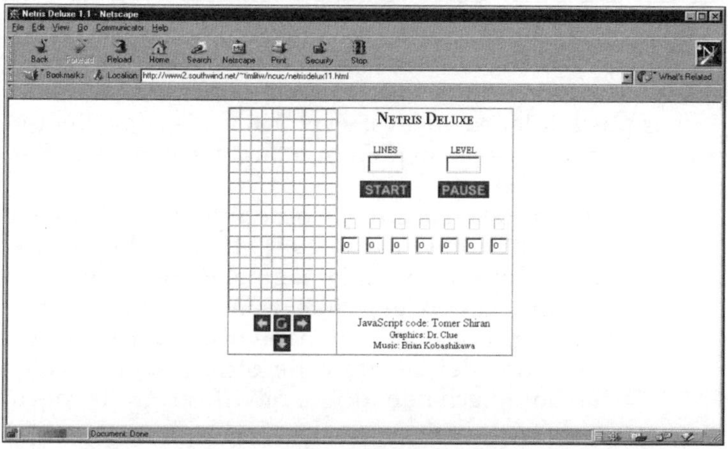

Figura 12.1. Un juego construido con JavaScript

Algunas de sus funcionalidades pueden tener un fuerte impacto en la calidad de HTML como interfaz de

[2] El W3C está intentando estandarizar este modelo, que se conoce con el nombre de DOM: *Document Object Model*, cuya implementación más completa es la proporcionada por Internet Explorer.

usuario. En la figura 12.2 se muestra el sistema utilizado en el servidor Web de la Comunidad de Madrid para realzar la acción del usuario: cuando se sitúa el puntero del ratón sobre una de las opciones, ésta cambia de aspecto, facilitando la navegación.

Figura 12.2. Efectos visuales en el servidor de la Comunidad de Madrid

Las posibilidades de JavaScript, sin ser las de un entorno como Java o el sistema CGI, son también considerables:

- Controlar el aspecto y contenido de la página. JavaScript permite escribir HTML a medida que el visualizador interpreta la página, de hecho es posible generar una página íntegramente con un *script*. Esta generación puede depender de la versión del visualizador del cliente o de otros factores (como fecha, hora, fecha de última modificación del documento...).
- Una vez generada la página es posible modificar algunos de sus componentes, como el fondo, las acciones y contenido de sus formularios y en enlaces o el propio texto.
- Modificar dinámicamente el documento: una de las aplicaciones más interesantes de JavaScript es modificar dinámicamente los atributos de los elementos HTML que forman la página Web, por ejemplo en

respuesta a eventos generados por acciones del usuario. Esto permite, por ejemplo, cambiar dinámicamente tipos o tamaños de letra, colores, imágenes (basta con cambiar el contenido del atributo **src** de una directiva **<IMG>**)... Precisamente esta habilidad, cuando se aplica a los atributos que definen la posición de un objeto[3], da lugar a lo que se conoce como HTML Dinámico (o DHTML), tan de moda en la actualidad.

- Controlar el *browser*. Se puede forzar la navegación del visualizador (por ejemplo para volver a la última página visitada), o generar nuevas ventanas cuyas características están definidas por el *script*, incluso ventanas sin ninguno de sus elementos habituales, como se ve en la figura 12.3. Se pueden controlar todas las ventanas y *frames* abiertos pudiendo obligarles a mostrar determinadas páginas o llevarles a su destrucción. Otra funcionalidad muy popular es modificar mensajes del *browser* (por ejemplo mostrar un texto explicativo en vez de la dirección URL cuando se pasa sobre un enlace).

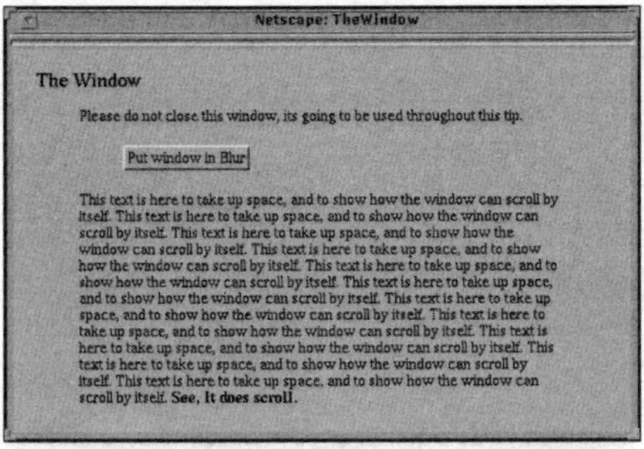

Figura 12.3. Ventana creada desde JavaScript sin elementos de navegación

- Interactuar con el contenido del documento. Aunque no es posible leer el contenido del documento, sí es posible extraer determinada información de él, como los enlaces y formularios que contiene (por razones de

[3] Los atributos que asocian posiciones a elementos de un documento HTML están definidos en una recomendación de hojas de estilo conocido como *CSS-P* (*Cascading Style Sheet–Positioning*), cuya explicación cae fuera del alcance de este libro.

seguridad, esto sólo es posible si la página ha sido obtenida del mismo servidor que envió el código JavaScript). Por ejemplo, se puede extraer el contenido de los campos de un formulario para realizar cálculos y depositarlos en otros campos. También se pueden realizar validaciones de esos datos antes de enviar el formulario al CGI correspondiente, o incluso dar los primeros pasos en su proceso.

- Interactuar con el usuario. Se puede suministrar información suplementaria en función de las acciones que éste tome, o abrir ventanas para comunicarle determinadas circunstancias (por ejemplo, un error) o leer datos en ellas, o solicitar confirmaciones. También, en función de una acción (por ejemplo, situar el puntero del ratón sobre un elemento) es posible realizar modificaciones que atraigan la atención del usuario o añadan información modificando el contenido de la página (por ejemplo modificando las imágenes mostradas en una directiva <IMG>).
- Trabajar con *cookies*. Los *cookies* son entradas en un pequeño fichero en las que se guarda información sobre estado o preferencias. Estas entradas se envían a y desde el servidor para "recordar" datos, como la configuración elegida en la última visita del usuario. Aunque originalmente los *cookies* estaban pensados para ser usados desde CGI, desde que JavaScript puede operar con ellos, muchas operaciones, como la modificación del contenido y aspecto de las páginas en función de las preferencias del usuario, pueden hacerse directamente con código JavaScript sin el concurso de CGI.
- Interface con Java. Una de las funcionalidades más interesantes de JavaScript (introducida inicialmente en Navigator 3.0 de Netscape) es el llamado sistema "LiveConnect" que permite la comunicación entre *applets* Java y código JavaScript. Se está usando para proporcionar un interface sencillo a base de controles con formularios HTML a aplicaciones escritas en Java.

Con todo, JavaScript es muy limitado y su utilidad depende del entorno en el que actúa, las páginas HTML, de las que utiliza funciones básicas (por ejemplo, la capacidad de representar gráficamente la información).

12.2. JavaScript y HTML, los eventos

El código JavaScript puede aparecer de tres formas distintas en una página HTML:

- Dentro de una directiva **<SCRIPT>**. Estas directivas pueden aparecer en cualquier punto del código, aunque se tiende a dejarlas dentro de la sección **<HEAD>** para declarar en ellas las funciones que se van a utilizar en el resto de la página. Si se coloca dentro de la sección **<BODY>**, el intérprete evaluará las instrucciones contenidas en la directiva cuando las reciba. **<SCRIPT>** tiene el atributo **language** en el que se debe indicar el lenguaje en el que se escribe el *script*. Es posible que en el futuro todos los *browsers* tengan varios intérpretes integrados (algunos de lenguajes aún no desarrollados) y este parámetro permitirá determinar cuál hay que activar. Aunque no es obligatorio (y si no aparece se tiende a asumir que el código está escrito en JavaScript) es conveniente indicar el lenguaje con este atributo.
- Como respuesta a un evento asociado a alguna directiva. Es como aparece en la mayoría de los casos y como se usa cuando se quiere realizar alguna acción simple. Los eventos son acciones simples relacionadas con la carga de la página y la actividad del usuario. Por ejemplo:

```
<A href="http://www.ati.es"
onMouseOver="window.status='Servidor de ATI.';
return true">
```

- Hace que cada vez que pase el puntero sobre el enlace (*onMouseOver*) se escriba en la línea de estado del visualizador una frase determinada en vez de la dirección a la que apunta el propio enlace que es el comportamiento habitual ante este evento.
- Por último, y este es el caso menos frecuente, se puede incluir dentro del atributo **href** de un enlace para que se ejecute al seleccionarlo. Por ejemplo, el siguiente enlace invocaría a la función "atrás" o "back" del visualizador:

```
<A href="javascript:window.history.back()>
```

- La utilización de "javascript:" es una forma de indicar la naturaleza del documento. Los visualizadores admiten la ejecución de pequeños fragmentos de código introducidos en la línea donde se muestra la URL siempre y cuando esté precedida por "javascript:".

La forma más habitual de activar un fragmento de código JavaScript es a través de su asociación a un evento. En la tabla 12.1 se muestran algunos de los principales eventos reconocidos por JavaScript:

Tabla 12.1. Principales eventos reconocidos por JavaScript

Evento	*Significado*	*Directivas HTML que lo admiten*
onBlur	Perder el cursor	SELECT, TEXT, TEXTAREA
onChange	Cambiar o perder el cursor	SELECT, TEXT, TEXTAREA
onClick	Clic de ratón sobre un elemento.	Cualquier elemento de la página[4].
ondblClick	Doble clic de ratón sobre un elemento.	Cualquier elemento de la página.
onFocus	Situar el cursor sobre el elemento	SELECT, TEXT, TEXTAREA
onLoad	Carga de la página	BODY
onMouseMove	El cursor se mueve por el elemento	Cualquier elemento de la página.
onMouseOut	El cursor sale del elemento	Cualquier elemento de la página.
onMouseOver	El cursor pasa sobre el elemento	Cualquier elemento de la página.
onSelect	Seleccionar texto	TEXT, TEXTAREA
onSubmit	Envío de un formulario	FORM
onUnload	Descarga de la página	BODY

Seguramente los más utilizados sean onMouseOver, onClick, onLoad y onSubmit.

[4] Hay algunas excepciones dependiendo del elemento concreto y el navegador. Por lo general, Internet Explorer da un mayor soporte a la generación de eventos por parte de elementos HTML.

12.3. Los elementos del lenguaje

Sintácticamente, JavaScript se parece a C, C++ y Java, aunque presenta importantes diferencias con esos lenguajes que derivan de su naturaleza interpretada:

- No hay tipos, lo que quiere decir que las variables se declaran sin tener que especificar un tipo determinado. Será en el momento de realizar la asignación cuando adoptarán una u otra forma. Tampoco es necesario reservar espacio para ellas, las cadenas crecen dinámicamente y sin más límites que los que impongan las prestaciones del intérprete.
- Los objetos son en realidad estructuras similares a los arrays asociativos de Perl, no verdaderos objetos como los de C++ y Java.

Los comentarios Java se construyen con los caracteres / / y abarcan el espacio comprendido desde su aparición hasta el final de la línea. El código JAVASCRIPT debe estar dentro de comentarios HTML para evitar que *browsers* antiguos que no reconozcan el lenguaje lo interpreten como texto:

```
<SCRIPT language="javascript">
<!-
// Empieza el código JAVASCRIPT
   ...
->
</SCRIPT
```

Las instrucciones pueden agruparse en bloques con llaves ({ y }), siendo posible declarar variables locales a un bloque, es decir que sólo pueden usarse dentro de él. Las instrucciones en una misma línea se separan con punto y coma (;), y aunque no es obligatorio finalizarlas con este carácter cuando ocupan una línea entera es recomendable hacerlo así.

Como hemos dicho, la declaración de variables en JavaScript se hace sin especificar tipos de datos, el tipo se deduce de los valores que reciban, que pueden ser uno de los cinco contemplados: números (enteros y reales, hexadecimales y octales), cadenas (con caracteres espaciales habituales en C como \n, \t o \b), valores booleanos (True y False), objetos y el valor especial null. La declaración de variables es obligatoria. El nombre debe empezar por una letra o subrayado (_) y sólo puede contener letras, números o subrayados (JAVASCRIPT diferencia entre mayúsculas y minúsculas). La instrucción var es la utilizada para declarar variables, en ella se puede asignar un valor y es posible declarar varias variables en una misma instrucción.

El conjunto de operadores disponibles es poco amplio pero suficiente. Los aritméticos son: + (suma), – (resta), * (producto), / (división), y % (módulo, o resto entero de división). También existen los operadores para incremento o decremento automático, como ++ y — (x++ es equivalente a x=x+1).

Los operadores aritméticos pueden usarse combinados con la asignación para obtener construcciones como:

```
a +=b;  // que equivale a: a=a+b
a -=b;  // que equivale a: a = a - b
```

Los operadores binarios son tres: &, el AND binario; |, el OR binario; y ^, XOR u OR exclusiva. También hay desplazamientos de bits con <<, >>, >>>:

```
a << b; // desplaza a b bits a la izquierda
```

El último operador es un desplazamiento a derecha rellenando el espacio resultante con ceros.

Estos operadores también pueden combinarse con la asignación en formas como las siguientes:

```
a &= b;  // equivale a: a = a & b
   a << b; // equivale a: a = a<< b
```

Los operadores lógicos son && (AND), || (OR) y ! (NOT). Los relacionales son == (igualdad), != (desigualdad), <, (menor que), > (mayor que), <= (menor o igual) y >= (mayor o igual). El resultado de evaluar una expresión relacional es True (1) o False (0).

JAVASCRIPT, como Java y C, dispone del operador ? que toma la forma general:

```
(condición) ? valor_1 : valor_2
```

Es decir, que si la condición evaluada es cierta, devuelve valor_1 y si falsa valor_2.

En lo que respecta a las cadenas, se concatenan con +.

La precedencia de estos operadores es la habitual en C, C++ y Java y puede ser modificada con el concurso de paréntesis. En el nivel más bajo (mayor precedencia) está la negación lógica y los incrementos y decrementos automáticos, en el nivel más alto (menor precedencia) la asignación.

En las instrucciones de control se guarda la misma similitud con C y Java que en el resto de los componentes del lenguaje:

- **while** está acompañado por una condición que mientras sea cierta se ejecutará un bloque de instrucciones:

```
a=1;
while ( a < 10 )
   {
   document.write ( a + "<br>\n");
   a++;
   }
```

- Las instrucciones **break** y **continue** se utilizan para salir del bucle o volver a evaluar la condición, respectivamente, como ocurre con el resto de las instrucciones de control.
- **for** tiene la siguiente sintaxis:

```
for (inicialización; condición; actualización)
   {
   instrucciones
   }
```

En la inicialización, por regla general, se introduce una instrucción que dé un valor de partida a la variable que controle el bucle; en la condición se incluye la condición lógica que regirá el desarrollo del bucle, y en la actualización la operación que modificará la variable de control. Esto no es ni mucho menos obligatorio, pero debe tenerse en cuenta las implicaciones de hacerlo así. El siguiente fragmento de código es similar al bucle **while** anterior:

```
for (a=1; a<10; a++)
   document.write ( a + "<br>\n");
```

(cuando sólo hay una instrucción no es necesario dejarla dentro de un bloque).

- **if .. else** es la instrucción condicional y obedece a la sintaxis:

```
if ( condición )
   {
   instrucciones
   }
else
   {
   instrucciones
   }
```

Donde la rama else es opcional, naturalmente.

- **with** es una instrucción asociada al tratamiento de objetos, su cometido es indicar que todas las operaciones que aparecen el bloque asociado se aplican a un mismo objeto. Es una forma de reducir el tamaño del código:

```
with document
{
write("Primera l&iacute;nea<BR>\n");
write("Segunda l&iacute;nea<BR>\n");
write("Tercera l&iacute;nea<BR>\n");
}
```

Es equivalente a poner tres instrucciones completas "document.write".

Las funciones JavaScript se declaran con la palabra clave **function**. Puede actuar como funciones o procedimientos. La instrucción **return** finaliza la ejecución de una función, para que devuelvan un valor hay que añadirlo a esta instrucción. Los parámetros se declaran entre paréntesis tras el nombre de la función y **siempre se pasan por valor**. Normalmente se declaran dentro de una directiva

<SCRIPT> en la sección <HEAD>, aunque no hay inconveniente en hacerlo en cualquier otro punto del código HTML siempre y cuando se haga antes de su utilización.

12.4. Objetos

Los objetos son un componente fundamental de JavaScript. Existe una serie de objetos predefinidos que son la materia prima de los programas escritos con este lenguaje. Además, y aunque se ha dicho que no es posible extender el lenguaje, sí hay algunas formas de construir pequeños objetos que resuelvan problemas puntuales como la construcción y el manejo de arrays, entre otras tareas.

La construcción de arrays requiere un pequeño truco que nos servirá perfectamente para ilustrar el manejo de objetos en JAVASCRIPT. Para empezar necesitamos una función que se encargue de construir el array:

```
function Array() {
   var i;
   this.longitud = Array.arguments.length;
   for (i=0; i<this.longitud; i++)
      this[i+1] = Array.arguments[i];
   // Este array tiene su primer elemento con
   // índice 1
   }
```

Para empezar podemos ver que las propias funciones tienen sus parámetros (**arguments** es la lista de parámetros que recibe la función, y **arguments.length** es su longitud). El valor **this** se refiere al objeto con el que se está trabajando, en este caso el array que queremos crear.

Veamos ahora cómo crear un array de este tipo:

```
var variableArray = new Array (5, 7, 9);
```

Con ello se crea el array "variableArray" con tres elementos que se introducen en ese momento. Esto no deja de ser una aproximación, lo más normal es crear un array sin disponer aún de sus elementos, sólo de su longitud. En ese caso debería construir una función diferente que recibiera esa longitud e inicializara sus elementos para reservar memoria.

Los objetos se construyen de esta forma, invocando a una función que se encarga de inicializar cada uno de sus atributos. ¿Y los métodos? El procedimiento es similar: se construye una función y se asocia al objeto en la función de inicialización. Por ejemplo, la construcción de una función que devuelva la suma de todos los elementos de un array sería así:

```
function Suma() {
    var total=Null, i;
    for (i=1; i<=this.longitud; i++)
       total += this[i];
    return total;
}
```

A la hora de convertir esta función en un método, añadiríamos la siguiente línea en la función Array:

```
this.Suma = Suma;
```

Las propias variables son en varios casos objetos con métodos asociados, que hacen las veces de funciones.

La estructura de objetos predefinidos es el esqueleto sobre el que construyen las aplicaciones JavaScript. Describirla completamente resultaría una tarea que excedería con mucho el propósito de este libro. Sólo vamos a enumerar los principales objetos (más bien clases), y sus atributos y métodos más relevantes.

El objeto de más alto nivel es **Document**. Es el contenedor de todos los componentes de la página HTML contenidos dentro de la sección BODY. Otros objetos de alto nivel son **Window** o **Navigator**. A continuación se presenta una lista de objetos, funciones y atributos:

Navigator: objeto que contiene información sobre la versión del *browser* que se está usando.

- Atributos: appCodeName (nombre codificado del *browser*, Navigator es "mozilla"), appName (nombre del *browser*, en Navigator es "Netscape"), appVersion (versión, tiene tres componentes en la forma <número>(<plataforma>; <país>), donde número es el de versión, plataforma el sistema sobre el que corre, por ejemplo "Win32", y país es "I" para la versión internacional y "U" para la de Estados Unidos), userAgent (información que envía el cliente para identificarse).

Window: ventana del *browser*. Es el padre de los objetos **document, location** y **history**. **Self** es un sinónimo de este objeto.

- Atributos: defaultStatus (mensaje por defecto de la barra de estado), frames (array de *frames*), length (número de *frames*), name (nombre de la ventana procedente de una llamada open), parent (sinónimo de name cuando sólo hay un *frame*), self (sinónimo de name), status (mensaje temporal en la barra de estado), top (ventana de nivel superior), window (sinónimo de name).
- Métodos: alert (abre una ventana con un mensaje de alerta con el botón OK), close (cierra la ventana), confirm (abre una ventana de confirmación), open (crea una nueva ventana), prompt (abre una ventana con un mensaje y una entrada de texto).

Frame: *frame* HTML.

- Atributos: frames (array con los *frames* hijos), name (nombre), length (número de hijos), parent (padre), selft (sinónimo de name), window (sinónimo de name).

Location: URL de una ventana (objeto window).

- Atributos: hash (porción que sigue a # en la URL), host (nombre la máquina y puerto de la URL), hostname (nombre la máquina de la URL), href (contenido de este atributo de la directiva), pathname (path de la URL), port (puerto de la URL), protocol (protocolo de la URL), search (porción que sigue a una interrogación en la URL, si está presente), target (ventana o *frame* donde se visualizará el objeto apuntado).

History: páginas visitadas por el usuario. Es un array que sólo tiene un atributo: length.

- Métodos: back (carga la URL anterior), forward (carga la URL siguiente), go (va a la URL contenida en el elemento del array cuyo índice se especifica).

Document: documento HTML.

- Atributos: alinkColor (color de los enlaces activados), anchors (array de marcas del documento), bgColor (color de fondo), cookie (cookie del documento), fgColor (color del texto), forms (array de formularios del documento), lastModified (fecha de última modificación del documento), linkColor (color de los enlaces no activados), links (array de enlaces), location (URL del documento), referer (dirección del documento precedente), title (título del documento), vlinkColor (color de los enlaces visitados).
- Métodos: clear (borra el contenido de la ventana del documento), close (cierra el canal de salida obligando a mostrar todos los elementos), open (abre el canal para permitir la incorporación de texto con write o writeln), write (escribe texto en el documento), writeln (escribe texto y añade una línea).

Anchor: marca HTML (<A name= ... >).

- Atributos: no tiene, el array de marcas sólo tiene el atributo length.

Link: enlace HTML (<A>).

- Atributos: hash (porción que sigue a # en la URL), host (nombre la máquina y puerto de la URL), hostname (nombre la máquina de la URL), href (contenido de este atributo de la directiva), pathname (path de la URL), port (puerto de la URL), protocol (protocolo de la URL), search (porción que sigue a una interrogación en la URL, si está presente), target (ventana o *frame* donde se visualizará el objeto apuntado). El array de enlaces sólo tiene el atributo length.
- Eventos: onClick, onMouseOver.

Form: formulario HTML.

- Atributos: name (nombre, con el que identifica el objeto), action (la acción que se realizará al invocar a Submit()), method (el método empleado en el formulario), y target (la ventana o *frame* donde se mostrará la acción del formulario). El array de formularios tiene el atributo length.
- Métodos: Submit(), que realiza la acción especificada.
- Eventos: onSubmit.

Button: botón de formulario.

- Atributos: name (nombre, con el que identifica el objeto) y value (el texto que contiene).
- Métodos: Click() que simula la acción de hacer click sobre él.
- Eventos: onClick.

CheckBox: casilla de selección de formulario.

- Atributos: name (nombre, con el que se identifica el objeto), value (valor que se devuelve), y defaultChecked (que indica si el estado por defecto es seleccionado).
- Métodos: Click() que simula la acción de hacer click sobre él.
- Eventos: onClick.

Hidden: entrada oculta de formulario.

- Atributos: name (nombre, con el que se identifica el objeto), value (valor que se devuelve).

Password: entrada de texto oculta.

- Atributos: name (nombre, con el que identifica el objeto), y value (el texto que contiene).
- Métodos: Focus() que simula la acción situar el cursor del ratón sobre él; Blur(), abandonar el objeto; y Select(), seleccionar el objeto.

Radio: botón de radio.

- Atributos: name (nombre, con el que se identifica el objeto), value (valor que se devuelve), y text (etiqueta que acompaña al objeto).
- Métodos: Click() que simula la acción de hacer click sobre él.
- Eventos: onClick.

Reset: botón tipo Reset.

- Atributos: name (nombre, con el que identifica el objeto) y value (el texto que contiene).
- Métodos: Click() que simula la acción de hacer click sobre él.
- Eventos: onClick.

Select: lista de selección en formularios.

- Atributos: name (nombre, con el que se identifica el objeto), length (número de entradas), options (array de elementos OPTIONS de la lista), size (tamaño vertical), selectedIndex (índice de la entrada seleccionada).
- Eventos: onBlur, onChange, onFocus.

Option: cada una de las entradas de una lista de selección.

- Atributos: index (índice de la entrada), length (número de opciones en la lista), name (nombre de la lista), selected (estado de la entrada), value (valor de la entrada), text (texto de la entrada).

Submit: botón tipo Submit.

- Atributos: name (nombre, con el que identifica el objeto) y value (el texto que contiene).
- Métodos: Click() que simula la acción de hacer click sobre él.
- Eventos: onClick.

Text: entrada de texto en una línea.

- Atributos: name (nombre, con el que identifica el objeto), value (el texto que contiene), y defaultValue (valor inicial).
- Métodos: Focus() que simula la acción situar el cursor del ratón sobre él; Blur(), abandonar el objeto; y Select(), seleccionar el objeto.
- Atributos: onBlur, onChange, onFocus, onSelect.

Textarea: entrada de texto en varias líneas.

- Atributos: name (nombre, con el que identifica el objeto), value (el texto que contiene), y defaultValue (valor inicial).
- Métodos: Focus() que simula la acción situar el cursor del ratón sobre él; Blur(), abandonar el objeto; y Select(), seleccionar el objeto.
- Atributos: onBlur, onChange, onFocus, onSelect.

Además de estos objetos implicados en la estructura de la página y sus componentes, hay otros de carácter general que contienen las funciones habitualmente incluidas en la librería estándar del lenguaje:

Math: contiene métodos que permiten la realización de operaciones matemáticas. Para usarlas hay que asignar a una variable uno de los atributos o métodos del objeto. Por ejemplo, para que una variable tome el valor del número pi:

```
a = Math.pi;
```

Si lo que queremos es conocer el mínimo de dos valores:

```
b = Math.min(x, y);
```

- Atributos: son constantes matemáticas como e, pi, sqrt2 (raíz cuadrada de 2) o ln10 (logaritmo de 10).
- Métodos: abs (valor absoluto), ceil (entero menor más cercano o igual al número), cos (coseno), exp (exponencial de e), floor (entero mayor más cercano o igual al número), log (logaritmo en base 10), max

(máximo de dos números), min (mínimo de dos números), pow (eleva el primero al segundo), random (número aleatorio), round (número redondeado), sin (seno), sqrt (raíz cuadrada).

Date: objetos tipo fecha y hora. Las variables deben crearse con **new** y se pueden inicializar con la fecha o fecha y hora. Si no se inicializan explícitamente toman la fecha y hora actual. Como una de las principales novedades en JavaScript 1.3, **Date** admite ahora un nuevo constructor, **Date.UTC**, que devuelve el número de milisegundos desde el 1 de febrero de 1970[5].

- Métodos: getDate (día del mes), getDay (día de la semana), getHours (horas), getMinutes (minutos), getMonth (número de mes), getSeconds (segundos), getTime (milisegundos desde el 1/1/70), getYear (año), setDate (establece el día del mes), setDay (establece el día de la semana), setHours (establece las horas), setMinutes (establece los minutos), setMonth (establece el número de mes), setSeconds (establece los segundos), setYear (establece el año).

String: cadena. Toda variable que contenga una cadena adquiere las propiedades de estos objetos.

- Atributos: length (longitud).
- Métodos: big (muestra la cadena en el font mayor), blink (muestra la cadena parpadeando), bold (muestra la cadena en negrita), charAt (carácter en la posición especificada), fixed (muestra la cadena en un tipo no proporcional), fontcolor (color del font), fontsize (tamaño del font), indexOf (posición de una subcadena), italics (muestra la cadena en cursiva), small (muestra la cadena en un font pequeño), substring (devuelve una cadena que empieza en una posición y con una longitud indicados), toLowerCase (pasa la cadena a minúsculas), toUpperCase (pasa la cadena a mayúsculas)

---

[5] Este sistema de coordenadas temporales es más conocido como GMT (*Greenwich Mean Time*).

12.5. Aplicaciones

En esta sección se van a enumerar algunas de las utilidades más habituales de JavaScript en la red y la forma de implementarlas. Aquí, como en ocurre con las páginas HTML, contamos con la ventaja de recibir el código fuente lo que nos permite ver cómo están hechas funcionalidades interesantes encontradas en la red. No lo dude: si ve algo que le llame la atención y no sabe cómo está hecho, use "View source" o "Ver fuente" para indagar en las interioridades del código.

12.5.1. Modificar el mensaje de la barra de estado

Una de la aplicaciones más habituales y el ejemplo más clásico consiste en interferir el evento **onMouseOver** de un enlace y modificar **window.status**, el mensaje de la barra de estado. Estas acciones, el "return true" tiene como objetivo continuar con el comportamiento normal del objeto (en este caso el enlace):

```
<A href="http://www.ati.es"
onMouseOver="window.status='Asociaci&oacute;n de
T&eacute;cnicos de Inform&aacute;tica'; return true">
```

12.5.2. Abrir una ventana de advertencia

Se trata de utilizar el método **alert** con un mensaje que se mostrará en una ventana auxiliar:

```
<BODY onLoad="alert('Se ha cargado la
p&aacute;gina');">
```

12.5.3. Pedir conformidad al usuario

El método **confirm** abre una ventana con un mensaje y devuelve el botón (como True o False) seleccionado. Si el usuario destruye la ventana se recibe un **Null**. Se puede ver un ejemplo en la figura 12.4:

```
var res=confirm ('Est&aacute; seguro?');
```

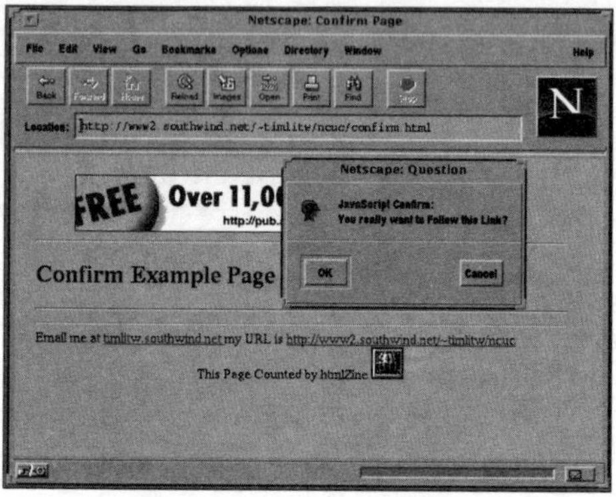

Figura 12.4. Uso de confirm

12.5.4. Introducción de un valor en una ventana auxiliar

Se basa en el uso del método **prompt** que abre una ventana con un mensaje y devuelve el texto introducido. Si el usuario destruye la ventana se recibe un Null.

```
var res=prompt ('Introduzca su nombre:');
```

12.5.5. Validar la entrada de usuario

Estas verificaciones pueden hacerse en dos momentos, cuando se envía el formulario, o cuando se registra un cambio en un campo o el puntero lo abandona.

El primer caso implica interceptar el evento **onSubmit** del formulario u **onClick** en el botón Submit, y se puede hacer sobre el mismo elemento o como una función aparte. Por ejemplo, para comprobar que el contenido de la entrada "nombre" no está vacío:

```
<FORM ... onSubmit="if (this.nombre.length==0)
    {
    alert('El campo \"Nombre\" debe tener conteni-
do.');
    return false;
    }
return true;">
```

También se puede realizar esta validación con una función auxiliar al abandonar la edición del campo con **onBlur**:

```
<SCRIPT language="javascript">
<!-
function EstaVacio(objeto)
   {
   if ( !objeto.value.length )
   {
   alert("Esta campo no puede estar vac&iacute;o.");
   obj.focus();
   }
}
</SCRIPT>
   ....
<INPUT name="Nombre" type="text" size="20"
onBlur="EstaVacio(this)">
```

12.5.6. Escribir texto informativo en una ventana

Este ejemplo permite probar dos funcionalidades de JavaScript, la interacción con *frames* y la escritura en documentos. Se trata de escribir en un *frame* un texto orientativo cada vez que el puntero de un cursor entre en un campo. Para ello suponemos que existe el *frame* "info", distinto del que contiene el siguiente documento:

```
<SCRIPT language="javascript">
<!-
function informacion (mensaje)
   {
   BorrarVentana();
   parent.info.document.write(mensaje);
   parent.info.document.close();
   }

function BorrarVentana()
   {
   parent.info.document.clear ();
   parent.info.document.write("");
   parent.info.document.close();
   }
->
</SCRIPT>
```

```
....

<INPUT type="text" name="Nombre" value=""
onFocus="informacion('Escriba su nombre en
may&uacute;sculas y sin acentos');">
```

12.5.7. Crear una ventana

Crear una ventana nueva requiere simplemente utilizar un target como "_blank", pero hacer que la ventana posea unas características determinadas exige utilizar JavaScript. En el presente ejemplo se va a construir una ventana similar a la de la figura 12.5 para mostrar el resultado de evaluar un formulario:

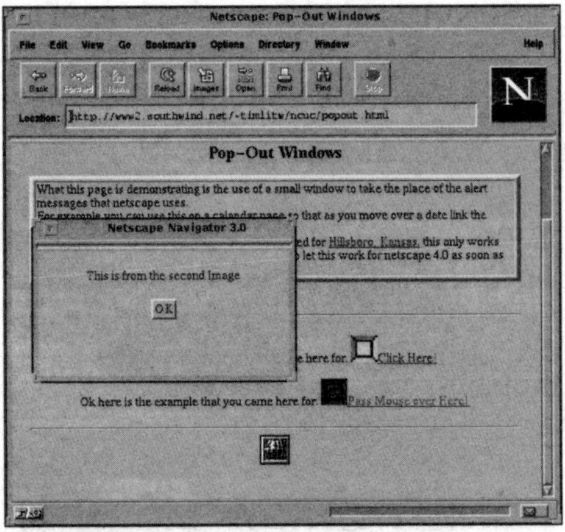

Figura 12.5. Ventana sin elementos de navegación

```
<FORM action="/cgi/proceso" method="POST"
onSubmit="var ventana=window.open('', 'Ventana auxi-
liar', location=false,menubar=false,toolbar=false);
this.target=ventana;">
```

12.5.8. Mostrar qué navegador tiene el usuario

Muchas veces, cuando entramos en un sitio Web, nos vemos sorprendidos por un mensaje que indica la versión concreta del navegador que estamos utilizando. Este truco es tan efectivo como simple, y consiste en acceder a los atributos appName y appVersion del objeto navigator y presentarlos en el lugar de la página que queramos, tal y como se muestra en el siguiente código:

```
<SCRIPT language="javascript">
<!–
document.write("Estás accediendo con " +
navigator.appName + " " + navigator.appVersion); –>
</SCRIPT>
```

12.5.9. Mostrar la fecha de última modificación de un documento

Un efecto muy similar al anterior consiste en mostrar la última fecha de modificación del documento, información muy útil para conocer la antigüedad del contenido. En este caso el valor es el correspondiente al atributo lastModified del objeto documento:

```
<SCRIPT language="javascript">
<!–
document.write ("Última fecha de modificación " +
document.lastModified); –>
</SCRIPT>
```

12.5.10. Mensajes en movimiento en la barra de estado

Una de las primeras utilidades de JavaScript que se aplicó de forma masiva fueron estos mensajes que se mueven en la barra de estado informando del contenido de la página que se acaba de cargar. Se basan en el uso del evento **onLoad** de <BODY> y en un sencillo bucle:

```
<SCRIPT language="javascript">
<!–
// Definición del texto del mensaje y otras
// variables globales
var mensaje="Bienvenido a estas páginas";
var desplazamiento;
var cadenaVacia = "";
for (var i=0; i<15; i++)
```

```
      cadenaVacia += "          ";
   var timer = null;
   function arrancaMensaje()
      {
      desplazamiento = cadenaVacia.length;
      timer = window.setTimeout("muestraMensaje()",
500);
      }
   function muestraMensaje()
      {
      if ( (desplazamiento > 0) && (desplazamiento <=
cadenaVacia.length) )
         {
         window.status = CadenaVacia.substring(0,
desplazamiento) + mensaje;
         desplazamiento—;
         timer = window.setTimeout("muestraMensaje()",
100);
         }
      else if (desplazamiento <= 0)
         {
         if (-desplazamiento <= mensaje.length)
            {
            window.status = mensaje.substring(-despla-
zamiento, mensaje.length) + mensaje;
            desplazamiento—;
            timer =
window.setTimeout("muestraMensaje()", 100);
               }
            }
            else
            {
               window.status = "";
               desplazamiento = cadenaVacia.length;
               timer =
window.setTimeout("muestraMensaje()", 500);
            }
      }
   —>
   </SCRIPT>
   ....
   <BODY onLoad="arrancaMensaje()">
```

Apéndice A

Guía de Referencia HTML

A.1. Introducción

En este apéndice se ha recogido información sobre las distintas directivas HTML mostradas en la Guía y se la ha ordenado según su cometido. Para cada una de ellas se indica su función, sus atributos y su significado, y a qué conjunto de instrucciones pertenecen. En esta última característica se han seleccionado tres posibles valores: **HTML 4**, directivas exclusivas de **Navigator de Netscape** (en sus distintas versiones) y exclusivas de **Internet Explorer de Microsoft**. También se indica si el atributo o elemento en concreto es *deprecated*, es decir, si su utilización es desaconsejada por la especificación.

El texto que aparece en cursiva representa elementos genéricos (*nombre, índice, URL...*). Los elementos del lenguaje aparecen siempre en **negrita**.

Como se podrá apreciar, no se trata de una referencia completa de HTML, ante todo se ha buscado el lado práctico, aunque es posible que falten elementos importantes. Por supuesto siempre queda el recurso de consultar el capítulo dedicado a la directiva presentada, pero los autores agradecen todas las sugerencias que se le remitan para mejorar este apéndice y presentarlo más renovado y completo en futuras versiones de esta Guía.

A.2. La Guía

A.2.1. Atributos comunes

Prácticamente todas las directivas definidas por la especificación HTML 4 comparten un conjunto de atributos, que se distribuyen a su vez en tres grupos: atributos básicos, atributos de internacionalización y eventos comunes.

Atributos básicos

Identifican al elemento delimitado por la directiva, la clase a la que pertenece, dan información sobre su visualización e información adicional. Véase tabla A.1.

Tabla A.1

Atributo	*Función*	*Reconocido por*
class="*clase1 clase2 clase 3...*"	Clases a las que pertenece el elemento.	**HTML 4**
id="*nombre*"	Nombre único del elemento dentro del documento.	**HTML 4**
style="*estilo*"	Información de estilo del elemento.	**HTML 4**
title="*texto*"	Título del elemento.	**HTML 4**

Atributos de internacionalización

Dan información sobre el idioma del elemento y la dirección en la que debe leerse. Véase tabla A.2.

Tabla A.2

Atributo	*Función*	*Reconocido por*
dir="*dirección de lectura*"	Dirección de lectura del elemento: izquierda a derecha (*LTR*) o derecha a izquierda (*RTL*).	**HTML 4**
lang="*idioma*"	Identificador de idioma del elemento (estándar ISO).	**HTML 4**

Eventos comunes

Representan los eventos que pueden generar los distintos elementos como resultado de su interacción con el usuario. Véase tabla A.3.

Tabla A.3

Atributo	*Función*	*Reconocido por*
onclick	Clicado de un botón del puntero.	**HTML 4**
ondblclick	Doble clicado de un botón del puntero.	**HTML 4**
onkeydown	Pulsación de una tecla.	**HTML 4**
onkeypress	Pulsación y liberación de una tecla.	**HTML 4**
onkeyup	Liberación de la pulsación de una tecla.	**HTML 4**
onmousedown	Pulsación de un botón del puntero.	**HTML 4**
onmousemove	El puntero se mueve sobre el elemento.	**HTML 4**
onmouseout	El puntero sale del elemento.	**HTML 4**
onmouseover	El puntero se ha situado sobre el elemento.	**HTML 4**
onmouseup	Se libera la pulsación de un botón del puntero.	**HTML 4**

A.2.2. Elementos generales. Estructura

<!- Comentarios -> HTML 4

El texto contenido en un comentario se delimita con <!— y —>, no resulta conveniente incluir directivas HTML en un comentario, pues hay *browsers* que las interpretan como si pertenecieran al código.

BODY HTML 4

Define el *cuerpo* del documento HTML. Véase tabla A.4.

Tabla A.4

Atributo	*Función*	*Reconocido por*
Atributos comunes		**HTML 4**
alink="#*rrggbb*" o **alink="#*color*"**	Valor RGB o nombre del color usado en los enlaces visitados.	**HTML 4 (*deprecated*)**
background= "*URL*"	Dirección de la imagen que se usará como fondo del documento.	**HTML 4 (*deprecated*)**
bgcolor= "#*rrggbb*" o **bgcolor=** "#*color*"	Valor RGB[1] del color de fondo o nombre (según los valores reconocidos) de ese color.	**HTML 4**
bgproperties= ***fixed***	Indica que la imagen de fondo no se multiplica ni desplaza con la página.	**Internet Explorer**
bottommargin= *número*	Margen inferior en *pixels.*	**Internet Explorer**
leftmargin= *número*	Margen izquierdo del documento en pixels.	**Internet Explorer**
link="#*rrggbb*" o **link="#*color*"**	Valor RGB o nombre del color usado en los enlaces no visitados.	**HTML 4 (*deprecated*)**
onload	Evento generado al cargarse el documento	**HTML 4**
onunload	Evento generado al descargarse el documento.	**HTML 4**
rightmargin= *número*	Margen derecho del documento en pixels.	**Internet Explorer**
text="#*rrggbb*" o **text="#*color*"**	Valor RGB o nombre del color usado en el texto.	**HTML 4 (*deprecated*)**
topmargin= *número*	Margen superior en *pixels.*	**Internet Explorer**
vlink="#*rrggbb*" o **vlink="#*color*"**	Valor RGB o nombre del color usado en los enlaces visitados.	**HTML 4 (*deprecated*)**

HEAD — HTML 4

Define la cabecera de un documento HTML.

[1] Codificación de color (*Red, Green, Blue*) en la que cada componente se indica con dos dígitos hexadecimales.

HTML **HTML 4**

Define un bloque de instrucciones HTML. Delimita todo el documento. Contiene a <HEAD> y <BODY>. Véase tabla A.5

Tabla A.5

Atributo	*Función*	*Reconocido por*
Atributos internacionalización	Determinan el idioma (**lang**) y dirección de lectura del documento (**dir**).	**HTML 4**

A.2.3. Cabecera (<HEAD>)

BASE **HTML 4**

Dirección URL *virtual* del documento. Es la que se usa para completar las direcciones relativas del documento. Véase tabla A.6.

Tabla A.6

Atributo	*Función*	*Reconocido por*
href="*URL***"**	Dirección de base del documento con la que se construyen las direcciones de las referencias relativas.	**HTML 4**
target="*destino*"	*Frame* destino de todas las referencias relativas del documento.	**HTML 4**

ISINDEX **HTML 4 (*deprecated*)**

Permite la realización de búsquedas asociada al uso de programas CGI. Véase tabla A.7.

Tabla A.7

Atributo	*Función*	*Reconocido por*
prompt="*texto***"**	Texto que se muestra junto a la entrada.	**HTML 4**

LINK HTML 4

Permite establecer relaciones entre el documento que contiene la directiva y otros. Véase tabla A.8.

Tabla A.8

Atributo	*Función*	*Reconocido por*
Atributos comunes		**HTML 4**
href="*URL*"	Dirección del documento referenciado.	**HTML 4**
media="*medio*"	Dispositivo en el que se debería visualizar el contenido referenciado (algunos valores válidos son **print**, **screen**, **projector** o **speech**).	**HTML 4**
rel="*relación*"	Tipo de relación "directa".	**HTML 4**
rev="*relación*"	Tipo de relación "inversa".	**HTML 4**
type="*tipo*"	Tipo del contenido enlazado (en el caso de hojas de estilo suele tomar el valor **StyleSheet**).	**HTML 4**

META HTML 4

Información especial de identificación del documento. Cada una de estas directivas contiene un campo con el nombre (sea con **name** o con **http-equiv**) y otro con el contenido de la información. Véase tabla A.9.

Tabla A.9

Atributo	*Función*	*Reconocido por*
content= "*contenido*"	Información en el campo contenido.	**HTML 4**
http-equiv= "*campo nombre*"	Información en el campo nombre (normalmente comando HTTP)	**HTML 4**
name= "*campo nombre*"	Información en el campo nombre.	**HTML 4**

STYLE HTML 4

Directiva reservada para el uso de hojas de estilo. Véase tabla A.10.

Tabla A.10

Atributo	*Función*	*Reconocido por*
Atributos internacionalización	Determinan el idioma (**lang**) y dirección de lectura de los elementos que componen los estilos (**dir**).	**HTML 4**
type="*tipo*"	Lenguaje de hojas de estilo (normalmente **text/css**).	**HTML 4**
media="*medio*"	Dispositivo en el que deberían aplicarse estos estilos.	**HTML 4**

TITLE HTML 4

Delimitador del título de la página. La única directiva obligatoria en un documento HTML. Véase tabla A.11.

Tabla A.11

Atributo	*Función*	*Reconocido por*
Atributos internacionalización	Determinan el idioma (**lang**) y dirección de lectura del título (**dir**).	**HTML 4**

A.2.4. Texto

BASEFONT HTML 4 (*deprecated*)

Establece el tamaño base de fuente. Véase tabla A.12.

Tabla A.12

Atributo	*Función*	*Reconocido por*
size="*número*"	Tamaño base, el valor varía entre 1 y 7.	**HTML 4**

BR — HTML 4

Inserta un salto de línea. Véase tabla A.13.

Tabla A.13

Atributo	*Función*	*Reconocido por*
Atributos básicos	Atributos básicos de HTML (**id**, **class**, **title**, **style**).	**HTML 4**
clear="*ámbito***"**	Delimita la aplicación de las imágenes flotantes. *ámbito* puede ser **left**, **right** o **all**.	**HTML 4**

CENTER — HTML 4 (*deprecated*)

Delimitador cuyo contenido se centra con respecto a los márgenes actuales.

DIV — HTML 4

Determina un bloque de texto o imágenes. Véase tabla A.14.

Tabla A.14

Atributo	*Función*	*Reconocido por*
Atributos comunes	Atributos comunes de HTML (**id**, **class**, **style**, **title**, **lang**, **dir** y eventos comunes).	**HTML 4**
align= "*alineación*"	Alineación del bloque (**left**, **right**, **center**).	**HTML 4 (*deprecated*)**

FONT — HTML 4 (*deprecated*)

Establece el tamaño de la fuente de caracteres. Véase tabla A.15.

Tabla A.15

Atributo	*Función*	*Reconocido por*
color="#*rrggbb***"** o **color="***color***"**	Valor RGB o nombre del color del texto.	**HTML 4**

(Continúa)

Atributo	Función	Reconocido por
face="*nombre1, nombre2...*"	Establece la familia de la fuente de texto, si se especifica más de un nombre el *browser* seleccionará la primera disponible.	**HTML 4**
size="*número*"	Tamaño de la fuente, el valor varía entre 1 y 7.	**HTML 4**
size="*±número*"	Incremento, reducción del tamaño de la fuente. El valor positivo o negativo se añade al establecido en **BASEFONT**.	**HTML 4**

H1-H6 HTML 4

Cabecera de texto. Suelen mostrarse en negrita y con tamaños de letra que varían desde muy grande (**H1**) hasta muy pequeño (**H6**).Véase tabla A.16.

Tabla A.16

Atributo	Función	Reconocido por
Atributos comunes	Atributos comunes de HTML (**id**, **class**, **style**, **title**, **lang**, **dir** y eventos comunes).	**HTML 4**
align= "*alineación*"	Alineación de la cabecera.	**HTML 4 (*deprecated*)**

HR HTML 4

Barra horizontal. Véase tabla A.17.

Tabla A.17

Atributo	Función	Reconocido por
Atributos comunes	Atributos comunes de HTML (**id**, **class**, **style**, **title**, **lang**, **dir** y eventos comunes).	**HTML 4**

(Continúa)

Atributo	Función	Reconocido por
align= "*alineación*"	Cambia la alineación de la barra (*left*, *right*, *center*). Sólo tiene sentido si no ocupa toda la anchura de la ventana de visualización.	**HTML 4 (*deprecated*)**
color="#*rrggbb*" o **color="***color*"	Valor RGB o nombre del color de la barra de división.	**Internet Explorer**
noshade	Barra sin sombreado 3D	**HTML 4 (*deprecated*)**
size="*tamaño*"	Grosor de la barra en pixels.	**HTML 4 (*deprecated*)**
width= "*porcentaje*" o **width=** "*tamaño*"	Tamaño del elemento como porcentaje de la ventana de visualización ocupado o en pixels.	**HTML 4 (*deprecated*)**

MULTICOL — Navigator

División del texto en múltiples columnas sin hacer uso de tablas ni *frames*. Véase tabla A.18.

Tabla A.18

Atributo	Función	Reconocido por
cols="*número*"	Número de columnas en las que se va a dividir el texto. Este atributo debe aparecer obligatoriamente.	**Navigator**
gutter="*número*"	Número de pixels que separan las columnas, el valor por defecto es 10.	**Navigator**
width="*tamaño*"	Tamaño de una columna.	**Navigator**

NOBR — Navigator, Internet Explorer

Delimitador de un área que no se quiere dividir.

P — HTML 4

Marca de párrafo. Puede usarse sola o como delimitador. Véase tabla A.19.

Tabla A.19

Atributo	*Función*	*Reconocido por*
Atributos comunes	Atributos comunes de HTML (**id**, **class**, **style**, **title**, **lang**, **dir** y eventos comunes).	**HTML 4**
align= "*alineación*"	Alineación horizontal del párrafo.	**HTML 4** (***deprecated***)

SPACER **Navigator**

Área en blanco. Véase tabla A.20.

Tabla A.20

Atributo	*Función*	*Reconocido por*
align= "*alineación*"	Sólo se aplica si el espaciador es de tipo *block*. En ese caso actúa como la alineación de una imagen, y comparte los mismos valores: *left*, *right*, *top*, *texttop*, *middle*, *absmiddle*, *baseline*, *bottom*, y *absbottom*.	**Navigator**
height="*número*"	Altura en pixels. Sólo se aplica si el espaciador es de tipo *block*.	**Navigator**
size="*tamaño*"	Sólo se aplica si el espaciador es de tipo *horizontal* o *vertical*. Altura o anchura en pixels.	**Navigator**
type="*tipo*"	Tipo del espaciador: *horizontal* (valor por defecto), *vertical* o *block*.	**Navigator**
width="*número*"	Anchura en pixels. Sólo se aplica si el espaciador es de tipo *block*.	**Navigator**

SPAN **HTML 4**

Define una sección arbitraria de texto. Véase tabla A.21.

Tabla A.21

Atributo	*Función*	*Reconocido por*
Atributos comunes	Atributos comunes de HTML (**id**, **class**, **style**, **title**, **lang**, **dir** y eventos comunes).	**HTML 4**
align= "*alineación*"	Alineación del bloque (**left**, **right**, **center**).	**HTML 4 (deprecated)**

WBR — Navigator, Internet Explorer

Indica un punto en el que se podría dividir una palabra o generar un salto de línea en un bloque **NOBR**.

A.2.5. Estilos

ABBR — HTML 4

"Abreviatura", estilo lógico. No está soportado por los principales navegadores. Véase tabla A.22.

Tabla A.22

Atributo	*Función*	*Reconocido por*
Atributos comunes	Atributos comunes de HTML (**id**, **class**, **style**, **title**, **lang**, **dir** y eventos comunes).	**HTML 4**

ACRONYM — HTML 4

Acrónimo, estilo lógico. No está soportado por Netscape Navigator. Véase tabla A.23.

Tabla A.23

Atributo	*Función*	*Reconocido por*
Atributos comunes	Atributos comunes de HTML (**id**, **class**, **style**, **title**, **lang**, **dir** y eventos comunes).	**HTML 4**

ADDRESS **HTML 4**

"Dirección", estilo lógico. El texto delimitado suele aparecer en cursiva. Se suele usar para "firmar" los documentos. Véase tabla A.24.

Tabla A.24

Atributo	*Función*	*Reconocido por*
Atributos comunes	Atributos comunes de HTML (**id**, **class**, **style**, **title**, **lang**, **dir** y eventos comunes).	**HTML 4**

B **HTML 4**

Estilo físico. El texto delimitado aparece en negrita. Véase tabla A.25.

Tabla A.25

Atributo	*Función*	*Reconocido por*
Atributos comunes	Atributos comunes de HTML (**id**, **class**, **style**, **title**, **lang**, **dir** y eventos comunes).	**HTML 4**

BIG **HTML 4**

Estilo lógico. Tipo de letra "grande". Véase tabla A.26.

Tabla A.26

Atributo	*Función*	*Reconocido por*
Atributos comunes	Atributos comunes de HTML (**id**, **class**, **style**, **title**, **lang**, **dir** y eventos comunes).	**HTML 4**

BLINK **Navigator**

Texto parpadeante.

BLOCKQUOTE HTML 4

"Anotación", estilo lógico. Delimita un bloque de texto. Véase tabla A.27.

Tabla A.27

Atributo	*Función*	*Reconocido por*
Atributos comunes	Atributos comunes de HTML (**id**, **class**, **style**, **title**, **lang**, **dir** y eventos comunes).	**HTML 4**
cite="*URL*"	Apunta a la fuente a la que se refiere la "anotación" (este atributo no es soportado por ninguno de los principales *browsers*).	**HTML 4**

CITE HTML 4

"Cita", estilo lógico. Normalmente se muestra en cursiva. Véase tabla A.28.

Tabla A.28

Atributo	*Función*	*Reconocido por*
Atributos comunes	Atributos comunes de HTML (**id**, **class**, **style**, **title**, **lang**, **dir** y eventos comunes).	**HTML 4**

CODE HTML 4

"Código", estilo lógico. Normalmente se muestra en un tipo de letra fijo y pequeño. Véase tabla A.29.

Tabla A.29

Atributo	*Función*	*Reconocido por*
Atributos comunes	Atributos comunes de HTML (**id**, **class**, **style**, **title**, **lang**, **dir** y eventos comunes).	**HTML 4**

DEL HTML 4

Estilo lógico. Indica texto que ha sido borrado del documento. No está soportado por Netscape Navigator. Véase tabla A.30.

Tabla A.30

Atributo	*Función*	*Reconocido por*
Atributos comunes	Atributos comunes de HTML (**id**, **class**, **style**, **title**, **lang**, **dir** y eventos comunes).	**HTML 4**

DFN HTML 4

"Definición", estilo lógico. Normalmente se muestra en cursiva. Véase tabla A.31.

Tabla A.31

Atributo	*Función*	*Reconocido por*
Atributos comunes	Atributos comunes de HTML (**id**, **class**, **style**, **title**, **lang**, **dir** y eventos comunes).	**HTML 4**

EM HTML 4

"Énfasis", estilo lógico. Normalmente se muestra en cursiva. Véase tabla A.32.

Tabla A.31

Atributo	*Función*	*Reconocido por*
Atributos comunes	Atributos comunes de HTML (**id**, **class**, **style**, **title**, **lang**, **dir** y eventos comunes).	**HTML 4**

I HTML 4

Estilo físico. El texto delimitado aparece en cursiva. Véase tabla A.33.

Tabla A.33

Atributo	*Función*	*Reconocido por*
Atributos comunes	Atributos comunes de HTML (**id**, **class**, **style**, **title**, **lang**, **dir** y eventos comunes).	**HTML 4**

INS **HTML 4**

Estilo lógico. Indica texto que ha sido añadido al documento. No está soportado por Netscape Navigator. Véase tabla A.34.

Tabla A.34

Atributo	*Función*	*Reconocido por*
Atributos comunes	Atributos comunes de HTML (**id**, **class**, **style**, **title**, **lang**, **dir** y eventos comunes).	**HTML 4**

KBD **HTML 4**

"Teclado", estilo lógico. Normalmente se muestra en negrita con un tipo fijo. Véase tabla A.35.

Tabla A.35

Atributo	*Función*	*Reconocido por*
Atributos comunes	Atributos comunes de HTML (**id**, **class**, **style**, **title**, **lang**, **dir** y eventos comunes).	**HTML 4**

PRE **HTML 4**

Estilo lógico. Normalmente se muestra con un tipo fijo sin procesar las directivas. Véase tabla A.36.

Tabla A.36

Atributo	*Función*	*Reconocido por*
Atributos comunes	Atributos comunes de HTML (**id**, **class**, **style**, **title**, **lang**, **dir** y eventos comunes).	**HTML 4**

Q HTML 4

"Anotación", estilo lógico. Delimita texto. Mientras que **BLOCKQUOTE** se utiliza en bloques, **Q** se emplea en pequeños trozos de texto. No es reconocido por Netscape Navigator. Véase tabla A.37.

Tabla A.37

Atributo	*Función*	*Reconocido por*
Atributos comunes	Atributos comunes de HTML (**id**, **class**, **style**, **title**, **lang**, **dir** y eventos comunes).	**HTML 4**
cite="*URL*"	Apunta a la fuente a la que se refiere la "anotación" (este atributo no es soportado por ninguno de los principales *browsers*).	**HTML 4**

S HTML 4 (*deprecated*)

Estilo lógico. Normalmente se muestra con texto subrayado. Véase tabla A.38.

Tabla A.38

Atributo	*Función*	*Reconocido por*
Atributos comunes	Atributos comunes de HTML (**id**, **class**, **style**, **title**, **lang**, **dir** y eventos comunes).	**HTML 4**

SAMP HTML 4

"Ejemplo", estilo lógico. Normalmente se muestra con un tipo fijo de pequeño tamaño. Véase tabla A.39.

Tabla A.39

Atributo	*Función*	*Reconocido por*
Atributos comunes	Atributos comunes de HTML (**id**, **class**, **style**, **title**, **lang**, **dir** y eventos comunes).	**HTML 4**

SMALL — HTML 4

Tipo de letra "pequeño", estilo lógico. Véase tabla A.40.

Tabla A.40

Atributo	*Función*	*Reconocido por*
Atributos comunes	Atributos comunes de HTML (**id**, **class**, **style**, **title**, **lang**, **dir** y eventos comunes).	**HTML 4**

STRIKE — HTML 4 (*deprecated*)

Estilo lógico. Normalmente se muestra con texto tachado. Véase tabla A.41.

Tabla A.41

Atributo	*Función*	*Reconocido por*
Atributos comunes	Atributos comunes de HTML (**id**, **class**, **style**, **title**, **lang**, **dir** y eventos comunes).	**HTML 4**

STRONG — HTML 4

Estilo lógico. Normalmente se muestra en negrita. Véase tabla A.42.

Tabla A.42

Atributo	*Función*	*Reconocido por*
Atributos comunes	Atributos comunes de HTML (**id**, **class**, **style**, **title**, **lang**, **dir** y eventos comunes).	**HTML 4**

SUB — HTML 4

"Subíndice", estilo lógico. Véase tabla A.43.

Tabla A.43

Atributo	*Función*	*Reconocido por*
Atributos comunes	Atributos comunes de HTML (**id**, **class**, **style**, **title**, **lang**, **dir** y eventos comunes).	**HTML 4**

SUP HTML 4

"Superíndice", estilo lógico. Véase tabla A.44.

Tabla A.44

Atributo	*Función*	*Reconocido por*
Atributos comunes	Atributos comunes de HTML (**id**, **class**, **style**, **title**, **lang**, **dir** y eventos comunes).	**HTML 4**

TT HTML 4

Estilo físico. El texto delimitado se muestra con un tipo fijo. Véase tabla A.45.

Tabla A.45

Atributo	*Función*	*Reconocido por*
Atributos comunes	Atributos comunes de HTML (**id**, **class**, **style**, **title**, **lang**, **dir** y eventos comunes).	**HTML 4**

U HTML 4 (*deprecated*)

Estilo físico. El texto delimitado se muestra subrayado. Véase tabla A.46.

Tabla A.46

Atributo	*Función*	*Reconocido por*
Atributos comunes	Atributos comunes de HTML (**id**, **class**, **style**, **title**, **lang**, **dir** y eventos comunes).	**HTML 4**

VAR HTML 4

"Variable", estilo lógico. Normalmente se muestra con un tipo fijo de pequeño tamaño. Véase tabla A.47.

Tabla A.47

Atributo	*Función*	*Reconocido por*
Atributos comunes	Atributos comunes de HTML (**id**, **class**, **style**, **title**, **lang**, **dir** y eventos comunes).	**HTML 4**

A.2.6. Listas

DD **HTML 4**

Definición en una lista de definición (<DL>). Véase tabla A.48.

Tabla A.48

Atributo	*Función*	*Reconocido por*
Atributos comunes	Atributos comunes de HTML (**id**, **class**, **style**, **title**, **lang**, **dir** y eventos comunes).	**HTML 4**

DIR **HTML 4 (*deprecated*)**

Lista de directorio, no está soportada correctamente por todos los *browsers*. Los elementos se identifican con <LI>. Véase tabla A.49.

Tabla A.49

Atributo	*Función*	*Reconocido por*
Atributos comunes	Atributos comunes de HTML (**id**, **class**, **style**, **title**, **lang**, **dir** y eventos comunes).	**HTML 4**

DL **HTML 4**

Lista de definición. Los elementos se identifican con <DT> (título) y <DL> (definición). Véase tabla A.50.

Tabla A.50

Atributo	*Función*	*Reconocido por*
Atributos comunes	Atributos comunes de HTML (**id**, **class**, **style**, **title**, **lang**, **dir** y eventos comunes).	**HTML 4**

DT **HTML 4**

Título en una lista de definición (<DL>). Véase tabla A.51.

Tabla A.51

Atributo	*Función*	*Reconocido por*
Atributos comunes	Atributos comunes de HTML (**id**, **class**, **style**, **title**, **lang**, **dir** y eventos comunes).	**HTML 4**

LI HTML 4

Elemento de una lista (<UL>, <OL>, <DIR> o <MENU>). Véase tabla A.52.

Tabla A.52

Atributo	*Función*	*Reconocido por*
Atributos comunes	Atributos comunes de HTML (**id**, **class**, **style**, **title**, **lang**, **dir** y eventos comunes).	**HTML 4**
compact	Formato más compacto	**HTML 4 (*deprecated*)**
type="*tipo***"**	Tipo de numeración en una lista ordenada o numerada, o tipo de elemento mostrado en una lista no numerada.	**HTML 4 (*deprecated*)**
value="*valor***"**	Valor del índice del elemento en listas numeradas.	**HTML 4 (*deprecated*)**

MENU HTML 4 (*deprecated*)

Lista menú. Los elementos se identifican con <LI>. Véase tabla A.53.

Tabla A.53

Atributo	*Función*	*Reconocido por*
Atributos comunes	Atributos comunes de HTML (**id**, **class**, **style**, **title**, **lang**, **dir** y eventos comunes).	**HTML 4**

OL **HTML 4**

Lista ordenada. Los elementos se identifican con <LI>. Véase tabla A.54.

Tabla A.54

Atributo	*Función*	*Reconocido por*
Atributos comunes	Atributos comunes de HTML (**id**, **class**, **style**, **title**, **lang**, **dir** y eventos comunes).	**HTML 4**
compact	Formato más compacto	**HTML 4** (***deprecated***)
start="*valor***"**	Valor inicial del índice de la lista.	**HTML 4** (***deprecated***)
type="*tipo***"**	Tipo de numeración en una lista ordenada o numerada (**A**, **a**, **I**, **i**, **1**).	**HTML 4** (***deprecated***)

UL **HTML 4**

Lista marcada o *bulleted*. Los elementos se identifican con <LI>. Véase tabla A.55.

Tabla A.55

Atributo	*Función*	*Reconocido por*
Atributos comunes	Atributos comunes de HTML (**id**, **class**, **style**, **title**, **lang**, **dir** y eventos comunes).	**HTML 4**
compact	Formato más compacto	**HTML 4** (***deprecated***)
type="*tipo***"**	Tipo de elemento.	**HTML 4** (***deprecated***)

A.2.7. Enlaces, multimedia

A **HTML 4**

Enlace hipertexto. Delimitador, el texto y las imágenes comprendidas dentro de la directiva se resaltan con un color distinto, un subrayado o un borde, el cursor cambia de aspecto al pasar sobre el enlace. Véase tabla A.56.

Tabla A.56

Atributo	*Función*	*Reconocido por*
Atributos comunes	Atributos comunes de HTML (**id**, **class**, **style**, **title**, **lang**, **dir** y eventos comunes).	**HTML 4**
coords= "*coordenadas*"	Coordenadas de una zona en un mapa de cliente. El número de coordenadas depende de la forma de la zona, definida por **shape**.	**HTML 4**
href="*URL***"**	Dirección de destino. Puede ser un URL absoluto, relativo al mismo servidor o al mismo documento. En ese último caso se usa la forma *#<nombre>*.	**HTML 4**
name="*nombre*"	Define un índice dentro de un documento.	**HTML 4**
rel="*relación*"	Relación con el documento destino.	**HTML 4**
rev="*relación inversa*"	Relación inversa con el documento destino.	**HTML 4**
shape="*forma*"	Forma del área del mapa asociada al enlace.	**HTML 4**
target=·"*destino*"	Frame o ventana de destino.	**HTML 4**

AREA — HTML 4

Tipo de área activa en un mapa interactivo de cliente. Véase tabla A.57.

Tabla A.57

Atributo	*Función*	*Reconocido por*
Atributos comunes	Atributos comunes de HTML (**id**, **class**, **style**, **title**, **lang**, **dir** y eventos comunes).	**HTML 4**
alt="*texto*"	Texto descriptivo del área.	**HTML 4**
coords= "*coordenadas*"	Coordenadas que definen el área. Su número puede variar dependiendo del tipo.	**HTML 4**

(Continúa)

Atributo	Función	Reconocido por
href="*URL*"	Dirección de destino que se activa cuando se selecciona la sección.	**HTML 4**
nohref	Indica que si se selecciona esa área no se desencadenará ninguna acción.	**HTML 4**
shape="*tipo*"	Tipo de superficie definida. **HTML 4** reconoce **rect** (rectángulo), **circle** (círculo), **poly** (polígono) y **default** (enlace que se utiliza cuando no se ha seleccionado ningún área activa).	**HTML 4**
target=·"*destino*"	Frame o ventana de destino.	**Navigator Internet Explorer**

BGSOUND **Internet Explorer**

Música de fondo de la página. Véase tabla A.58.

Tabla A.58

Atributo	Función	Reconocido por
src="*URL*"	Dirección del archivo que contiene el sonido.	**Internet Explorer**
loop="*número*"	Número de veces que se repite el sonido.	**Internet Explorer**
loop=infinite	Indica que el sonido se repetirá indefinidamente.	**Internet Explorer**

IMG **HTML 4**

Incluye una imagen en la página. Véase tabla A.59.

Tabla A.59

Atributo	Función	Reconocido por
Atributos comunes	Atributos comunes de HTML (**id**, **class**, **style**, **title**, **lang**, **dir** y eventos comunes).	**HTML 4**

(Continúa)

Atributo	*Función*	*Reconocido por*
align="*alineación vertical* **"**	Alineación vertical de la imagen (*top, bottom, middle*) con respecto a la línea de texto en la que se encuentra. Navigator admite además los valores *texttop, absmiddle, baseline* y *absbottom*.	**HTML 4 (*deprecated*)**
align="*alineación horizontal* **"**	Alineación de la imagen (*left, right*). La inclusión de este atributo da lugar a una imagen "flotante".	**HTML 4 (*deprecated*)**
alt="*texto***"**	Texto que se mostrará como alternativa a la imagen cuando ésta no se visualice.	**HTML 4**
border="*tamaño***"**	Grosor del borde de la imagen.	**HTML 4 (*deprecated*)**
controls	Inclusión de controles cuando la imagen es una filmación.	**Internet Explorer**
dynsrc="*URL***"**	URL de una filmación.	**Internet Explorer**
height="*altura***"**	Altura de la imagen en pixels.	**HTML 4**
hspace= "*tamaño*"	Anchura del margen horizontal de la imagen.	**HTML 4**
ismap	Indica que la imagen es un mapa interactivo	**HTML 4**
loop="*veces***"**	Número de veces que se repetirá la filmación.	**Internet Explorer**
loop=infinite	La filmación se repetirá indefinidamente.	**Internet Explorer**
lowsrc="*URL***"**	Dirección de una imagen que se mostrará antes que la definitiva.	**Navigator**
src="*URL***"**	Dirección de la imagen.	**HTML 4**
start=*modo*	Establece el momento en el que se iniciará la filmación: **fileopen** es tan pronto como se abra el fichero; **mouseover** cuando el usuario pase el	

(Continúa)

Atributo	Función	Reconocido por
	ratón sobre la imagen. También pueden usarse juntos ambos modos.	**Internet Explorer**
usemap= "*nombre*"	Identifica la imagen como un mapa interactivo de cliente y le asigna un nombre.	**HTML 4**
vspace= "*tamaño*"	Margen vertical de la imagen.	**HTML 4** (***deprecated***)
width=*anchura*	Anchura de la imagen en pixels.	**HTML 4** (***deprecated***)

MAP **HTML 4**

Lista de definición de áreas de un mapa. Véase tabla A.60.

Tabla A.60

Atributo	Función	Reconocido por
Atributos comunes	Atributos comunes de HTML (**id**, **class**, **style**, **title**, **lang**, **dir** y eventos comunes).	**HTML 4**
name="*nombre*"	Nombre del mapa.	**HTML 4**

MARQUEE **Internet Explorer**

Delimitador del texto de un letrero en desplazamiento. Véase tabla A.61.

Tabla A.61

Atributo	Función	Reconocido por
align="*alineación vertical* "	Alineación vertical del letrero (*top*, *bottom*, *middle*).	**Internet Explorer**
behavior="*comportamiento*"	Comportamiento del letrero (**scroll**, **slide**, o **alternate**).	**Internet Explorer**
bgcolor= "#*rrggbb*"	Valor RGB del color de fondo.	**Internet Explorer**
bgcolor="*color*"	Nombre del color de fondo.	**Internet Explorer**

(Continúa)

Atributo	*Función*	*Reconocido por*
direction= "*dirección*"	Dirección del desplazamiento (**left** o **right**).	**Internet Explorer**
height= "*número*"	Altura del elemento en *pixels*.	**Internet Explorer**
height= "*porcentaje*"	Altura del elemento en porcentaje de la altura de la ventana de visualización.	**Internet Explorer**
hspace= "*número*"	Anchura de los márgenes horizontales.	**Internet Explorer**
loop="*número*"	Número de veces que se repite la visualización del letrero.	**Internet Explorer**
loop=infinite	La visualización del letrero se repetirá indefinidamente.	**Internet Explorer**
scrollamount= "*número*"	Número de *pixels* que cambian en cada una de las fases de la visualización.	**Internet Explorer**
scrolldelay= "*tiempo*"	Número de milisegundos entre cada una de las fases de visualización.	**Internet Explorer**
vspace= "*número*"	Anchura de los márgenes verticales.	**Internet Explorer**
width="*anchura*"	Anchura del letrero en *pixels*.	**Internet Explorer**
width= "*porcentaje*"	Anchura del letrero como porcentaje de la anchura de la ventana de visualización.	**Internet Explorer**

A.2.8. Programación, frames

APPLET **HTML 4 (*deprecated*)**

Llamada a un programa Java. Véase tabla A.62.

Tabla A.62

Atributo	*Función*	*Reconocido por*
Atributos comunes	Atributos comunes de HTML (**id**, **class**, **style**, **title**, **lang**, **dir** y eventos comunes).	**HTML 4**

(Continúa)

Atributo	Función	Reconocido por
align="*alineación*"	Alineación horizontal	**HTML 4**
alt="*texto*"	Texto que se muestra como alternativa al *applet*.	**HTML 4**
code="*clase*"	Clase de arranque.	**HTML 4**
codebase="*URL*"	Directorio de base del *applet*.	**HTML 4**
height="*tamaño*"	Altura en pixels del área de visualización.	**HTML 4**
hspace="*margen*"	Margen horizontal en pixels.	**HTML 4**
name="*nombre*"	Nombre simbólico del *applet*.	**HTML 4**
vspace="*margen*"	Margen vertical en pixels.	**HTML 4**
width="*tamaño*"	Anchura del área de visualización.	**HTML 4**

EMBED **Navigator, Internet Explorer**

Introducción de un objeto reconocido por un *plugin*. Véase tabla A.63.

Tabla A.63

Atributo	Función	Reconocido por
height="*altura*"	Altura de la ventana de visualización en las unidades especificadas (por defecto pixels).	**Navigator Internet Explorer**
name="*nombre*"	Nombre que recibirá el objeto contenido en *plugin*.	**Navigator Internet Explorer**
palette="*fg*/*bg*"	Establece el color de primer plano (*fg*) y fondo (*bg*) del objeto contenido en *plugin*.	**Navigator Internet Explorer**
parámetro= "*valor*"	Valor de los parámetros pasados al *plugin*.	**Navigator Internet Explorer**
src="*dirección*"	Dirección del objeto contenido en *plugin*.	**Navigator Internet Explorer**
units="*unidad*"	Unidades empleadas en las dimensiones de la ventana de visualización. Puede ser *pixels*, que es el valor por defecto, o *en* (espacios).	**Navigator Internet Explorer**

(Continúa)

Atributo	*Función*	*Reconocido por*
width= "*anchura*"	Anchura de la ventana de visualización en las unidades especificadas (por defecto pixels).	**Navigator Internet Explorer**

FRAME HTML 4

Definición de un *frame*. Véase tabla A.64.

Tabla A.64

Atributo	*Función*	*Reconocido por*
Atributos básicos	Atributos básicos de HTML (**id**, **class**, **title**, **style**).	**HTML 4**
frameborder= "*1|0|yes|no*"	Especifica si se va a visualizar o no el borde.	**HTML 4**
name="*nombre*"	Nombre que recibirá el *frame* y que podrá ser utilizado como contenido de referencias *target*.	**HTML 4**
noresize	No se permite modificar el tamaño del *frame*.	**HTML 4**
marginheight= "*altura*"	Dimensión del margen.	**HTML 4**
marginwidth= "*anchura*"	Dimensión del margen.	**HTML 4**
scrolling= "*yes|no|auto*"	Dependiendo del valor (*yes*, *no*, o *auto*) se indica si habrá o no barras de desplazamiento obligatoriamente, o si se utilizarán sólo si son necesarias (valor por defecto).	**HTML 4**
src="*dirección*"	Dirección del documento que ocupará el *frame*. Puede ser, a su vez, una nueva definición de *frames*.	**HTML 4**

FRAMESET HTML 4

Delimitador de una declaración de *frames*. Véase tabla A.65.

Tabla A.65

Atributo	*Función*	*Reconocido por*
Atributos básicos	Atributos básicos de HTML (**id**, **class**, **title**, **style**).	**HTML 4**
rows="*filas*"	Especificación del número y disposición de las filas.	**HTML 4**
cols="*columnas*"	Especificación del número y disposición de las columnas.	**HTML 4**
onload	Este evento se genera cuando todos los *frames* del *frameset* se han cargado.	**HTML 4**
onunload	Este evento se genera cuando todos los *frames* de *frameset* se han descargado.	**HTML 4**

IFRAME HTML 4

Define un *frame* flotante y delimita su contenido. No es soportado por Netscape Navigator. Véase tabla A.66.

Tabla A.66

Atributo	*Función*	*Reconocido por*
Atributos básicos	Atributos básicos de HTML (**id**, **class**, **title**, **style**).	**HTML 4**
align= "*alineación*"	Alineación del *frame* o del texto que lo rodea (*left*, valor por defecto, *center*, *top*, y *bottom*).	**HTML 4 (*deprecated*)**
frameborder= "*1/0/yes/no*"	Indica si va a haber o no borde.	**HTML 4**
height="*número*"	Altura del *frame* en pixels.	**HTML 4**
marginheight= "*altura*"	Dimensión del margen.	**HTML 4**
marginwidth= "*anchura*"	Dimensión del margen.	**HTML 4**
name="*nombre*"	Nombre que recibirá el *frame* y que podrá ser utilizado como contenido de referencias *target*.	**HTML 4**
scrolling= "*yes/no*"	Indica si habrá o no barras de desplazamiento en el *frame*.	**HTML 4**

(Continúa)

Atributo	Función	Reconocido por
src="*dirección***"**	Dirección del documento que ocupará el *frame*. Puede ser, a su vez, una nueva definición de *frames*.	**HTML 4**
width="*número***"**	Anchura del *frame* en pixels.	**HTML 4**

NOFRAMES HTML 4

Área que queda fuera de la definición de *frames*. Es el contenido que mostrarán los *browsers* que no reconocen *frames*. Véase tabla A.67.

Tabla A.67

Atributo	Función	Reconocido por
Atributos comunes	Atributos comunes de HTML (**id**, **class**, **style**, **title**, **lang**, **dir** y eventos comunes).	**HTML 4**

NOSCRIPT HTML 4

Incluye contenido a mostrar cuando no se puede ejecutar un *script*. Véase tabla A.68.

Tabla A.68

Atributo	Función	Reconocido por
Atributos comunes	Atributos comunes de HTML (**id**, **class**, **style**, **title**, **lang**, **dir** y eventos comunes).	**HTML 4**

OBJECT HTML 4

Introduce un objeto en el documento. Véase tabla A.69.

Tabla A.69

Atributo	Función	Reconocido por
Atributos comunes	Atributos comunes de HTML (**id**, **class**, **style**, **title**, **lang**, **dir** y eventos comunes).	**HTML 4**

(Continúa)

Atributo	*Función*	*Reconocido por*
align= "*alineación*"	Alineación del objeto.	**HTML 4 (*deprecated*)**
archive="*URL*"	URL de archivo *.jar* con recursos del objeto.	**HTML 4**
border= "*anchura*".	Anchura en pixels del borde del objeto.	**HTML 4**
classid="*URL*"	URL de la implementación del objeto.	**HTML 4**
codebase="*URL*"	URL base a partir de la cual resolver las direcciones de **data**, **classid** y **archive**. No está soportado por Internet Explorer.	**HTML 4**
codetype="*tipo*"	Tipo MIME de la implementación del objeto.	**HTML 4**
data="*URL*"	URL de los datos del objeto.	**HTML 4**
declare	Declara el objeto a espera de ejecutarse más adelante, generalmente como consecuencia de un evento.	**HTML 4**
height="*altura*"	Altura del objeto (pixels o porcentaje).	**HTML 4**
height="*anchura*"	Anchura del objeto (pixels o porcentaje).	**HTML 4**
hspace="*espacio*"	Espacio en pixels a izquierda y derecha del objeto.	**HTML 4 (*deprecated*)**
standby="*texto*"	Texto que se muestra mientras se carga el objeto.	**HTML 4**
tabindex= "*número*"	Número de orden de selección del objeto.	**HTML 4**
type="*tipo*"	Tipo MIME del objeto.	**HTML 4**
usermap	Permite enlazar con un mapa de cliente (en caso de que el objeto sea una imagen).	**HTML 4**
vspace= "*espacio*"	Espacio en pixels sobre y bajo el objeto.	**HTML 4 (*deprecated*)**

PARAM — HTML 4

Parámetros de *applet* Java o de un objeto multimedia (OBJECT). Véase tabla A.70.

Tabla A.70

Atributo	*Función*	*Reconocido por*
id="*identificador*"	Nombre único del parámetro.	**HTML 4**
name="*nombre*"	Nombre del parámetro.	**HTML 4**
type="*tipo*"	Valor del recurso identificado por **valuetype**, siempre que éste valga **ref**. No es soportado por los principales navegadores.	**HTML 4**
value="*valor*"	Valor del parámetro.	**HTML 4**
valuetype="*tipo*"	Tipo de dato del campo **value** (**data**, **ref** y **object**). No es soportado por los principales navegadores.	**HTML 4**

SCRIPT

HTML 4

Delimitador del código fuente de un *script*. Véase tabla A.71.

Tabla A.71

Atributo	*Función*	*Reconocido por*
language= "*lenguaje*"	Lenguaje usado en el *script.*	**HTML 4 (*deprecated*)**
src="*URL*"	Localización de un *script* externo.	**HTML 4**
type="*lenguaje*"	Lenguaje usado en el *script.*	**HTML 4**

A.2.9. Tablas

CAPTION

HTML 4

Título de la tabla. Véase tabla A.72.

Tabla A.72

Atributo	*Función*	*Reconocido por*
Atributos comunes	Atributos comunes de HTML (**id**, **class**, **style**, **title**, **lang**, **dir** y eventos comunes).	**HTML 4**
align= "*alineación*"	Alineación del título de la tabla (*top/bottom/left/right*).	**HTML 4 (*deprecated*)**

COL HTML 4

Propiedades de una columna de la tabla. No está soportado por Netscape Navigator. Véase tabla A.73

Tabla A.73

Atributo	*Función*	*Reconocido por*
Atributos comunes	Atributos comunes de HTML (**id**, **class**, **style**, **title**, **lang**, **dir** y eventos comunes).	**HTML 4**
align= "*alineación*"	Alineación horizontal de los elementos de la columna.	**HTML 4**
span="*número*"	Columnas afectadas por el elemento **COL**.	**HTML 4**
valign= "*alineación*"	Alineación vertical de las columnas.	**HTML 4**
width="*número*"	Anchura de las columnas.	**HTML 4**

COLGROUP HTML 4

Propiedades de una o varias columnas de la tabla. No está soportado por Netscape Navigator. Véase tabla A.74.

Tabla A.74

Atributo	*Función*	*Reconocido por*
Atributos comunes	Atributos comunes de HTML (**id**, **class**, **style**, **title**, **lang**, **dir** y eventos comunes).	**HTML 4**
align= "*alineación*"	Alineación horizontal de los elementos de las columnas.	**HTML 4**
halign= "*alineación*"	Alineación horizontal del texto en las celdas del grupo de columnas.	**HTML 4**
span="*número*"	Número de columnas consecutivas que constituyen el grupo.	**HTML 4**
valign= "*alineación*"	Alineación vertical del texto en las celdas del grupo de columnas.	**HTML 4**
width="*número*"	Anchura de cada columna dentro del grupo de columnas.	**HTML 4**

Inicio de una tabla. Véase tabla A.75.

Tabla A.75

Atributo	*Función*	*Reconocido por*
Atributos comunes	Atributos comunes de HTML (**id**, **class**, **style**, **title**, **lang**, **dir** y eventos comunes).	**HTML 4**
align= "*alineación*"	Alineación horizontal del conjunto de la tabla.	**HTML 4 (*deprecated*)**
bgcolor= "***#rrggbb***" o **bgcolor**="*color*"	Valor RGB o nombre del color de fondo de la tabla.	**HTML 4 (*deprecated*)r**
border="*grosor*"	Grosor del borde de la tabla en pixels. Por defecto, si no aparece el atributo no hay borde; si aparece sin valor se toma el grosor por defecto que es 1.	**HTML 4**
bordercolor= "***#rrggbb***" o **bordercolor**= "*color*"	Valor RGB o nombre del color del borde.	**Internet Explorer**
bordercolorlight ="***#rrggbb***" o **bordercolorlight** ="*color*"	Valor RGB o nombre del color claro del borde en la visualización 3D.	**Internet Explorer**
bordercolordark ="***#rrggbb***" o **bordercolordark** ="*color*"	Valor RGB o nombre del color oscuro del borde en la visualización 3D.	**Internet Explorer**
cellpadding ="*espaciado*"	Espaciado en pixels entre el contenido de una celda y su borde.	**HTML 4**
cellspacing= "*espaciado*"	Espaciado en pixels entre celdas.	**HTML 4**
frame="*marco*"	Indica qué lados se mostrarán del borde externo que rodea la tabla: **border** (todos), **above** (borde superior), **below** (borde inferior), **box** (todos), **lhs** (lado izquierdo),**rhs** (lado derecho),	

(Continúa)

Atributo	Función	Reconocido por
	void (ninguno), **vsides** (el superior y el inferior). No está soportado por Netscape Navigator.	**HTML 4**
rules= "*separadores*"	Indica qué separadores de celdas se van a pintar: **all** (todos), **none** (ninguno), **groups** (sólo los de grupos de celdas), **cols** (sólo los de columnas) o **rows** (sólo los de filas). No está soportado por Netscape Navigator.	**HTML 4**
width="*tamaño*"	Tamaño de la tabla en pixels o porcentaje de la anchura de ventana	**HTML 4**

TBODY **HTML 4**

Agrupación de filas de una tabla para asignarles un identificador o un estilo. No está soportado por Netscape Navigator. Véase tabla A.76.

Tabla A.76

Atributo	Función	Reconocido por
Atributos comunes	Atributos comunes de HTML (**id**, **class**, **style**, **title**, **lang**, **dir** y eventos comunes).	**HTML 4**
align= "*alineación*"	Alineación horizontal de los datos de las celdas.	**HTML 4**
valign= "*alineación*"	Alineación vertical de los datos de las celdas.	**HTML 4**

TD **HTML 4**

Delimitador de la celda de una tabla. Véase tabla A.77.

Tabla A.77

Atributo	Función	Reconocido por
Atributos comunes	Atributos comunes de HTML (**id**, **class**, **style**, **title**, **lang**, **dir** y eventos comunes).	**HTML 4**

(Continúa)

Atributo	*Función*	*Reconocido por*
align= "*alineación*"	Alineación horizontal del texto de la celda.	**HTML 4**
bgcolor= "*#rrggbb*" o **bgcolor=**"*color*"	Valor RGB o nombre del color de fondo de la celda.	**Navigator Internet Explorer**
bordercolor= "*#rrggbb*" o **bordercolor=** "*color*"	Valor RGB o nombre del color del borde.	**Internet Explorer**
bordercolorlight ="*#rrggbb*" o **bordercolorlight** ="*color*"	Valor RGB o nombre del color claro del borde en la visualización 3D.	**Internet Explorer**
bordercolordark ="*#rrggbb*" o **bordercolordark** ="*color*"	Valor RGB o nombre del color oscuro del borde en la visualización 3D.	**Internet Explorer**
colspan= "*columnas*"	Columnas ocupadas por la celda.	**HTML 4**
height="*altura*"	Altura de la celda en pixels.	**HTML 4 (*deprecated*)**
nowrap	Elimina la división de palabras.	**HTML 4 (*deprecated*)**
rowspan="*filas*"	Filas ocupadas por la celda.	**HTML 4**
valign= "*alineación*"	Alineación vertical del texto de la celda.	**HTML 4**
width="*anchura*"	Anchura de la celda en pixels o como porcentaje del total de la tabla.	**HTML 4 (*deprecated*)**

TFOOT HTML 4

Definición de pie de la tabla o de una agrupación de pies, para asignarles un identificador o un estilo. No está soportado por Netscape Navigator. Véase tabla A.78.

Tabla A.78

Atributo	*Función*	*Reconocido por*
Atributos comunes	Atributos comunes de HTML (**id**, **class**, **style**, **title**, **lang**, **dir** y eventos comunes).	**HTML 4**

(Continúa)

Atributo	*Función*	*Reconocido por*
align=“*alineación*”	Alineación horizontal de los datos de las celdas.	**HTML 4**
valign=“*alineación*”	Alineación vertical de los datos de las celdas.	**HTML 4**

TH **HTML 4**

Delimitador de la celda de cabecera de una tabla. Véase tabla A.79.

Tabla A.79

Atributo	*Función*	*Reconocido por*
Atributos comunes	Atributos comunes de HTML (**id**, **class**, **style**, **title**, **lang**, **dir** y eventos comunes).	**HTML 4**
align=“*alineación*”	Alineación horizontal del texto de la celda.	**HTML 4**
bgcolor=“*#rrggbb*” o **bgcolor**=“*color*”	Valor RGB o nombre del color de fondo de la celda.	**Navigator Internet Explorer**
bordercolor=“*#rrggbb*” o **bordercolor**=“*color*”	Valor RGB o nombre del color del borde.	**Internet Explorer**
bordercolorlight=“*#rrggbb*” o **bordercolorlight**=“*color*”	Valor RGB o nombre del color claro del borde en la visualización 3D.	**Internet Explorer**
bordercolordark=“*#rrggbb*” o **bordercolordark**=“*color*”	Valor RGB o nombre del color oscuro del borde en la visualización 3D.	**Internet Explorer**
colspan=“*columnas*”	Columnas ocupadas por la celda.	**HTML 4**
height=“*altura*”	Altura de la celda en pixels.	**HTML 4 (*deprecated*)**
nowrap	Elimina la división de palabras.	**HTML 4 (*deprecated*)**
rowspan=“*filas*”	Filas ocupadas por la celda.	**HTML 4**
valign=“*alineación*”	Alineación vertical del texto de la celda.	**HTML 4**

(Continúa)

Atributo	*Función*	*Reconocido por*
width="*anchura*"	Anchura de la celda en pixels o como porcentaje del total de la tabla.	**HTML 4 (*deprecated*)**

THEAD HTML 4

Delimitador de la celda de cabecera de una tabla. No está soportado por Netscape Navigator. Véase tabla A.80.

Tabla A.80

Atributo	*Función*	*Reconocido por*
Atributos comunes	Atributos comunes de HTML (**id**, **class**, **style**, **title**, **lang**, **dir** y eventos comunes).	**HTML 4**
align= "*alineación*"	Alineación horizontal de los datos de las celdas.	**HTML 4**
valign= "*alineación*"	Alineación vertical de los datos de las celdas.	**HTML 4**

TR HTML 4

Indicador de nueva fila. Véase tabla A.81.

Tabla A.81

Atributo	*Función*	*Reconocido por*
Atributos comunes	Atributos comunes de HTML (**id**, **class**, **style**, **title**, **lang**, **dir** y eventos comunes).	**HTML 4**
align= "*alineación*"	Alineación horizontal del texto de la fila (**left**, **right**, **center**).	**HTML 4**
bgcolor= "**#*rrggbb***" o **bgcolor**="*color*"	Valor RGB o nombre del color de fondo de la celda.	**HTML 4 (*deprecated*)**
bordercolor= "**#*rrggbb***" o **bordercolor**= "*color*"	Valor RGB o nombre del color del borde.	**Internet Explorer**
bordercolorlight ="**#*rrggbb***" o **bordercolorlight** ="*color*"	Valor RGB o nombre del color claro del borde en la visualización 3D.	**Internet Explorer**

(Continúa)

Atributo	Función	Reconocido por
bordercolordark ="*#rrggbb*" o **bordercolordark** ="*color*"	Valor RGB o nombre del color oscuro del borde en la visualización 3D.	**Internet Explorer**
valign= "*alineación*"	Alineación vertical del texto de la fila.	**HTML 4**

A.2.10. Formularios

BUTTON HTML 4

Define un botón dentro del formulario. No está soportado por Netscape Navigator. Véase tabla A.82.

Tabla A.82

Atributo	Función	Reconocido por
Atributos comunes	Atributos comunes de HTML (**id**, **class**, **style**, **title**, **lang**, **dir** y eventos comunes).	**HTML 4**
name="*nombre*"	Nombre de la variable asociada al control.	**HTML 4**
onblur	Evento generado cuando el elemento pierde el foco.	**HTML 4**
onfocus	Evento generado cuando el elemento obtiene el foco.	**HTML 4**
type="*tipo*"	Tipo del botón (**button**, **reset**, **submit**)	**HTML 4**
value="*valor*"	Valor que devuelve el control (en algunos tipos).	**HTML 4**

FIELDSET HTML 4

Permite agrupar lógicamente varios campos y etiquetas de un formulario. No está soportado por Netscape Navigator. Véase tabla A.83.

Tabla A.83

Atributo	Función	Reconocido por
Atributos comunes	Atributos comunes de HTML (**id**, **class**, **style**, **title**, **lang**, **dir** y eventos comunes).	**HTML 4**

FORM

HTML 4

Abre una sección de formulario. Véase tabla A.84.

Tabla A.84

Atributo	*Función*	*Reconocido por*
Atributos comunes	Atributos comunes de HTML (**id**, **class**, **style**, **title**, **lang**, **dir** y eventos comunes).	**HTML 4**
action="*URL*"	URL del programa que se ejecutará para procesar el formulario. Por defecto es igual a la propia URL del documento.	**HTML 4**
enctype="*modo*"	Modo empleado en la codificación del contenido.	**HTML 4**
method= "*método*"	Método empleado para enviar y codificar la información introducida por el usuario. Habitualmente se usa **GET** o **POST**.	**HTML 4**
onreset	Evento generado al reiniciar los valores de los campos del formulario.	**HTML 4**
onsubmit	Evento generado al enviar los datos del formulario.	**HTML 4**
target=·"*destino*"	Frame o ventana de destino.	**HTML 4**

INPUT

HTML 4

Control de entrada. Véase tabla A.85.

Tabla A.85

Atributo	*Función*	*Reconocido por*
Atributos comunes	Atributos comunes de HTML (**id**, **class**, **style**, **title**, **lang**, **dir** y eventos comunes).	**HTML 4**
accept= "*lista de tipos*"	Lista de tipos MIME aceptables en caso de una entrada de tipo "file". Esta lista puede estar formada por metacaracteres (por ejemplo, "image/*").	**HTML 4**

(Continúa)

Atributo	Función	Reconocido por
align="*alineación*"	Alineación del control cuando es de tipo **image**.	**HTML 4 (*deprecated*)**
checked	Indica si el elemento está o no inicialmente seleccionado (algunos tipos).	**HTML 4**
maxlength= "*ancho*"	Longitud máxima de la información (algunos tipos).	**HTML 4**
name="*nombre*"	Nombre de la variable asociada al control.	**HTML 4**
onblur	Evento generado cuando el elemento pierde el foco.	**HTML 4**
onchange	Evento generado cuando varía el contenido del elemento.	**HTML 4**
onfocus	Evento generado cuando el elemento obtiene el foco.	**HTML 4**
onselect	Evento generado cuando se selecciona parte del contenido del elemento.	**HTML 4**
size="*caracteres*"	Anchura de la ventana del control en caracteres.	**HTML 4**
src="*URL*"	Cuando el tipo es imagen especifica la dirección donde debe cargarla.	**HTML 4**
type="*tipo*"	Tipo del control (**text**, **reset**, **radiobutton**, **submit**...)	**HTML 4**
value="*valor*"	Valor que devuelve el control (en algunos tipos).	**HTML 4**

LEGEND HTML 4

Permite asignar un título a una agrupación de campos y etiquetas (**FIELDSET**). No está soportado por Netscape Navigator. Véase tabla A.86.

Tabla A.86

Atributo	Función	Reconocido por
Atributos comunes	Atributos comunes de HTML (**id**, **class**, **style**, **title**, **lang**, **dir** y eventos comunes).	**HTML 4**

(Continúa)

Atributo	Función	Reconocido por
align= "*alineación*"	Alineación del texto de la leyenda.	**HTML 4 (*deprecated*)**
valign= "*alineación*"	Alineación vertical del texto de la leyenda.	**Internet Explorer**

OPTION **HTML 4**

Componente de una lista desplegable o de selección. Véase tabla A.87.

Tabla A.87

Atributo	Función	Reconocido por
Atributos comunes	Atributos comunes de HTML (**id**, **class**, **style**, **title**, **lang**, **dir** y eventos comunes).	**HTML 4**
selected	Indica que la opción está seleccionada inicialmente.	**HTML 4**
onblur	Evento generado cuando el elemento pierde el foco.	**HTML 4**
onchange	Evento generado cuando varía el contenido del elemento.	**HTML 4**
onfocus	Evento generado cuando el elemento obtiene el foco.	**HTML 4**
value="*valor*"	Valor devuelto por la opción.	**HTML 4**

SELECT **HTML 4**

Lista desplegable o de selección. Véase tabla A88.

Tabla A.88

Atributo	Función	Reconocido por
Atributos comunes	Atributos comunes de HTML (**id**, **class**, **style**, **title**, **lang**, **dir** y eventos comunes).	**HTML 4**
multiple	Permite seleccionar varios elementos. Fuerza la aparición de una lista de selección.	**HTML 4**
name="*texto*"	Nombre de la variable.	**HTML 4**
onblur	Evento generado cuando el elemento pierde el foco.	**HTML 4**

(Continúa)

Atributo	*Función*	*Reconocido por*
onchange	Evento generado cuando varía el contenido del elemento.	**HTML 4**
onfocus	Evento generado cuando el elemento obtiene el foco.	**HTML 4**
size="*número***"**	Amplitud de la ventana de visualización en líneas. Si el tamaño es mayor que 1 se fuerza una lista de selección.	**HTML 4**

TEXTAREA HTML 4

Entrada en forma de bloque de texto. El valor por defecto es el texto contenido entre esta directiva y su cierre. Véase tabla A.89.

Tabla A.89

Atributo	*Función*	*Reconocido por*
Atributos comunes	Atributos comunes de HTML (**id**, **class**, **style**, **title**, **lang**, **dir** y eventos comunes).	**HTML 4**
cols="*número***"**	Número de columnas del texto.	**HTML 4**
name="*texto***"**	Nombre de la variable.	**HTML 4**
onblur	Evento generado cuando el elemento pierde el foco.	**HTML 4**
onchange	Evento generado cuando varía el contenido del elemento.	**HTML 4**
onfocus	Evento generado cuando el elemento obtiene el foco.	**HTML 4**
onselect	Evento generado cuando se selecciona parte del contenido del elemento.	**HTML 4**
readonly	Indica que el campo es sólo de lectura.	**HTML 4**
rows="*número***"**	Número de filas del texto	**HTML 4**
wrap="*tipo***"**	Define la forma en la que se dividirán las palabras al final de la línea (*off*, *soft*, *hard*).	**HTML 4**

A.2.11. Colores

Los colores se especifican en HTML de dos formas: como una expresión numérica, o con el nombre del color.

El primer caso consiste en la formación de un código RGB (*Red, Green, Blue,* rojo, verde y azul) compuesto por tres valores hexadecimales que señalan el "peso" relativo de cada uno de los colores básicos en el resultante. Este es el formato:

#<rojo><verde><azul>

Así, para obtener rojo *básico,* es decir, un color formado sólo por el componente rojo, tendríamos:

#ff0000

El azul sería:

#0000ff

El color negro se obtiene cuando no todos los componentes están a cero, y el blanco con todos los colores en su valor máximo.

Existe otra forma de describir los colores y es usando un identificador simbólico. Dependiendo del *browser* y del sistema operativo, el número de estos identificadores de colores puede ser muy alto. HTML 4 sólo reconoce 16. Estos son esos colores y su equivalente en codificación RGB:

Tabla A.90

Nombre	*RGB*	*Nombre*	*RGB*
Black	#000000	Green	#008000
Silver	#C0C0C0	Lime	#00FF00
Gray	#808080	Olive	#808000
White	#FFFFFF	Yellow	#FFFF00
Maroon	#800000	Navy	#000080
Red	#FF0000	Blue	#0000FF
Purple	#800080	Teal	#008080
Fuchsia	#FF00FF	Aqua	#00FFFF

No hay diferencias entre usar minúsculas y mayúsculas en los nombres de los colores y en los códigos RGB.

Apéndice B

Juego de caracteres ISO 8859-1, Latin-1

B.1. Introducción

El sistema empleado en WWW para representar el texto se basa en el estándar ISO 8859. Este sistema se subdivide a su vez en diez grupos de caracteres nacionales:

- Latin-1 recoge las lenguas de Europa occidental: albanés, alemán, catalán, danés, español, feroano, finlandés, francés, gaélico, holandés, inglés, islandés, italiano, noruego, portugués y sueco.
- Latin-2 se dedica a lenguas eslavas escritas con alfabeto latino: checo, polaco, croata...
- Latin-3 es el propio del esperanto, gaélico, maltés y turco.
- Latin-4 el del estonio, letón y lituano.
- Latin-5 recoge el alfabético cirílico (aunque en Rusia se prefiere el KOI8-R, derivado del US-ASCII).
- Latin-6 está dedicado a los caracteres árabes.
- Latin-7 es el propio del griego moderno.
- Latin-8 es el hebreo.
- Latin-9 es el Latin-1 en el que se han sustituido caracteres especiales islandeses con turcos.
- Latin-10 es el Latin-4 con letras especiales para las lenguas inuit (esquimal de Groenlandia) y sami (lapón).

El que podamos ver el texto con los acentos dispuestos correctamente sólo quiere decir que quien creó la página utiliza el mismo conjunto de caracteres que nosotros. De ahí que aunque indiquemos claramente los códigos de los caracteres especiales del castellano, sólo un *browser* que use el Latin-1 podrá visualizarlos correctamente. Este es un problema especialmente grave en usuarios de otras lenguas (como el japonés que emplea un formato especial para sus textos), pero para nosotros no será un inconveniente ya que la mayoría de los ordenadores toma por defecto el Latin-1 como conjunto de caracteres de referencia.

B.2. La tabla

En la tabla que se muestra a continuación se presentan los distintos caracteres, su código en valor decimal y hexadecimal, y la referencia en HTML, si la hay.

La mayoría de los caracteres son reconocidos directamente por cualquier *browser*, pero los correspondientes a alfabetos distintos del inglés (como la ñ española) o las vocales acentuadas y otros valores especiales (©, ¶, μ) deben ser indicados por medio de secuencias de escape o referencias HTML para poder ser interpretados adecuadamente.

La forma general de indicarlos es &#XXX;, donde XXX es la versión decimal del número que identifica al carácter. Si un valor dispone de una referencia (como í) es preferible incluirla. Estas referencias son de dos tipos, las estandarizadas que aparecen en la columna "Referencia", y las propias de versiones especiales o ampliadas de HTML que se dejan en la columna de la derecha. Debe tenerse en cuenta que no todos los *browsers* reconocen estas últimas, por lo que es posible que no pueda visualizarse correctamente el texto. Si no está seguro, haga pruebas antes de integrarlos[1].

Los caracteres que aparecen descritos con dos o más letras mayúsculas no se pueden imprimir (los primeros 32 valores y el 127), son caracteres especiales cuya inserción en un documento HTML puede dar lugar a resultados inesperados.

---

[1] En realidad sólo se aceptan universalmente las referencias para las vocales acentuadas, letras propias de alfabetos occidentales (como la ñ y la ç) y para los caracteres especiales HTML >, <, «, y &.

Tabla B.1

Carácter	Dec.	Hex.	Referencia
SOH	1	1	
STX	2	2	
ETX	3	3	
EOT	4	4	
ENQ	5	5	
ACK	6	6	
BEL	7	7	Campana (o pitido)
BS	8	8	
HT	9	9	
NL	10	a	
VT	11	b	
NP	12	c	
CR	13	d	Retorno de carro
SO	14	e	
SI	15	f	
DLE	16	10	
DC1	17	11	
DC2	18	12	
DC3	19	13	
DC4	20	14	
NAK	21	15	
SYN	22	16	
ETB	23	17	
CAN	24	18	
EM	25	19	
SUB	26	1a	
ESC	27	1b	
FS	28	1c	
GS	29	1d	
RS	30	1e	
US	31	1f	
SP	32	20	Espacio en blanco
!	33	21	
“	34	22	"
#	35	23	
$	36	24	
%	37	25	
&	38	26	&
‘	39	27	
(	40	28	

(Continúa)

Carácter	Dec.	Hex.	Referencia
)	41	29	
*	42	2a	
+	43	2b	
,	44	2c	
-	45	2d	
.	46	2e	
/	47	2f	
0	48	30	
1	49	31	
2	50	32	
3	51	33	
4	52	34	
5	53	35	
6	54	36	
7	55	37	
8	56	38	
9	57	39	
:	58	3a	
;	59	3b	
<	60	3c	<
=	61	3d	
>	62	3e	>
?	63	3f	
@	64	40	
A	65	41	
B	66	42	
C	67	43	
D	68	44	
E	69	45	
F	70	46	
G	71	47	
H	72	48	
I	73	49	
J	74	4a	
K	75	4b	
L	76	4c	
M	77	4d	
N	78	4e	
O	79	4f	
P	80	50	
Q	81	51	

(Continúa)

Carácter	*Dec.*	*Hex.*	*Referencia*
R	82	52	
S	83	53	
T	84	54	
U	85	55	
V	86	56	
W	87	57	
X	88	58	
Y	89	59	
Z	90	5a	
[	91	5b	
\	92	5c	
]	93	5d	
^	94	5e	
_	95	5f	
‘	96	60	
a	97	61	
b	98	62	
c	99	63	
d	100	64	
e	101	65	
f	102	66	
g	103	67	
h	104	68	
i	105	69	
j	106	6a	
k	107	6b	
l	108	6c	
m	109	6d	
n	110	6e	
o	111	6f	
p	112	70	
q	113	71	
r	114	72	
s	115	73	
t	116	74	
u	117	75	
v	118	76	
w	119	77	
x	120	78	
y	121	79	
z	122	7a	

(Continúa)

Carácter	*Dec.*	*Hex.*	*Referencia*
{	123	7b	
|	124	7c	
}	125	7d	
~	126	7e	
DEL	127	7f	
	160	a0	espacio sin ruptura,
¡	161	a1	¡
¢	162	a2	¢
£	163	a3	£
¤	164	a4	¤
¥	165	a5	¥
/	166	a6	¦ o &brkbar;
§	167	a7	§
¨	168	a8	¨
©	169	a9	©
ª	170	aa	ª
«	171	ab	«
¬	172	ac	¬
	173	ad	
®	174	ae	®
¯	175	af	&hibar;
°	176	b0	°
±	177	b1	±
″	178	b2	²
	179	b3	³
´	180	b4	´
µ	181	b5	µ
¶	182	b6	¶
·	183	b7	·
¸	184	b8	¸
	185	b9	¹
º	186	ba	º
»	187	bb	»
˘	188	bc	¼
°	189	bd	½
	190	be	¾
¿	191	bf	¿
À	192	c0	À
Á	193	c1	Á
Â	194	c2	Â
Ã	195	c3	Ã

(Continúa)

Carácter	*Dec.*	*Hex.*	*Referencia*
Ä	196	c4	Ä
Å	197	c5	Å
Æ	198	c6	Æ
Ç	199	c7	Ç
È	200	c8	È
É	201	c9	É
Ê	202	ca	Ê
Ë	203	cb	Ë
Ì	204	cc	Ì
Í	205	cd	Í
Î	206	ce	Î
Ï	207	cf	Ï
	208	d0	Ð o Đ
Ñ	209	d1	Ñ
Ò	210	d2	Ò
Ó	211	d3	Ó
Ô	212	d4	Ô
Õ	213	d5	Õ
Ö	214	d6	Ö
	215	d7	×
Ø	216	d8	Ø
Ù	217	d9	Ù
Ú	218	da	Ú
Û	219	db	Û
Ü	220	dc	Ü
	221	dd	Ý
	222	de	Þ
ß	223	df	ß
à	224	e0	à
á	225	e1	á
â	226	e2	â
ã	227	e3	ã
ä	228	e4	ä
å	229	e5	å
æ	230	e6	æ
ç	231	e7	ç
è	232	e8	è
é	233	e9	é
ê	234	ea	ê
ë	235	eb	ë
ì	236	ec	ì

(Continúa)

Carácter	*Dec.*	*Hex.*	*Referencia*
í	237	ed	í
î	238	ee	î
ï	239	ef	ï
	240	f0	ð
ñ	241	f1	ñ
ò	242	f2	ò
ó	243	f3	ó
ô	244	f4	ô
õ	245	f5	õ
ö	246	f6	ö
÷	247	f7	÷
ø	248	f8	ø
ù	249	f9	ù
ú	250	fa	ú
û	251	fb	û
ü	252	fc	ü
	253	fd	ý
	254	fe	þ
ÿ	255	ff	ÿ

Índice alfabético

C

F

G

H

I

J

K

L

M

N

O

P

Q

R

S

T

U

V

W

X